实·战·A·股·系·列·

短线卖出
十五招

（第二版）

李凤雷　著

经济管理出版社

ECONOMY & MANAGEMENT PUBLISHING HOUSE

图书在版编目（CIP）数据

短线卖出十五招/李凤雷著. —2 版. —北京：经济管理出版社，2014.9（2015.5 重印）
ISBN 978-7-5096-3199-7

Ⅰ．①短… Ⅱ．①李… Ⅲ．①股票交易—基本知识 Ⅳ．①F830.91

中国版本图书馆 CIP 数据核字（2014）第 143304 号

组稿编辑：王格格
责任编辑：勇　生　王格格
责任印制：黄章平
责任校对：超　凡

出版发行：经济管理出版社
　　　　　（北京市海淀区北蜂窝 8 号中雅大厦 A 座 11 层　100038）
网　　址：www. E-mp. com. cn
电　　话：(010) 51915602
印　　刷：三河市延风印装厂
经　　销：新华书店
开　　本：710mm×1000mm/16
印　　张：14
字　　数：222 千字
版　　次：2014 年 9 月第 2 版　　2015 年 5 月第 2 次印刷
书　　号：ISBN 978-7-5096-3199-7
定　　价：38.00 元

第二版前言

在股票交易中，很多时候往往是会卖的比会买的更容易赚钱。市场是残酷的，买到合适的股票并不意味着能够飞黄腾达，只有在恰当的时间和价位卖出股票，才能够获得收益。卖出股票的方式很多，从成交量上判断主力操盘的过程以及卖出股票的信号，是比较有效的方式。实战当中，可以根据不同的量能判断主力的操盘意图，从而得出卖与不卖的结论。

股票价格的波动，从本质上来讲，是主力操盘的结果。主力操盘股价的过程，反映在成交量方面的信息是非常丰富的。量能的放大与萎缩，都代表了主力的真实操盘意图。若能从成交量上有效分析主力的操盘动作，投资者自然能够顺利地完成卖出过程。成交量是主力操盘股价的利器，也是投资者分析的重要方面。量能反映了主力实力的强弱，揭示了主力今后拉升或者打压股价的用意，把握好这方面的信息，投资者获利就有望了。

将卖股方法与成交量结合，是投资者判断做空点位的重要方法。投资者买入股票可能在高位，也可以在低位。不管怎样，选择好的卖点是非常重要的。毕竟，实战当中能够买在价格最高位的情况并不多见，即便是不好的持仓价位，也可以是价格上涨的次高位。这样一来，止盈投资者能够把握好卖点，自然能够获得收益。也就是说，投资者只要能够卖在较高价位（相对于持股价格）就可以安然无恙地从股市退出，还能赚取一部分收益。

成交量上反映出来的主力的真实操盘意图，是非常准确的。经验丰富的股票交易老手，无一不是通过成交量判断主力的操作过程。把握好主力的操作过程，自然明确了自己的持股路径，为今后的盈利打下基础。

对于成交量的变动，关键是能够分析出主力在其中的操盘意图。本书通过炒股"利器"的方式，向投资者介绍主力实盘当中的操盘过程。通过深层次地剖析量能的变化特点，帮助投资者理解量能在主力操盘中的作用。在实战当中，这种深层次的分析，对投资者把握好成交量的变化有很大益处。量能变化以及不同量能在实战中的反应，都是投资者需要明确的内容。

通过与成交量相关的利器的学习，投资者对相关的量能变动就比较了解了。在实战分析当中，量能的不同形态以及技术指标等的变动，都是投资者参考的依据。在本书的下半部分，对不同的量能变动有不同的分析。

值得一提的是，本书下半部分对不同的买卖招式都有详细的介绍。有多达 15 种的买卖方法，是投资者分析的关键。这 15 种买卖招式，浓缩了实战交易的精华，使用不同的价格走势和量能变化。不管是什么样的庄家，操盘方式都可以在招式篇里体现。结合自己的操作特点，投资者可以有针对性地将书中内容运用到实战当中，都可获得不错的回报。

"会买的不如会卖的"，这句话同样适用于股市。相信投资者结合自身的特点，将实战交易内容运用到实战，获得丰厚回报还是比较轻松的。

前 言

　　股市是一个机会与风险并存的场所，要想很好地在这个市场中生存下去并最大限度地从股市中攫取利润，我们就一定要掌握短线操作之道。短线操作讲究的是技术与方法，它创造了时间与收益的最完美组合。虽然短线操作极为诱人，但很多投资者却不得其法，难以实现短线获利，这是什么原因呢？其实，短线操作无非是一买一卖这两个相反的操作，买在相对的低位并在随后于相对高位卖出，我们即可实现短线获利，但这看似简单的一买一卖两个操作却蕴藏着无穷的奥秘，如果我们不得其法，就难以真正掌握短线买卖之道。

　　《短线买入十五招》与《短线卖出十五招》是一对最佳拍档，它们将短线买卖之道转化为具体可行、便于操作的实战招式，读者只要按部就班地套用这些招式就可以取得不错的战果，而且在每一招式的讲解中，我们都力求阐明原理，使读者在学会招式的同时还能理解招式产生的根源，因为这些短线买卖招式均是笔者在细致分析的基础上结合实战经验总结而来的，理解了这些招式的产生根源、原理，我们就可以在此基础上继续发展出新的招式，从而可以更从容地应对这个变幻无常的市场。

　　"会买的是徒弟，会卖的是师傅，卖得好，可以使短线利润最大化，是我们参与短线操作时的最为关键的一步。"本书的结构分为"上部 短线卖出——利器篇"与"下部 短线卖出——招式篇"。上部讲解了短线卖出操作中所涉及的相关知识、市场原理，这些内容是我们在进行短线卖出时必备的知识。下部讲解了具体可行的实战招式，每一招式都注重讲解具体的原理，并结合大量的实例使读者可以融会贯通地学懂并灵活运用这一招式。相信在读过本书后，读者在参与个股的短线操作中，可以更好地把握好个股的短线卖点。

目　录

下部　短线卖出——招式篇

上 部

短线卖出——利器篇

利器1 利斧——四种量能形态深度解析

　　斧，由一根木棍把手接着一块梯形刀片所构成，既是一种伤人的兵器，也是一种劳动的工具。斧的历史悠久，在旧石器时代，为了耕种、捕猎等用途就曾出现了石制的斧，这是上古时代的生产工具之一。随着时间的推移，到了商代，由于斧在交战中的重要作用，基于当时冶铜业的出现，大量的青铜斧成为军队的主要兵器之一。斧，作为一种较为原始的兵器，却发挥着极大的作用，它是劈柴、狩猎中必不可少的工具，也是对敌交战中的利器。不善于使斧，则它难以成为利器；善于使斧，则它将使我们在交战中处于优势地位。同样，在股市中，成交量也有着类似的作用。成交量是市场交易行为所产生的原始数据之一，也是我们了解K线走势时必须要关注的因素，可以成为我们预测价格走势的重要利器，如果不善于应用成交量所提供的信息，我们将在买卖交易中处于较为被动的局面；善于使用成交量形态；则我们的买卖交易胜算将大大提高。美国著名的投资专家格兰维尔曾经说过，"成交量是股票的元气，而股价是成交量的反映罢了，成交量的变化，是股价变化的前兆"。通过解读各种量能形态，理解量价分析基本原理，我们不仅可以深刻地理解股市的运行规律，还可以很好地理解个股的走势，并且通过显示出现的量价关系提前预知价格的走势。本节中，我们就来系统地论述如何明晰各种量能形态所蕴涵的市场含义。

第一斧　利斧开山——深层次地接触成交量

成交量所包含的信息绝不仅仅像我们所想的那样单纯，成交量蕴涵了丰富的信息，"量在价先"是一个说来容易但却难以理解的概念，如果我们把以一根根柱形图表现出来的成交量形态看作是一座大山，那么我们就要用利斧劈开这座大山，看看这些形态不一的量能蕴涵了何种含义。从表面上看来，成交量似乎只反映出了买卖双方的成交数量，但事实绝非如此简单，只有聪明的猎人才能发现狡猾的狐狸的踪迹，同样，只有善于分析的投资者才能从成交量的细节变化中捕捉到价格走势的信号。那么，通过成交量这一看似简单的数据，我们可以挖掘出哪些市场信息呢？这些市场信息是否有助于我们预测价格走势呢？通过下面的阅读，相信读者可以对"成交量"这一概念有一个更为深刻的认识。

一、成交量反映了多空双方的交锋情况

当个股在某一段时间内运行于某一个价格区间时，这只股票的成交量直接地反映出买卖双方的交易数量，通过这种交易数量的多少再结合价格的走势情况，我们就可以看出多空双方的交锋情况。当多空双方交锋较为激烈且多方处于主动地位时，会出现放量上涨形态；当多空双方交锋较为激烈且空方处于主动地位时，会出现放量下跌形态；当多空双方交锋较为平淡且多方处于主动地位时，会出现平量上涨或缩量形态；当多空双方交锋较为平淡且空方处于主动地位时，多会出现缩量下跌形态。可以说，成交量表示了市场中实际交易过程中买盘与卖盘的介入程度，这种介入程度会随着各种因素（如市场人气、政策导向、经济情况、重大事项等）而转变，股价上涨带动了买卖盘分歧明显增加，多空双方入场买卖意愿更为强烈，而股价下跌则往往会明显地降低多空双方的分歧，成交量呈现出数量大减的情况，这也是一只股票可以在高位区出现放量上涨、在低位区出现缩量下跌的原因所在。

图1-1为上证指数2008年8月22日至2009年1月9日期间走势图。

如图所示，在股价大幅下跌后，大盘的成交量明显放大，这说明多空双方交锋较为激烈，由于同期指数处于上涨走势中，因此是多方占据主导地位。由于前期的下跌过程中一直是空方处于主导地位，因此此时的这种放量上涨形态说明了多空双方实力已经在悄然发生了转变，是趋势反转的信号。

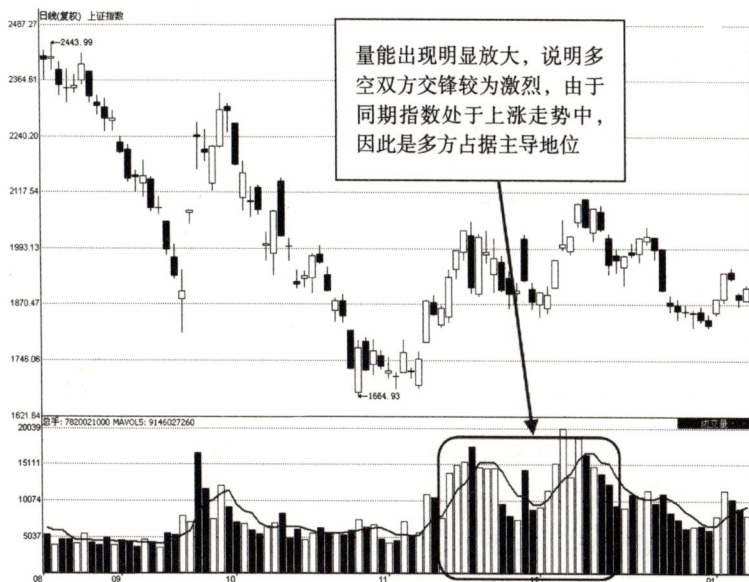

图1-1 上证指数走势图

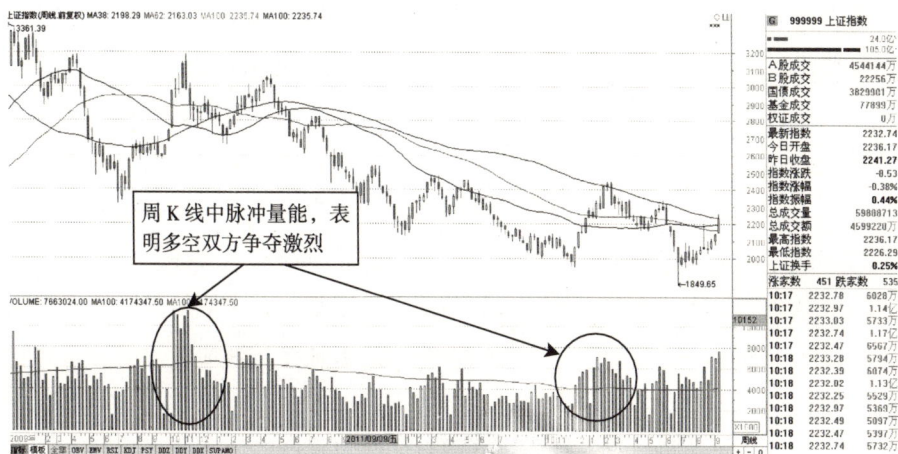

图1-2 上证指数周K线

如图1-2所示，上证指数的周K线图中，指数持续回落的过程中，期间也曾出现了放量上涨的情况。指数短时间内飙升空间很高，投资者在这期间的获利机会很多，关键在于能否把握这期间的盈利点。随着指数的持续回落，两次脉冲放量的走势，表明多空双方争夺还是非常激烈的，不然量能也不会如此高地放大。

周 K 线中，指数放大至 100 日等量线以上的量能，明显是价格异动的表现，也是投资者不得不关注的价格波动。

二、成交量反映了群众的聚集规模与聚集速度

成交量不仅可以反映出多空双方的交锋情况，它还有效地反映了市场情绪的变化，而群众的聚集规模与聚集速度就是市场情绪的直接体现，通过群众的聚集规模与聚集速度我们可以有效地衡量出群众力量的强弱。量价分析的实质就是动力与方向分析：成交量是动力，价格走势是方向。"众人拾柴火焰高"，表示上涨势头仍在延续；如价格在上升，但成交量却在缩小，这意味着升势已到了"曲高和寡"的地步，是大市回头的征兆；反过来，价位下跌，而成交量大增，"墙倒众人推"，显示跌势风云初起；价位续跌，但成交量越缩越小，反映跌势已差不多无人敢跟了，这是大市掉头的信号。

一般来说，在某些外在因素的刺激下，大众投资者很有可能会在某一段时间内出现明显的买卖分歧，很多场外观望的投资者加入进来，很多场内的持股者有了加仓或减仓的意向，此时我们就可以借成交量形态的变化来对价格走势进行预测。其着手点可以为以下两方面：一是由于买卖人数的突然增多，而市场上的参与者是有限的，我们就要判断多空双方的实力是否发生了反转性的倾斜，这种持续的买进或者卖出是否仍能继续下去，或者说还能延续多久。通过成交量变化情况、放量的速度等成交量形态变化，我们就可以较为准确地得出关于趋势是否仍能继续、趋势是否将发生反转等重要的价格运行信息。二是当成交量开始放大、群众开始聚集时，无论是多方处于优势地位还是空方处于优势地位，都说明某一方的力量在逐渐加强，会造成价格的大幅波动。当群众的聚集速度可以持续下去时，价格将按当前的走势继续前行，这意味着趋势仍将继续；一旦群众的聚集速度开始减弱，此时，成交量就很难再放大，无法放大或缩小的成交量对现有价格走势的影响也会渐渐衰退，虽然股价创出了新高，但趋势即将反转也是毋庸置疑的事实。可以

说，透过成交量，我们看到的是群众在某一方向上的聚集规模与聚集速度，但是分析到的却是价格的未来走势情况。

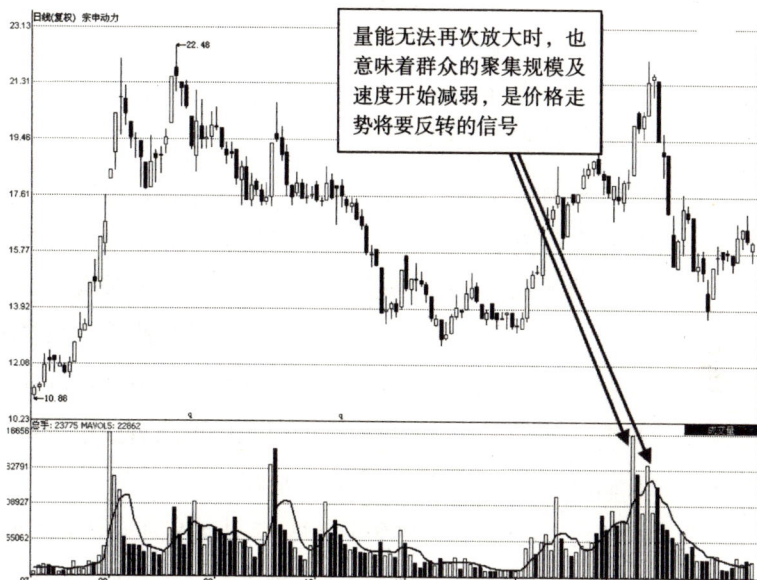

图1-3　宗申动力走势图

图1-3为宗申动力（001696）2007年7月11日至2008年2月21日期间走势图。如图所示，此股在一波反弹走势中出现了成交量持续放大的形态，这说明反弹走势引发了越来越多的投资者开始介入，量能的持续放大也说明了群众的聚集规模及速度在增加，当价格经短期的快速反弹，同时量能也达到一个峰值时，就意味着群众的聚集规模及速度开始减弱，这是价格走势即将反转的信号。在判断这种反转属于根本性的反转还是阶段性的反向运行时，我们就要结合价格的总体运行情况来做综合判断。

三、成交量是反映主力动向的窗口

主力在国内股市中的作用是毋庸置疑的，它们是趋势的推动者，甚至是趋势的制造者，把握了主力的动向就等于找到了股市获利的捷径，我们在本书后面的内容中会详细地介绍主力的操作手法与控盘过程。一般来说，在主力控盘过程中，会包括建仓、震仓、拉升、洗盘、拔高、出货等几个阶段，如何发现个股目前处于主力控盘中的哪一阶段呢？成交量形态无疑是最好的突破口。

　　主力在控盘的各个阶段中，由于其主要行为方式的不同，往往就会对个股本已平静的成交情况、价格走势造成明显的影响，透过成交量的异动、股价的走势，我们就可以准确地把握主力的行动方向。例如：在建仓阶段，主力为了能在低位进行较为充分的吸筹，往往不愿引起散户投资者的注意，但由于主力建仓时间较短、所需筹码数量较大等客观原因的限制，这只个股在主力介入后，势必会较为明显地打破原有的供求平衡状态，从而出现一定程度的量能放大、价格上扬形态，根据主力计划建仓时间的长短，股价上涨程度不同，成交量放大情况也会不同；在拉升阶段，股价或呈缩量上涨的形态或呈放量上涨的形态，如果仅凭"经典量价理论"的观点来看，缩量上涨自然是不健康的，而不健康的上涨又能涨多少呢？其实主力完全可以在控盘的情况下实现缩量拉升。可以说，透过量价形态，我们可以有效地分析出主力的动向，从而为我们跟踪主力、追随主力打下基础。

　　图1-4为首创股份（600008）2009年3月17日至9月4日期间走势图。如图所示，此股在持续上涨之后，于高位区出现了单日脉冲放量的形态，这是主力做空的表现。同时还可以看到在这个单日脉冲放量形态之后，此股在

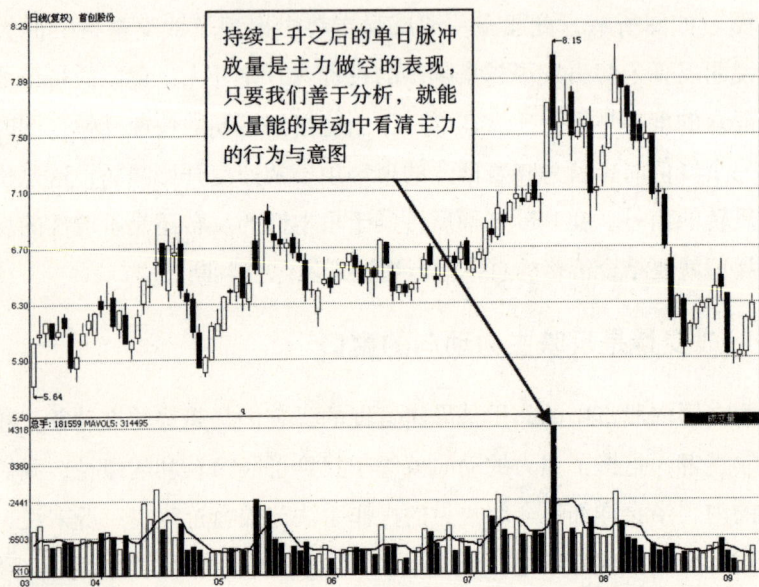

图1-4　首创股份走势图

短期内出现了大幅下跌的走势，只要我们善于分析，就能从量能的异动中看清主力的行为与意图。

通过以上讲解，我们可以发现成交量的确是蕴涵了大量的丰富信息，它并非像我们原来想象的那样仅是反映了个股或市场成交数量这一信息，但无论成交量是反映了多空双方的交锋情况，还是反映了群众的聚集规模与聚集速度，或是反映了主力动向，我们了解这些信息的目的只有一个，那就是通过这些信息更为准确地分析并预测出价格的预期走势，只有对价格的走势有一个更为准确的判断，我们才能实现真正的获利，这也是我们研究量价形态的目的所在。

第二斧　运斧自如——理解常见的放量形态及其市场含义

斧是一种利器，但即使是再好的武器，如果我们不懂得使用它的方法，那也是无济于事，如果想借斧之力，在敌我双方的交锋中占据主动，我们就一定要做到运斧自如。成交量这看似简单的交投数据却蕴涵了丰富的市场信息，但是我们应如何利用成交量来预测价格走势呢？通过前面的讲解，我们知道，成交量反映了多空双方的交锋情况、反映了群众的聚集规模与聚集速度，是反映主力动向的窗口。那么，成交量是如何反映出这些重要的市场信息的呢？其实，成交量无非是通过其变化来反映这些信息的，而量能的变化归根结底可以分为两种，一种是放量，另一种是缩量。其中的放量形态最为重要，因为只有理解了放量，我们才能更好地理解缩量。本节中，我们首先来看看放量形态。

简单地说，放量就是指近期的成交量相对于前一段时间出现了一定程度的放大，放量是一个相对的概念，它有一个参照体系，在不作特殊说明的时候，这个参照体系就默认指与其相邻的前一段时间的量能大小。

虽然放量的形态各种各样，但是我们可以把这些各种各样的放量形态归为以下四种，即温和放量形态、递增放量形态、连续大幅放量形态、脉冲放量形态。下面我们就结合实例来分别研究一下这四种量能形态及其市场含义，在此基础上，读者可以更准确地把握放量形态的深层含义，并用放量形态去分析价格走势。

一、温和放量形态

所谓温和放量是指近期的量能相对于之前一段时间的量能出现了较为温和的放大。温和放量体现了成交量形态一种自然而然的过渡过程，体现了量能变化的连续性。量能的温和变化往往也会反映到价格走势的温和变化之中，在温和放量出现时，价格走势多处于一种温和的过渡状态，而不是呈现出那种暴涨暴跌的不连续形态。

一般来说，温和放量多出现在市场前期交投较为低迷之后，在实盘操作中，当价格走势经历了长时间的缩量下跌之后所出现的温和放量形态最具有实战意义，因为这时的温和放量形态向我们传递了一种买盘在持续介入而非卖盘在持续流出这样的信息，是下跌趋势结束、主力资金在底部开始有条不紊地介入的迹象，是趋势反转的信号。

此外，温和放量往往也出现在底部震荡之后的一两波小幅上涨中及价格脱离底部后的上升初期，这时的温和放量形态说明买盘较为活跃，是市场中买盘可以持续跟进的信号，也说明做多动能正处于一个不断释放的过程中，正是这种做多动能的不断增加才使得价格可以持续地沿上升通道运行下去。

图1-5为上港集团（600018）2008年4月8日至2009年1月14日期间走势图。如图所示，此股在经历了深幅下跌之后，于低位区出现了温和放量形态且价格走势止跌回升，这一形态的出现是买盘开始持续介入的标志，它说明当前市场或个股中的主导力量已是多方，预示了随后即将出现的反转走势。

二、递增放量形态

递增放量是指在某一段时间内成交量出现逐级递增、持续变大的情况，有一个明显的持续增大的效果。递增放量形态既可以出现在个股短短的数个交易日之中，此时称为"短期递增放量形态"；也可以出现在时间跨度相

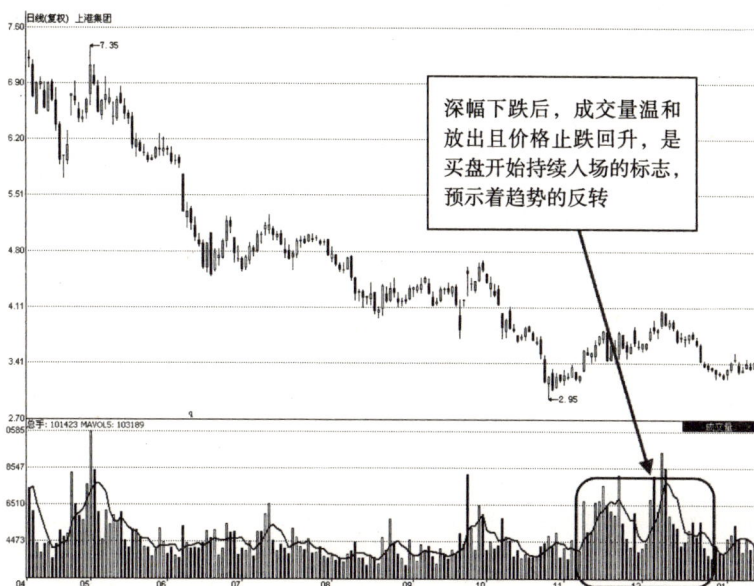

图 1-5 上港集团深跌后温和放量示意图

对较长的周期中（如几个月甚至是半年或一年以上），此时称为"长期递增放量形态"。当递增放量形态出现在数个交易日之中时，往往体现为后一个交易日的成交量都相比前一交易日放大一些，这几个交易日内的成交量出现逐级递增的形态。当然，这种递增并非严格意义上的当日成交量一定要大于前一交易日的成交量，只要当 5 日均量线出现明显的上行态势，且这数日的成交量又具有前后连续性（非脉冲式放大），则可以说短期递增放量形态。

成交量的递增是一个大众活动规模递增的过程，也是一个大众情绪逐渐狂热化的过程。短期递增放量形态一般只能持续 5 日左右，它是一个市场情绪被持续激发的过程，当短期内的量能达到峰值时也意味着市场情绪达到了顶点，是价格走势即将反向运动的信号。同样，对于长期递增放量形态来说，当量能效果在总体上不能维持继续放大的时候，也多意味着上升趋势即将见顶。在分析递增放量形态时，我们可以关注以下几点：一是递增放量是否已到顶点，大众聚集规模及买卖分歧是否已到了白热化阶段；二是价格短期上升的幅度多大，一般来说，短期上涨得越多，持股者获利了结的愿望也越为强烈，这对股价后期上涨起到阻碍作用；三是递增放量形态是否出现于高价区，当这一形态出现在相对的高价区时，谁还会愿意为这么高的股价埋单呢？

图1-6为上证指数2006年7月至2007年6月期间走势图。如图所示，在指数不断上涨的过程中，量能在总体上呈现出递增效果，即出现了量价齐升形态，这是买盘充足的表现，预示上涨趋势稳健、持久，并仍能继续下去。

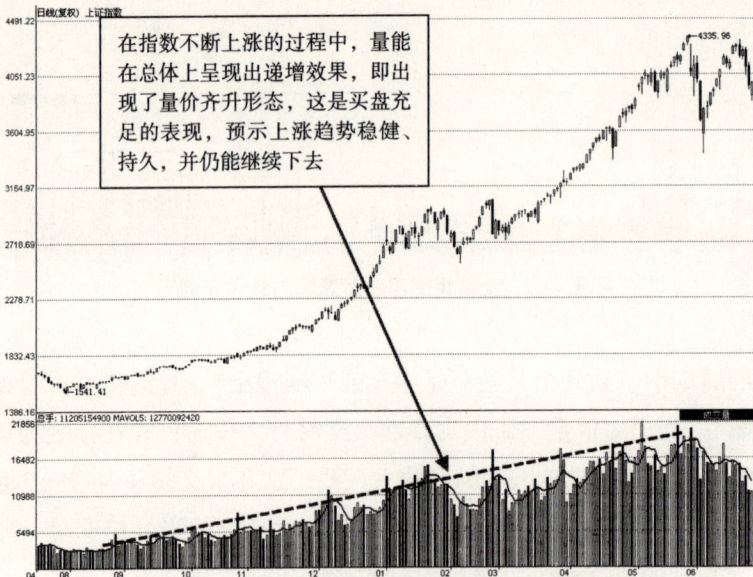

图1-6　上证指数长期递增放量形态示意图

图1-7为北海国发（600538）2008年12月1日至2009年3月17日期间走势图。如图所示，此股在横盘震荡后的一波快速上涨中，成交量呈现出明显的递增效果，这是买盘加速涌入的标志。正是逐渐加强的买盘力度才促使股价在短期内急速飙升，当量能无法再递增下去时，也意味着买盘的跟进速度开始降低，随着获利抛压的涌出，价格出现一波回调也就在所难免。可以说，短期递增放量形态下的量能峰值处往往也就是短期内的股价最高点。

三、连续大幅放量形态

连续大幅放量形态也称为连续放量形态，多出现在个股之中，往往是主力参与导致的，这一形态是指个股的量能形态出现了明显的大幅度放出，这

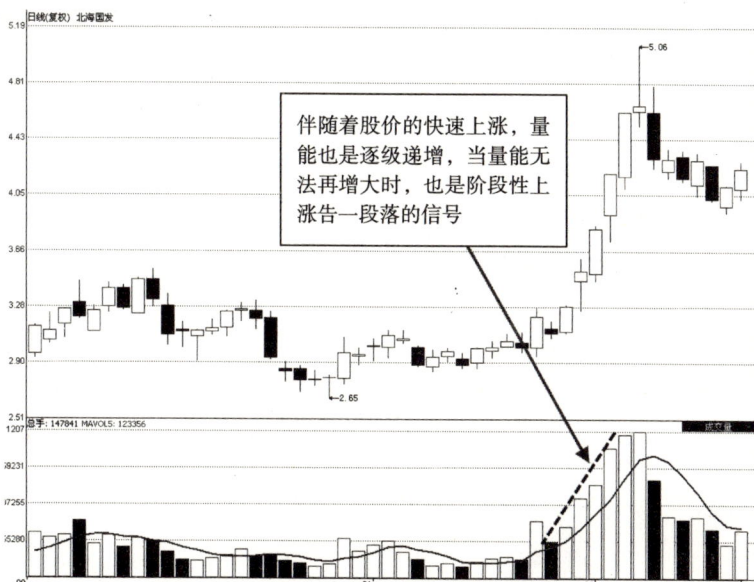

伴随着股价的快速上涨，量能也是逐级递增，当量能无法再增大时，也是阶段性上涨告一段落的信号

图1-7　北海国发短期递增放量形态示意图

种大幅放量前后的成交量效果处于明显的两个不同层次，并且这种大幅放量的效果往往能够很好地维持下去。一般来说，股价在连续大幅放量的背景下也往往出现飙升，这便是连续大幅放量所造就的短线黑马。连续大幅放量多出现在个股深幅下跌后，多是由于短线主力拉升建仓、炒作题材股所致。一般来说，主力很可能在大幅放量后的前几个交易日内快速完成建仓，随后的大幅放量更多地来自于散户资金的跟风参与、其他资金抢筹以及主力顺势对倒拉升所致，为了使股价快速脱离建仓成本区并停留在拉升后的高位区，主力在快速建仓后多会积极运作此股，从而使此股保持旺盛的交投气氛，在主力的运作下，这些从低位区经连续大幅放量而启动的个股在经历了短时间的快速飙升后，往往在中长期也能出现股价重心稳步上移的形态，这对于主力后期高位出货是极其有利的。

　　此外，连续大幅放量也有可能出现在个股持续上涨后的相对高位区，这时的连续大幅放量拉升走势多是由于主力对倒拉升出货所致。一般来说，其涨势、量能放大效果、持续时间均不及主力建仓时所导致的连续大幅放量形态，而且这种高位区的连续大幅放量形态由于在短期内过多地透支了多方的力量，因此也多预示着上升趋势即将见顶。

图 1-8 为狮头股份（600539）2008 年 5 月 6 日至 2009 年 3 月 17 日期间走势图。如图所示，此股在深幅下跌后，于低位区出现了连续大幅放量形态，在连续大幅放量形态出现的同时，股价也在短期内出现了飙升的走势，这是主力在低位区通过拉升方式快速完成建仓的表现。由于主力在建仓后还会积极地维护股价并从中运作，因此我们可以看到，此股在经这一波短期飙升后可以有效地站稳于相对高位区。

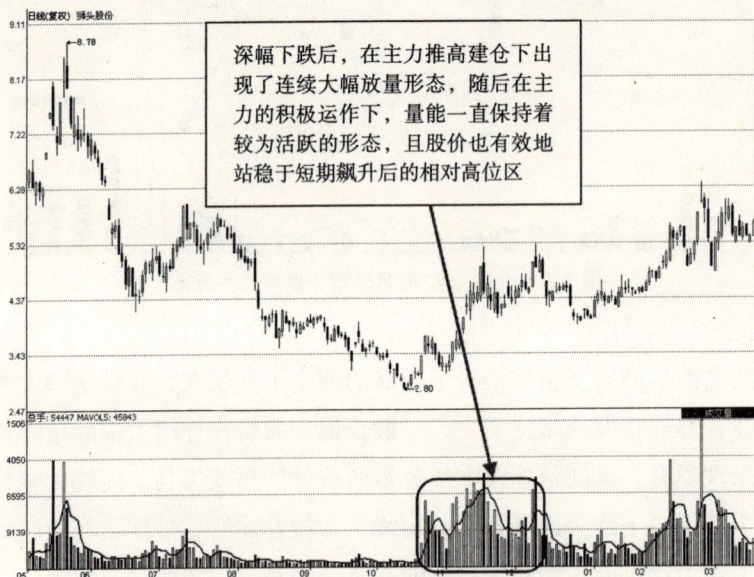

深幅下跌后，在主力推高建仓下出现了连续大幅放量形态，随后在主力的积极运作下，量能一直保持着较为活跃的形态，且股价也有效地站稳于短期飙升后的相对高位区

图 1-8　狮头股份低位区连续大幅放量示意图

图 1-9 为保税科技（600794）2008 年 11 月 7 日至 2009 年 8 月 20 日期间走势图。如图所示，此股在持续上涨后于高位区出现连续大幅放量上涨形态，这时的连续大幅放量并不是主力拉升建仓的表现，它多是主力高位区对倒拉升手法的体现。同时在这一波的连续大幅放量上涨之后可以看到，在主力停止使用对倒手法之后，股价呈现出了疲软的走势且成交量也恢复如初，因此在实际操盘中，我们应格外警惕这种高位区的连续大幅放量拉升形态，因为它多是风险的警示。

一般来说，连续大幅放量多说明市场中涌入了大量的买盘或卖盘，它对价格走势往往会起到加速推动作用，但有时情况却并非如此，在连续大幅放量出现的同时，有时也能出现价格呈现出滞涨或止跌的形态，这种走势多意

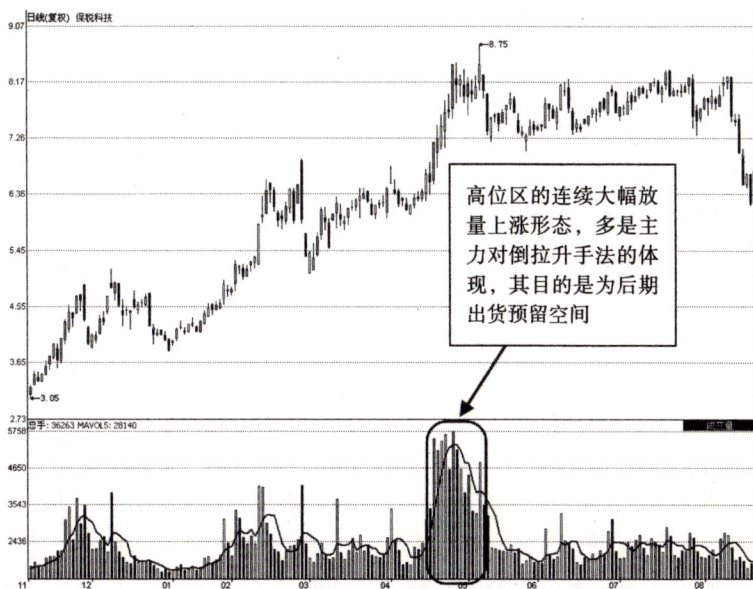

高位区的连续大幅放量上涨形态，多是主力对倒拉升手法的体现，其目的是为后期出货预留空间

图1-9 保税科技高位区连续大幅放量示意图

味着价格在短期内将要出现与原有方向相反的走势。

图1-10为华鲁恒升（600794）2008年10月17日至2009年2月17日期间走势图。如图所示，此股在此期间处于稳健的上涨走势中，如图标注所

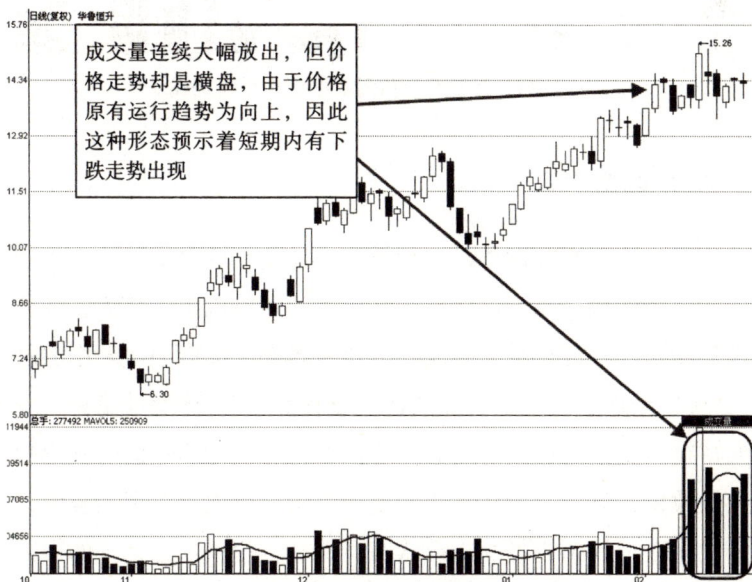

成交量连续大幅放出，但价格走势却是横盘，由于价格原有运行趋势为向上，因此这种形态预示着短期内有下跌走势出现

图1-10 华鲁恒升连续放量滞涨形态示意图

示，在上涨过程中出现一种反常形态，成交量连续大幅放出，但价格走势却是横盘，由于价格原有运行趋势为向上，因此这种形态预示着短期内有下跌走势出现。图1-11为此股连续大幅放量滞涨形态之后的走势图。对于这一现象，我们可以这样解释，即连续大幅放出的成交量若无法有效地推动价格沿原有的方向加速运行，那么一定说明市场上存在着较强的反方向动能，因此多预示了随后出现的与原有运动方向相反的一波下跌走势或上涨走势。

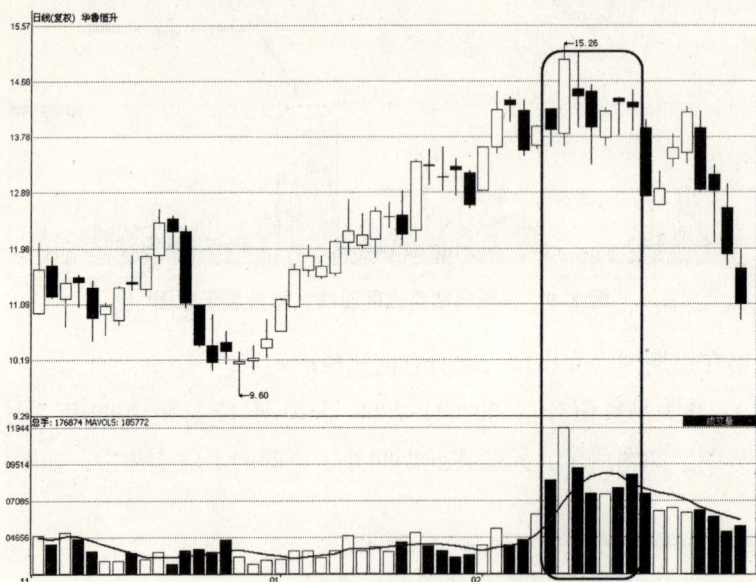

图1-11 华鲁恒升放量滞涨形态后走势图

四、脉冲放量形态

脉冲放量又称为间歇性放量，是指成交量在一两个交易日内出现了突然的暴增，其放量效果往往可以达到正常水平的四倍以上，随后，成交量的大小再度恢复如初。在成交量图形表中，这一形态就如同心电图中的脉冲式跳动一样，"快速地向上跳动之后又快速地恢复如初"。递增放量有一个成交量由小到大持续转变的过程，连续放量往往能在一段相当长的时间内较好地保持住放量的效果，脉冲放量则体现了成交量的突然放大又突然复原，这种单日异动情况无法反映出市场的连续状态，那么，这一形态出现的原因又是什么呢？一般来说，这多是由主力的操纵或上市公司重大利好的突然发布以及重大、意外事件的影响所导致的。只有了解了一种形态背后所蕴涵的市场含义，我们才能对它所反映的价格走势有一个更为清晰的认识，下面我们就来分别看看这两种不同情况下的脉冲放量所蕴涵的市场含义。

若个股的脉冲放量源于消息面所致，那么它体现了什么市场含义呢？脉冲放量是成交量的激增，它说明当日的买卖盘分歧极大，既是一种做多动能的快速释放，也是一种做空动能的快速释放。当脉冲放量是源于利好消息所致时，多会呈现出脉冲放量伴以价格上涨的走势，这说明买盘的力量要强于卖盘的力量。但我们前面讲过，若价格的上涨是由于充足的市场买盘来推动完成的，则只有买盘的力度不断增加下去，其价格的上涨走势才更有可能一直持续下去，而脉冲放量形态无疑无法满足这个条件。因此利好消息下的脉冲上涨行情多是较为短暂的，当量能恢复如初时，也多是价格回调之时。若脉冲放量是由利空消息所致，多会呈现出脉冲放量并伴以价格下跌的走势，这说明卖盘的力量显著强于买盘的力量，而价格下跌一般并不需要量能放大来维持，因此在脉冲放量下跌形态之后，当量能恢复如初时，价格往往仍会沿原有的下跌走势运行。

若个股的脉冲放量源于主力所致，它又体现了什么市场含义呢？由于散户的交投情况呈现出一种"散"的特性，无法形成合力，在个股没有消息诱导的时候，散户投资者的交投情况会呈现出较为连续的状态，因此这时的脉冲放量可以说是由主力的异动所导致的。一个主力在介入某只个股后的一段时间内，其控盘行为往往会处于某一阶段之下（建仓、拉升、洗盘或是出货）。如果是建仓，主力为拿到低价筹码要想方设法地隐藏自身踪迹，不会刻意地暴露自身的行踪；如果是拉升，我们发现次日后，成交量又恢复平静，成交量不出现持续的放大既无法有效地吸引追涨盘，也难以实现持续的拉升并保住拉升效果；如果是洗盘，脉冲放量的前后几日内股价并无多大变动，这是无法洗出短线获利盘的。最后，我们能得出的唯一结论是：主力有出货的意图。出现这种脉冲放量很可能是因为近期的股价上涨速度较快，主力有了在相对高点出货的意图，也可能是因为此股最近的成交较为低迷，主力无法出掉手中的筹码，为了制造些放量上涨的良好市场氛围以吸引跟风盘或投机盘介入，主力不惜采用对倒放量拉升的手法。

通过以上分析我们可以看出，当脉冲放量形态出现时，无论其脉冲的方向是向上还是向下，多预示着个股在短期内即将出现下跌走势，当脉冲放量形态出现在个股上升途中时，它多是阶段性高点出现的标志，而当脉冲放量形态出现在持续上涨后的高位区时，它多是顶部出现的标志。可以说，这一形态是我们在相对高点进行抛出的信号。下面我们结合实例来了解一下这一形态。

图1-12为博闻科技（600883）2008年11月5日至2009年3月13日期间走势图。如图所示，此股在上升途中出现了一个明显的脉冲放量形态，这是个股在上升途中遇到较强抛压的表现形式，一般来说，多是主力结合大盘震荡而采取了阶段性高抛低吸所致。由于此时股价仍处于较低的位置，因此这种阶段性的抛售不会使其上升趋势发生反转，但却会使个股出现一波短期深幅的回调走势，它也是我们在阶段性高点进行抛出的信号之一。

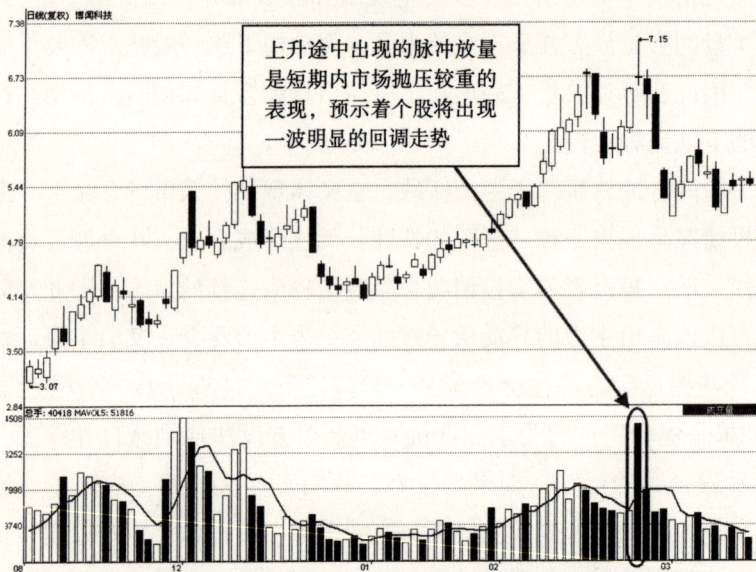

图1-12　博闻科技上升途中脉冲放量示意图

图1-13为福日电子（600203）2008年8月18日至2009年12月22日期间走势图。如图所示，此股在此期间及前期一直处于横盘震荡走势之中，此股之所以会出现长时间的横盘震荡走势是与主力的阶段性的高抛低吸行为密切相关的，每当股价经一波上涨达到箱体震荡的上沿处时，主力就会大肆做空此股，从而使得它难以向上突破运行，而这种做空行为就完整地体现在

一波上涨后的脉冲放量形态上（如图标注所示）。

图 1-13 福日电子横盘震荡中脉冲放量示意图

图 1-14 为深鸿基（000040）2007 年 1 月 16 日至 7 月 15 日期间走势图。

如图所示，此股在经历了长时间且累计幅度巨大的涨幅下，出现了一个单日

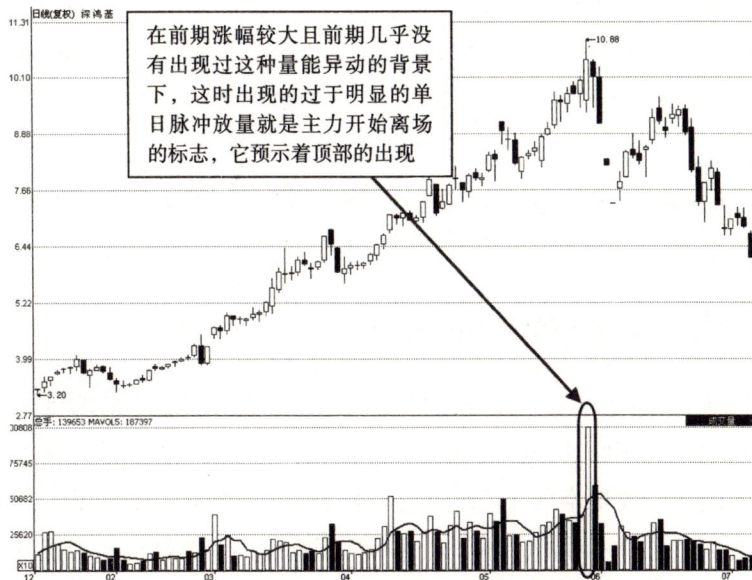

在前期涨幅较大且前期几乎没有出现过这种量能异动的背景下，这时出现的过于明显的单日脉冲放量就是主力开始离场的标志，它预示着顶部的出现

图 1-14 深鸿基大幅上涨后脉冲放量示意图

明显的脉冲放量形态，而在此之前，此股并没有出现过这种量能形态，结合前面我们对脉冲放量形态所具有的市场含义的讲解，我们有理由认为：在前期涨幅较大且前期几乎没有出现过这种量能异动的背景下，这时出现的过于明显的单日脉冲放量就是主力开始离场的标志，它预示着顶部的出现。

图1-15为豫园商城（600655）2008年1月24日至9月12日期间走势图。如图所示，此股在下跌途中出现了明显的脉冲放量形态，这种出现在下跌途中的脉冲放量形态是主力大规模离场的标志，也是下跌趋势将加速进行的标志，投资者在实盘操作中切不可因量能放大这种成交量异动形态而盲目抄底，否则可能亏损惨重。

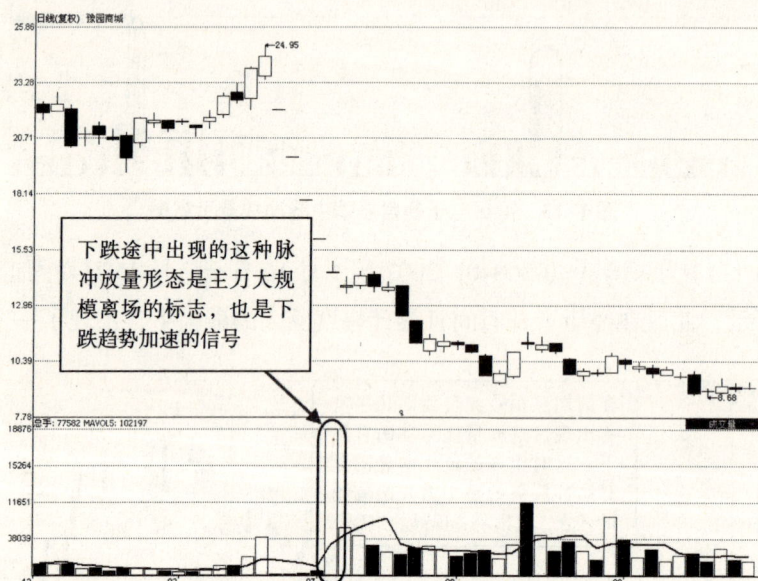

> 下跌途中出现的这种脉冲放量形态是主力大规模离场的标志，也是下跌趋势加速的信号

图1-15　豫园商城下跌途中脉冲放量示意图

五、主力控盘下的无规则放量

如图1-16所示，东华能源的日K线图中，价格稳定回升的过程中，成交量始终维持在100日等量线以上。成交量虽然处于明显放大状况，但缩量和放量之间有时候很难划分清楚。也就是说，该股虽然买卖活跃，却处于一种量能较高，方向不明的状态下。这种情况是因为大量机构参与其中，如果行情还未形成，价格很难出现大的涨幅。

图1-16　东华能源日 K 线图

机构参与下的规则放量中，个股走势是被一致看好的。虽然价格短时间内波动空间不大，也不是市场中难得的大牛股，但这种股票的长期趋势非常看好，是投资者获得长期回报的重要标的股。如果投资者持续加仓这类股票，便可在中长期获得不错利润。

第三斧　斧斧有威——理解缩量形态下的市场含义

在理解了放量形态之后，我们还应了解缩量形态，成交量通过不同的放量与缩量组合形态来向我们诠释不同的市场内涵，为了更好地应用成交量进行实战、为了更系统地学习成交量，理解缩量形态这一环节是必不可少的。

缩量多是指近期的量能相对于前一段时间而言出现了相对的萎缩。缩量形态可以出现在价格波动过程中的任何阶段，例如：出现在底部区与顶部区的缩量形态是市场交投较为低迷的表现，出现在上升途中的缩量多是主力控盘能力强且在上升途中积极锁仓的标志，出现在上升趋势末期的缩量形态是买盘开始枯竭的信号，出现在下跌途中的多是买盘无意入场的表现。此外，与放量形态相比，缩量形态往往更是市场真实交投的结果，因为放量形态很有可能是主力对倒的结果，主力由于其强大的控盘能力及持仓力度，可以很容易地通过"左手筹码倒入右手"的过程来人为制造放量效果，但是缩量却不是主力可以制造的。下面我们就结合价格的周期运动过程及实例来讲解不同阶段下的缩量市场含义。

当个股或市场在经历了深幅下跌或是处于历史相对低估区运行时，由于股市财富效应消失，此时往往会呈现出交投极为清淡的情况，但由于下跌不可能一直持续下去，价格总会在某一个位置出现止跌企稳的走势，此时若宏观经济情况仍旧不明朗或是没有什么外在利好消息刺激，则市场人气很难在短期内恢复，在这种低迷的交投气氛下多会于底部区出现缩量震荡的形态。与放量形成的底部区相比，缩量形态下的底部构筑时间更长，这是因为放量形成的底部可以在更短的时间内有效地积累到足够的做多动能，而缩量则不具备这种条件。

图 1-17 为太工天成（600392）2004 年 9 月至 2006 年 5 月期间走势图。如图所示，此股在 2005 年 7 月之前，股价的波动幅度较小且当时的价格处于明显的低估状态，这种缩量且长期在低位区震荡的走势就是缩量底部正在构筑的典型特点，由于缩量底部的构筑时间相对较长，因此更适于那些有耐心的中长线投资者在此布局。

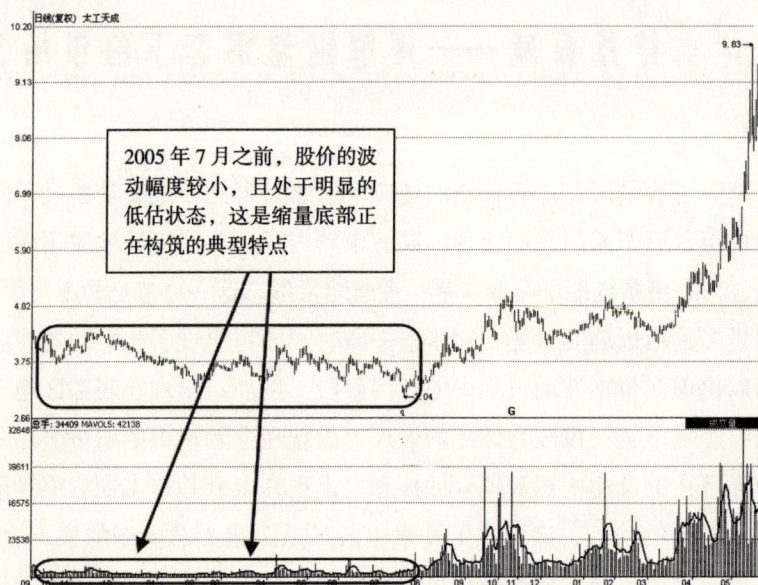

图 1-17　太工天成底部区缩量示意图

　　当个股处于上升初期或上涨途中出现缩量形态时，往往是由于主力持仓较重且控盘能力很强，由于主力在个股上涨时进行了积极的锁仓行为，因此只需不大的量能就可以推动股价上升，可以说，这种缩量上涨形态也是我们发现主力行踪并追随主力捕捉黑马股的信号之一。

　　图1-18为广州友谊（000987）2008年12月25日至2009年12月15日期间走势图。如图所示，此股在前期已有一定涨幅的情况下，于上升途中出现了明显的缩量上涨形态，由于此时股价的累计上涨幅度不大且前期出现底部放量形态（这是主力资金大力介入的表现形式），因此这种上升途中的缩量形态是主力持仓力度大、控盘能力强、在上升途中积极锁仓而产生的。

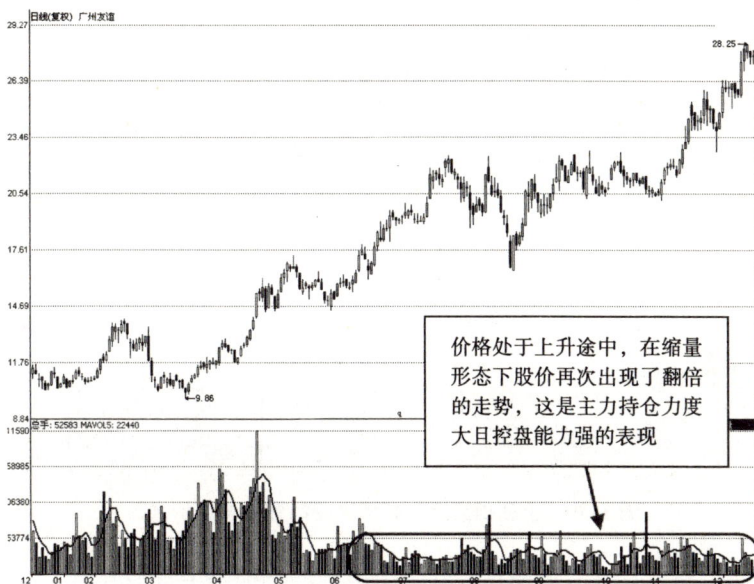

图1-18　广州友谊上升途中缩量示意图

　　当个股或市场已出现较大累计上涨之后，往往还会出现缩量上涨的形态，这种形态及走势即是我们所说的上升趋势末期常见的"量价背离"形态，即股价创出了新高，但是在创新高过程中的量能却明显小于前一波上涨浪的量能。这种量能形态说明对于股价究竟能走多高，多空双方看法不一，市场观望气氛较重，虽然量价背离形态反映出了市场中的那些多头做多信心很坚决且并没有大量获利的持股者进行抛售，但一个毋庸置疑的事实就是，前期的放量上涨说明其涨势是由买盘力度持续增大所推动的，此时的缩量上涨说明当前的买盘介入力度已是越来越差，是一种场外买盘变弱的信号，因此多预示了趋势反转的出现。值得一提的是，量价背离形态在用于研判大盘走势时更为准确。

图 1-19 为上证指数 2006 年 9 月至 2007 年 11 月期间走势图。如图所示，在大盘指数大幅上涨之后，虽然又出现了创新高的走势，但是在创出新高的一波上涨走势中，其量能要明显小于前期上涨时的量能，这种量价背离形态说明买盘入场意愿越来越低，是趋势即将见顶的信号。

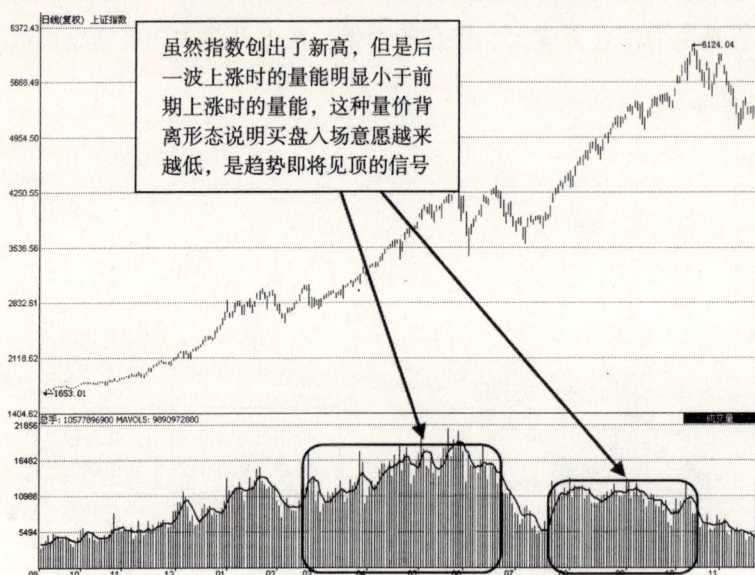

图 1-19　上证指数上升趋势末期的量价背离示意图

　　顶部区的缩量形态往往是延续了上升末期的缩量上涨形态而出现的，它是一种市场交投趋于平淡的表现，此时，由于价格的上升幅度巨大，导致持股者由于害怕踏空而不愿抛出，同时场外的投资者追涨意愿也明显降低，于是价格走势处于胶着状态，由于此时市场中潜在大量的获利盘，而前期的大幅上涨已过多地消耗掉了买盘的力量，因此其潜藏的做空动能要显著大于做多动能，随后在持股者发现股价难以再次上涨而有抛出意愿时，往往就是顶部区构筑完毕并开始步入跌途之时。

　　图 1-20 为新大陆（000997）2007 年 6 月 29 日至 2008 年 3 月 14 日期间走势图。如图所示，此股在大幅上涨后首先在上涨末期出现了明显的量价背

离形态，随后又于高位区出现震荡走势，并且这时的量能延续了之前上涨时的缩量形态，这是买盘无意入场、卖盘没有集中抛出的标志，也是顶部出现的标志，预示着趋势反转的发生。

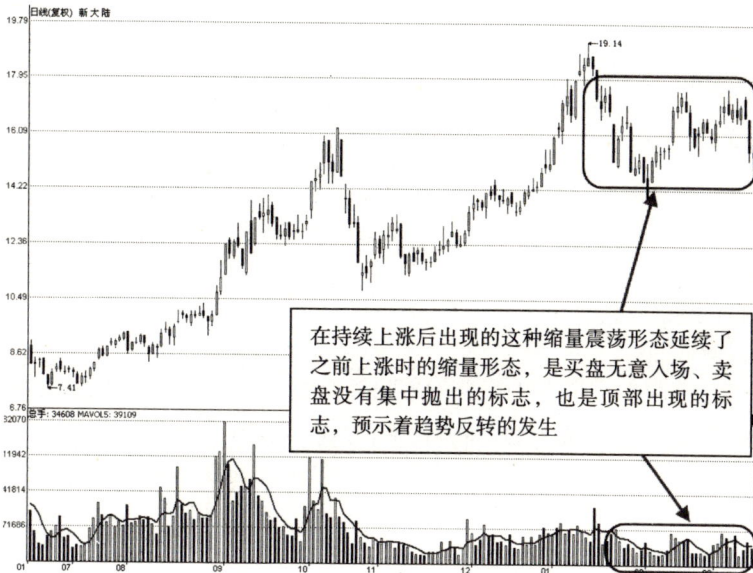

图1-20　新大陆顶部区缩量示意图

下跌途中的缩量形态主要是因为在下跌趋势已明确的情况下，场外投资者多处于观望状态并没有积极的入场意愿，从而使得买盘稀少，市场中只需不多的抛盘就可以大幅打低股价，这种缩量下跌形态是下跌趋势仍将延续的信号。但是在下跌走势的末期，成交量萎缩，股价在一个箱体里持续震荡，这往往是行情已见底的信号。

图1-21为东风汽车（600006）2007年8月20日至2009年9月25日期间走势图。如图所示，此股在漫长的下跌途中，量能始终保持在一种低迷的状态下，这是市场观望气氛重、买盘无意入场的表现，这一形态说明下跌趋势仍将继续。

如图1-22所示，博瑞传播在2012年3月到2013年5月的日K线图中，价格明显处于放量企稳后加速回升阶段。期间，成交量突破100日等量线非常明显，而放量之后的地量，恰好说明价格已经处于回调阶段。主力的不作为，是成交量迅速萎缩的重要原因。

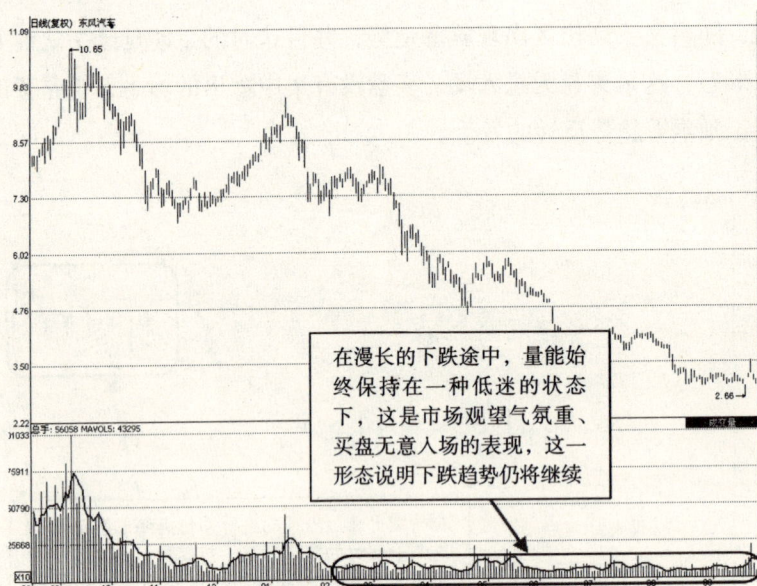

在漫长的下跌途中，量能始终保持在一种低迷的状态下，这是市场观望气氛重、买盘无意入场的表现，这一形态说明下跌趋势仍将继续

图1-21　东风汽车下跌途中缩量示意图

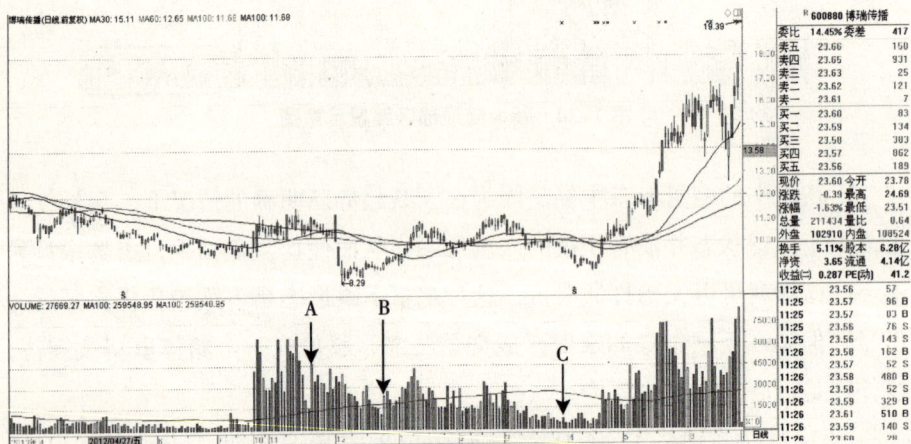

图1-22　博瑞传播日K线图

　　在脉冲放量以后，价格快速回调的过程中，图中A位置率先形成了地量形态。接下来的B位置中，成交量已经萎缩至100日等量线以下。虽然价格回调空间很大，但还未真正短线见底。图中的C位置，是在价格进一步缩量回调以后出现的。这个时候的地量，前期价格反弹回落后出现的，成为博瑞传播这只股票开始回升的起点。

　　博瑞传播的日K线中出现的地量，是在天量放量以后形成的，这正说明主力短线放量建仓后开始蛰伏起来。接下来的时间里，虽然价格异常波动，但上涨空间不大，主力等待量能萎缩至地量的情况下拉升该股，更容易实现从拉升到获利这一过程。

附：格兰维尔总结出的八种量价关系

关于量价关系较系统性的论述最早见于美国投资专家格兰维尔所著的《股票市场指标》一书中，格兰维尔认为：没有成交量的发生，市场价格就不可能变动，成交量是股市的元气与动力，成交量的变动，直接表现股市交易是否活跃，成交量的增加或萎缩都表现出一定的价格趋势。在此观点的指导下，格兰维尔总结出了八种经典的量价关系，它们较为系统地反映了量能形态与价格走势之间的配合关系，受到了投资者的高度认可，因此这八种量价关系也常被称为"经典的量价理论"。下面我们就来逐一分析一下这八种量价关系。

（1）量价齐升形态反映了有价有市：量价齐升形态是指成交量可以随着价格的持续走高而出现不断地放大，这一形态说明即使有不少获利者在上升途中进行了抛售，但是强劲的买盘足以维持股价的上涨，这是健康的上涨，说明上升趋势在充足买盘的推动下仍将持续下去。

（2）大幅上涨后的量价背离形态是价格走势出现反转的信号：前面我们已经对这种量价背离形态给予了详细的分析，这一形态反映了推动价格再创新高的动力不是基于充足的买盘，而仅仅是源于市场非理性的狂热情绪，当这种非理性的狂热情绪消退之时，也就是上涨走势见顶之时。同时，这一形态也反映了前期的大幅上涨已过度地消耗了场外买盘，当前的买盘开始趋于枯竭，因此这种形态是价格走势即将出现反转的信号。图1-23为大幅上涨后的量价背离形态示意图。

（3）价格上涨，而成交量却在逐步减少，这是价格走势出现反转的信号：这一形态与第（2）条的量价背离形态所蕴涵的市场含义基本相似，它们都是反映价格上涨得不到买盘支撑的形态，显示出价格上涨原动力不足，是价格走势反转的信号。

（4）上升途中或上升末期的放量飙升及随后出现的量能快速萎缩形态是价格走势反转的信号：放量飙升反映了买盘在短时间内出现了快速聚集，正

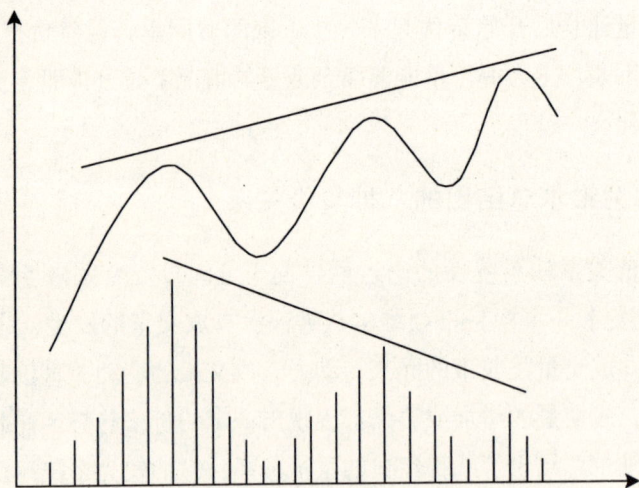

图 1-23　大幅上涨后的量价背离形态示意图

是买盘短期内快速地大量涌入才导致价格出现井喷走势，但是这也从另一个侧面反映了市场的做多动能在短期内已处于一种透支状态，井喷行情之后的量能急速萎缩就恰恰反映了买盘开始出现明显不足，是场外买盘开始枯竭的信号，因此预示了价格走势的反转。

（5）上升途中或上升末期的放量滞涨形态是价格反转的信号：连续放大的成交量出现在价格的上升途中是买盘大力介入的信号，它往往会对原有的价格走势起到加速推动作用，在个股前期处于较为明显的上升走势时，若这种连续放大的成交量无法推动其上涨，则必说明市场在短期内的抛压较为沉重，因此多预示了随后出现的价格反转走势。

（6）深幅下跌后的二次探底缩量形态是价格即将上涨的信号：股价二次探底缩量包含了两种信息，一是价格走势出现的止跌企稳的迹象，这种走势出现在深幅下跌之后多预示着底部的出现；二是二次探底时的缩量市场的抛盘在减少、做空的力量在减弱，是一种多空双方实力开始发生转变的信号，通过分析可知，这种二次探底缩量形态是价格即将上涨的信号。

（7）深幅下跌之后的恐慌性抛售导致的股价再次急跌是价格走势反转的信号：前期的深幅下跌就已经在一定程度上释放了市场中的做空动能，然而在深幅下跌之后，没有重大利空的情况下，股价再次出现的放量下跌的走势则多是源于市场中的非理性的恐慌情绪所致，同时它也是短期内市场做空动能快速释放完毕的信号。当做空盘集中释放后，做多盘自然可以在较低的位置上轻易拉升股价，因此这一形态是价格走势反转向上的信号。这一形态所蕴涵的市场含义刚好与我们上面讲到的第（4）条相反，一个是市场深跌之后的非理性恐慌情绪导致的放量下跌形态，一个是市场大幅上涨之后的非理性狂热情绪导致的放量飙升，它们都是价格走势即将反转的信号。

（8）在持续上涨后的高位区，当价格放量向下跌破中长期移动平均线是下跌趋势开始形成的信号；反之，持续下跌后的低位区，当价格放量向上突破中长期移动平均线是上涨趋势开始形成的信号。这两种形态一个反映了做空动能开始大量释放，一个反映了做多动能开始发力，一个处于前期累计涨幅巨大的背景下，一个处于前期跌幅巨大的背景下，它们是多空双方实力开始发生根本转变的信号，也是趋势反转的信号。

以上八种量价关系较为系统地论述了我们应如何利用量能变化及价格走势去研判个股的未来价格走势情况，读者在理解这八种量价关系时，一定要注意结合价格的总体运行趋势，例如：当价格处于上升趋势之中时，这些量价关系所反映出的"价格走势反转信号"，我们更应将其理解为它们是一波回调走势出现的信号，而不是整体趋势反转的信号。通过这八种系统性较强的量价关系准则，再结合前面我们讲过的放量形态与缩量形态的市场含义，我们就可以在一个更深的层次上去理解并运用"量价分析原理"，从而有效地提高我们的实盘操作能力。

利器 2 铁锤——看透主力运作下的盘口特征

锤是古代最具杀伤力的单兵武器。锤有长柄锤、短柄锤、链子锤等。长柄锤多单用；短柄锤多双使、多沉重，使用时硬砸实架；链子锤多走悠势，讲究巧劲。无论是长柄锤、短柄锤，还是链子锤，单从外表上就能看出锤的威慑力，由于锤头都极为沉重，若非臂力十足，是难以使用的。锤既是中国古代的一种重要兵器，它也同样是欧洲历史中的重要兵器。中国隋唐第一猛将李渊第四子李元霸手拿一对每个重达 400 斤的金瓮破天锤打遍天下无敌手；南宋名将岳飞的长子岳云也是使用的银锤横扫金军。在欧洲为了对付穿全身板甲的骑士，许多军队装备巨锤。在北欧神话中，还有关于托儿和雷神之锤的故事，雷神之锤是托儿的武器，托儿有三件宝物，腰带、手套、锤子。这三件武器相辅相成，是一个有力的攻击组合，腰带和手套可以增加全身力量及腕部力量，还可以让飞出去的锤子回到手中，锤子则是这一攻击组合中最有力的攻击武器。托儿与魔法王国巨人国王的争斗堪称是一个关于锤子威力的有趣的神话故事：在托儿与魔法王国巨人国王的交战中，托儿三次以锤子击打国王，由于托儿被魔法欺骗，使得其感觉到国王只把这三次打击当成是被小坚果砸了三下，实际上托儿三次攻击都被国王躲开了，打出三个深不见底的大峡谷。

股市中也有"锤"，但股市中的锤却不是生铁铸造、重达百斤的兵器，股市中的锤就是一只只的个股，每一只股票都相当于一个锤。散户身单力薄、资金较少，是难以撬动个股、舞动大"锤"的；但主力则不同，主力资金雄厚、信息灵通，完全可以凭一己之力影响个股走势，甚至达到控制个股走势的目的。本章中，我们就来看看主力在舞动个股这只大"锤"的各个阶段都呈现出什么样的特点，即在主力控盘个股的各个阶段（建仓阶段、拉升阶段、洗盘阶段、出货阶段），个股的盘口特征有哪些。可以说，了解了相应阶段的盘口特征，我们就可以更好地透析主力行为、把握主力动向，从而为自己的买卖决策提供可靠的依据。

第一锤　一锤定音——主力建仓下的盘口特征

主力在建仓时要有选择地来吸筹个股，而且，一个主力往往只介入单独的一只个股，只有这样才可以更好地达到控盘个股的目的。这时，主力就要"一锤定音"，敲定所选择的个股。

建仓阶段，是主力以买入的方式将自己的资金转换成股票筹码囤积起来的过程，由于建仓阶段时的股价多处于历史相对的低位区，因此这时的操作也可称为"低吸"。低吸的目的是为了等到股价升上去的时候可以转手卖出，从中赚取二级市场中的差价利润。在什么样的大市行情下、选择什么样的目标个股进行建仓、建仓的价位区间等因素往往取决于主力的控盘风格。一般来说，中长线主力多喜欢运作那些有业绩保障的个股，而短线主力则更喜欢结合市场热点对相关题材股进行炒作。下面我们看看在主力的建仓阶段中，个股会呈现出哪些盘面特征。

一、牛长熊短走势与慢牛攀升形态

牛长熊短与慢牛走势是主力建仓阶段中最为典型的盘面特征。牛长熊短是指个股在阶段性的一波上涨及回调走势过程中，这一波的上涨时间要明显长于其随后出现回调的时间。慢牛走势是指在建仓阶段价格总体走势呈现出较为缓慢的攀升形态。牛长熊短与慢牛走势的形态与主力吸筹方式有关，主力的吸筹改变了一只股票的供求关系，因此股价重心会在更强的买盘力量推动下而出现上涨，但是如果主力吸筹过快的话，会引发这只股票迅速上涨，这不仅会增加主力的建仓成本，而且还暴露主力的意图，引起市场公众的追涨，这是主力吸筹时所忌讳的。在建仓阶段，主力希望在一个相对较低的价位内多吸纳一些筹码，因此多采取缓慢吸筹的策略，使得建仓时间更为充足、低位买入的机会也能更多一些，这使得个股的日 K 线图呈现小阴小阳持续向上的形态，很少出现当日大幅拉升的情况。当股价出现了一定幅度的上涨之后，主力往往在大盘震荡的时候瞅准机会来一次快速打压，这既为主力随后继续在相对低位吸筹带来了机会，也会给散户造成强大的心理压力，造成其判断错误，从而抛出手中筹码，方便主力吸筹。

正是在主力的这种操盘方式下，主力建仓阶段下的个股走势会呈现出牛长熊短、慢牛攀升的走势，但在理解这种盘面特征时，有一点是我们应特别注意的：这就是只有当牛长熊短与慢牛攀升走势出现在个股深幅下跌后的止跌攀升区域或是相对低位区时，我们才可以把它当作是主力吸筹的标志，在一只股票已经上涨了许多之后出现的牛长熊短，仅可以理解为主力出货力度较小，而不能简单地理解为主力正在建仓或加仓。

图 2-1 为新世界 2008 年 10 月 30 日至 2009 年 4 月 2 日期间走势图。如图所示，此股在经历了 2008 年 10 月前的大幅下跌走势后，于深幅下跌后的低位区出现了止跌企稳回升的走势。如图标注所示，此股在 2008 年 10 月 30

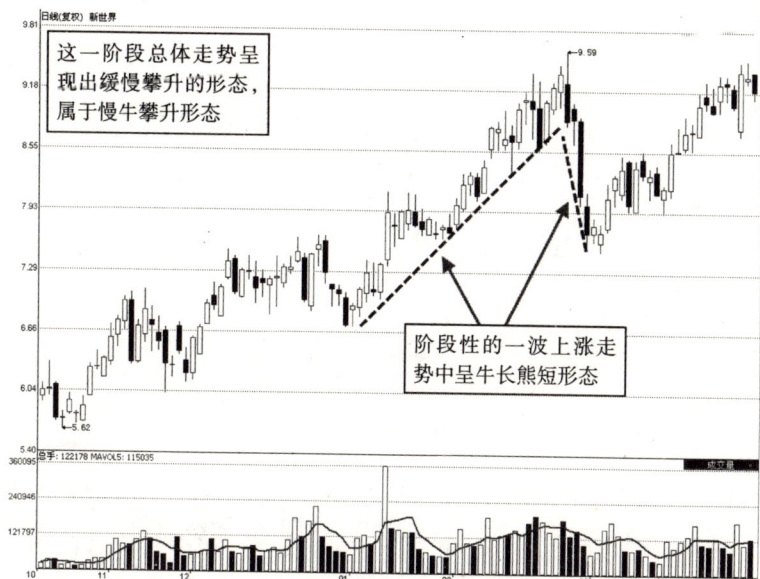

图 2-1　新世界主力建仓阶段牛长熊短与慢牛形态示意图

日至 2009 年 4 月 2 日期间的走势呈现出了较为明显的牛长熊短与慢牛攀升形态，慢牛攀升形态说明主力吸筹的速度相对缓慢，如果主力吸筹过快的话，会引发这只股票迅速上涨，这不仅会增加主力的建仓成本，而且还会暴露主力的意图，引起市场公众的追涨，这是主力吸筹时所忌讳的。但主力的吸筹改变了一只股票的供求关系，因此股价重心会在更强的买盘力量推动下而出现上涨，在这种情况下，个股自然也就走出慢牛形态。

从图中可以看到，个股的日 K 线图呈现小阴小阳持续向上的形态，很少出现当日大幅拉升的情况，当股价出现了一定幅度的上涨之后，主力往往在大盘震荡的时候瞅准机会来一次快速打压，这既为主力随后继续在相对低位吸筹带来了机会，也会给散户造成强大的心理压力，诱使其作出错误判断，在这种情况下，个股在阶段性的一波上涨及回调走势中就呈现出了牛长熊短的形态。

图 2-2 为百联股份（600631）2008 年 11 月 4 日至 2009 年 4 月 8 日期间走势图。如图所示，此股在经历了 2008 年 11 月前的大幅下跌走势后，于深幅下跌后的低位区出现了止跌企稳回升的走势。如图标注所示，此股在 2008 年 11 月 4 日至 2009 年 4 月 8 日期间的走势呈现出了较为明显的牛长熊短与

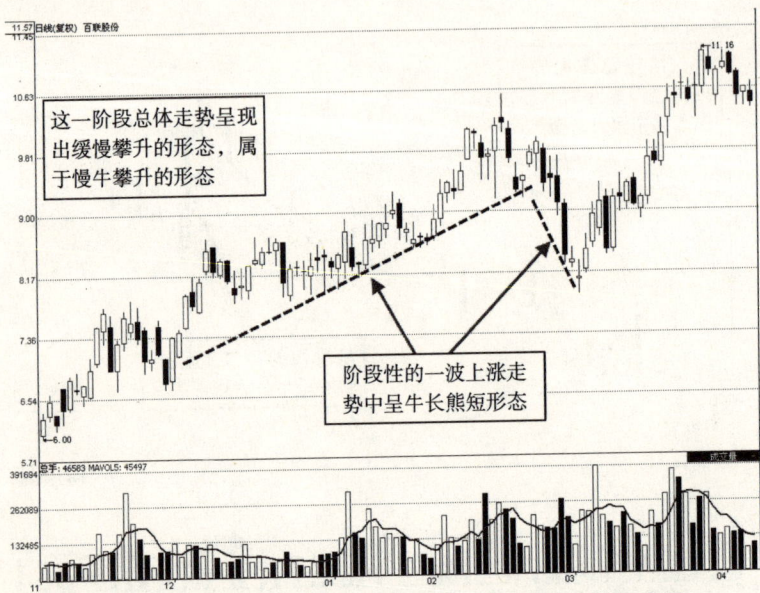

图 2-2　百联股份主力建仓阶段牛长熊短与慢牛形态示意图

慢牛攀升形态，慢牛攀升形态说明主力的吸筹改变了一只股票的供求关系，因而股价重心会在更强的买盘力量推动下而出现上涨，但主力吸筹的速度相对缓慢，在这种情况下，个股自然也就走出了慢牛形态。

二、红肥绿瘦，阳线多、阴线少

在主力建仓阶段，由于主力的大力度买入，往往会使个股在此期间经常出现大阳线，而且大阳线的数量较多，除了个别交易日用于快速打压股价的大阴线之外，这段时间的阴线数量、阴线实体长度都要显著地小于阳线的数量与实体长度，从而呈现出红肥绿瘦，阳线多、阴线少的 K 线形态。很多时候，主力为了能在一天内吸取更多的筹码，在当天会实施大量的主动性买入操作，而当天主力的主动性买盘必然会推高股价，这样收盘时 K 线图上常常留下一根红色的阳线，伴随着大阳线的出现，成交量快速放大，主力就是当日的吸筹者。

图 2-3 为申华控股（600653）2008 年 10 月 16 日至 2009 年 4 月 20 日期间走势图。如图所示，此股在此期间处于深幅下跌后的止跌企稳回升期，股价重心逐步上移。如果仔细观察这一阶段的单日 K 线形态，我们就会发现，在此期间此股的阴线数量、阴线实体长度都要显著地小于阳线的数量与实体

图 2-3 申华控股主力建仓阶段走势图

长度，呈现出红肥绿瘦，阳线多、阴线少的 K 线形态。

　　图 2-4 为飞乐股份（600654）2008 年 11 月 5 日至 2009 年 3 月 25 日期间走势图。如图所示，此股在此期间处于深幅下跌后的止跌企稳回升期，股价重心逐步上移。如果仔细观察这一阶段的单日 K 线形态，我们就会发现，在此期间此股的阴线数量、阴线实体长度都要显著地小于阳线的数量与实体长度，呈现出红肥绿瘦，阳线多、阴线少的 K 线形态。

图 2-4　飞乐股份主力建仓阶段走势图

三、总体呈放量形态且价量齐升，局部走势呈价升量增、价跌量缩

　　主力不同于散户，其建仓阶段要买入大量的筹码，因此个股在底部区如果有量能的适度放大，是很难满足主力建仓所需要的筹码数量的，在股市待久了，我们也曾听到过这样一种说法："真正的底部是无量的"。其实不然。如果我们把底部理解为主力的建仓阶段，那么底部应是放量的，尤其是对于个股来说，只有当主力资金持续介入一只个股后，才往往会使得个股止住跌势，开始出现止跌回升的走势。主力建仓下的个股，在总体上会呈现出放量形态，并且随着股价重心的不断上移，成交量往往会同步放大，呈现出一种

量价齐升形态。所谓量价齐升形态是指随着价格走势的步步高升，量能大小也是水涨船高，价格走势的创新高往往也意味着量能大小创出了新高，这说明价格走势创出新高源于更多的买盘推动，是场外资金持续大力流入的标志，而这种持续大力流入的资金往往就是主力资金。

此外，主力建仓阶段下的个股，在其一波上涨与回调走势中，其量能会呈现出涨时放量、跌时缩量的形态。涨时的放量说明有主力资金在持续买入，跌时的缩量说明之前买入的筹码并没有急于获利了结出场，此时的回调走势仅是源于少量的市场获利浮筹抛售所导致的。

图 2-5 为强生控股（600662）2008 年 10 月 20 日至 2009 年 2 月 13 日期间走势图。如图所示，此股在经历了前期的长时间下跌走势后，于此期间出现了止跌回升形态。通过观察此股这一阶段的量能特征，我们可以看出，其总体成交量呈现出了放量效果，并且在阶段性上涨后回调走势中也出现了涨时放量、回调时明显缩量的形态；在随后股价逐步走高的时候，其总体量能大小也再度攀升，呈现出了量价齐升的形态。这些量能特征就是主力建仓阶段下的典型特征。

图 2-5 强生控股主力建仓阶段下量能特征示意图

图 2-6 为浙江广厦（600052）2008 年 10 月 30 日至 2009 年 2 月 19 日期间走势图。如图所示，此股在经历了前期的长时间下跌走势后，于此期间出现了止跌回升形态。通过观察此股这一阶段的量能特征，我们可以看出，其总体成交量呈现出了放量效果，并且在阶段性上涨后回调走势中也出现了涨时放量、回调时明显缩量的形态；在随后股价逐步走高的时候，其总体量能大小也再度攀升，呈现出了量价齐升的形态。这些量能特征就是主力建仓阶段下的典型特征。

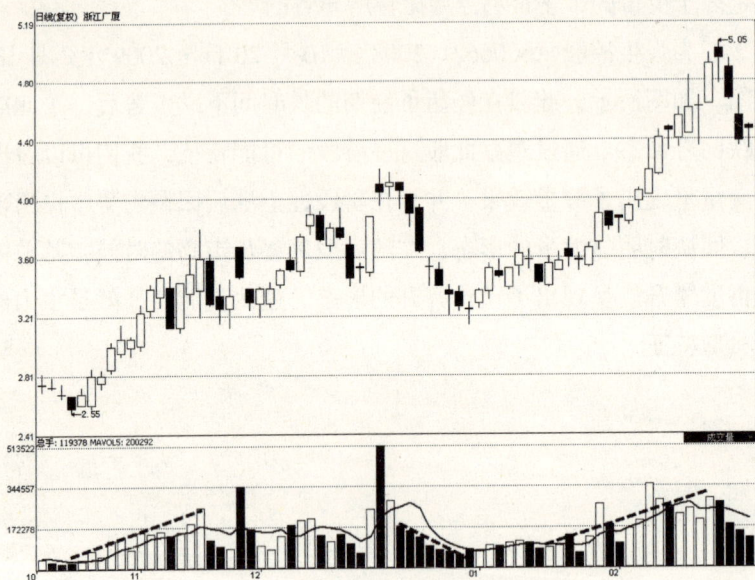

图 2-6　浙江广厦主力建仓阶段下量能特征示意图

四、经典底部形态

主力建仓阶段往往也是个股的筑底阶段，这时个股很可能会出现一些较为经典的底部形态，如圆弧底、头肩底、双重底、三重底、V 形底等。对于经典底部形态，我们在《短线买入十五招》中的"第十四招　形影相似，貌合神离——盘点经典底部反转形态下的短线买入机会"中进行了较为详细的介绍。

第二锤　双锤飞舞——主力拉升下的盘口特征

　　主力的控盘资金往往分成两个部分，一部分用于低位区建仓，另一部分用于拉升个股及护盘之用。这两部分资金就相当于主力手中的两柄大锤，一柄大锤用于进攻之用（用于建仓及拉升之用的资金），另一柄大锤则用于护身之用（用于护盘之用的资金）。主力控盘过程是一个低吸高抛的过程，在低吸任务完成之后，主力要将股价拉上去才行，这就是所谓的拉升。这既是主力大幅拉高股价的过程，也是主力使用进攻之锤开始攻击的过程。

　　一般来说，在拉升阶段，主力会结合大势并依据自身的实力而采取行动，在拉升时，原则上是能拉到多高就拉到多高，然后在一个较高的价位套现出局。拉升过程的长短往往取决于主力的控盘方式，长线主力在拉升初期，为了避免引起市场关注，往往采用较为缓和的方式进行拉升，而短线主力为了聚集人气，很可能会采用较为激进的快速拉升方式。拉升方式最能体现主力的控盘风格，不同的主力往往会采用截然不同的拉升方式，短线主力则多在短短数日内完成对于个股的拉升，股价短期内的涨幅也多可以实现翻倍，中长线主力会在一个较长时间的跨度内拉升个股，其股价的累计涨幅往往极为惊人。一般来说，我们可以把主力的拉升方式分为火箭式拉升、波浪式拉升、台阶式拉升等几种。下面我们就来看看不同拉升方式下的盘口特征有哪些。

一、火箭式上涨形态

　　火箭式上涨形态：此类上涨走势犹如火箭发射，升势一旦启动，行情锐不可当，日 K 线图呈现出连续的放量大阳线，股价迅速升上一个台阶，这是这种拉升手法的最直接的视觉体现，这种拉升手法由于在拉升时股价异动过大，常会在一拉升就吸引市场的注意，因此多出现在市场中短线主力炒作火暴题材股的过程中。

　　图 2-7 为浪潮软件（600756）2008 年 12 月 26 日至 2009 年 4 月 22 日期

间走势图。如图所示，此股在长期低位横盘之后，股价放量突破横盘区出现连续涨停板的快速上涨形态，这种走势是源于短线主力炒作此股的"核高基"题材所致。短线主力在良好的大盘氛围下，借助此股所具有的良好题材，在短期间内通过连续放量大幅地拉升股价而充分激活了此股的人气，在大量追涨买盘的涌入下，既有利于此股的快速上涨得以延续，也有利于主力随后于高位区进行出货。出现火箭式上涨的个股在启动之初，往往由于涨势过快使得投资者不敢轻易地追买，往往希望等待回调时再择机介入，然而此股的随后走势非但没有回调，反而出现了越上涨抛压越轻的状况，当大量投资者由于贪婪心理于高位追涨买入并希望通过快进快出而获取短线利润时，此股主力就开始反手做空，大量出货了。

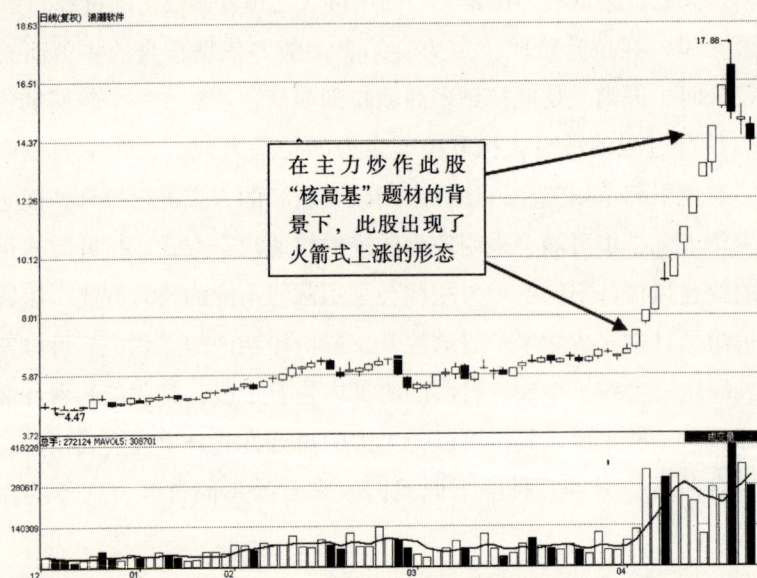

图 2-7　浪潮软件火箭式上涨示意图

这种出现火箭式拉升的个股多会在一波或两波的快速上涨后，出现长期横盘震荡的走势，而这种长期的横盘震荡走势往往也是个股涨势见顶的信号，可以说这种火箭式上涨的个股是涨得快、见顶也快。图 2-8 标示了浪潮软件火箭式拉升后的走势图。从图中可以看到，此股在经过这一波快速、大幅的上涨后，就出现了长期的横盘震荡走势，个股也失去了再度上涨的动力。这也是国内股市中，主力炒作题材股时所经常出现的"一波到顶"的走势形态。

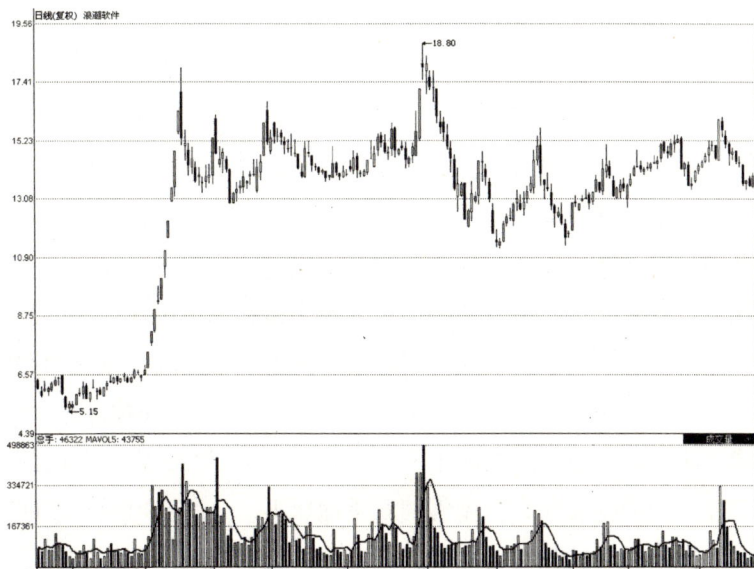

图 2-8　浪潮软件火箭式拉升后走势图

图 2-9 为莱茵生物（002166）2008 年 11 月 20 日至 2009 年 7 月 15 日期间走势图。如图所示，此股在此期间基于火暴的"甲流疫苗"题材，被多家主力资金反复炒作，多次出现火箭式上涨形态，从图中走势可以看到，随着

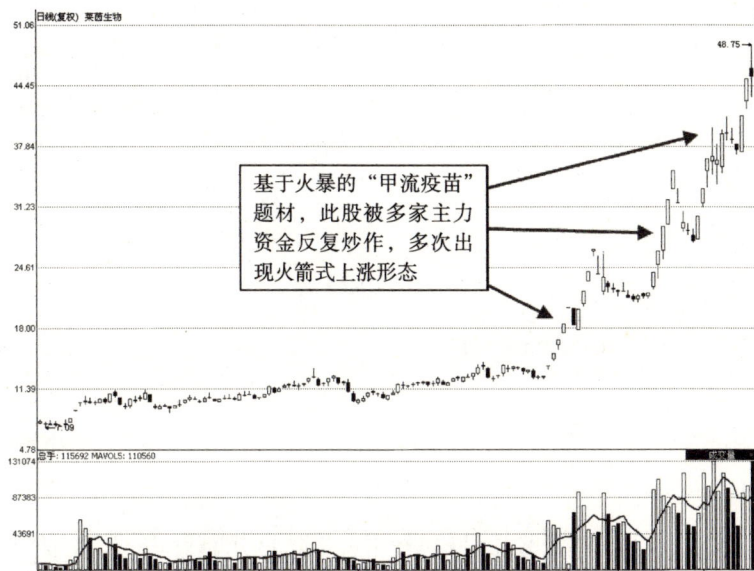

基于火暴的"甲流疫苗"题材，此股被多家主力资金反复炒作，多次出现火箭式上涨形态

图 2-9　莱茵生物火箭式上涨示意图

股价的持续上涨，其量能也持续增加，这种"量价齐升"的形态说明是加速涌入的买盘资金推动了股价的快速上涨。

二、波浪式上涨形态

波浪式上涨形态：股价走势犹如波浪一般，一浪推着一浪向上运行，呈现出一种自然运行的流畅形态；在这种形态中，由于上升浪的时间及幅度均大于回调浪的时间及幅度，因此在这种一浪接一浪的股价运动过程中，实现了逐步拉升。一般来说，波浪式的上涨形态多是在大盘震荡走高的配合下来完成的，这同时也说明主力在底部区的吸筹力度有限、其控盘能力并不是十分突出，而且主力多会在波浪式上涨过程中进行高抛低吸的波段操作，每当个股完成一波涨幅在 20% 左右的上升浪后，主力可以在大盘震荡的配合下逢高减仓，在主力减仓及获利盘抛售的双重抛压下，个股会出现一波回调，随后主力可以在回调后的相对低点位进行适当的加仓，既让股价止跌，又迎合了大盘，为下一波上升浪打下了基础。

图 2-10 为民生银行（600016）2008 年 12 月 5 日至 2009 年 8 月 3 日期间走势图。如图所示，此股在此期间处于上升走势中，这一阶段也是我们所说的主力拉升阶段。从此股的走势可以看出，其上涨走势呈现出波浪式形

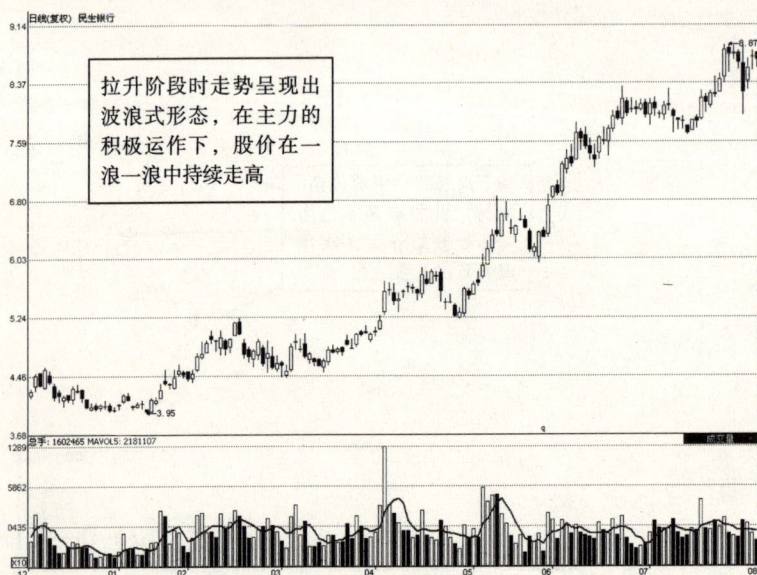

图 2-10　民生银行波浪式上涨示意图

态，在主力的积极运作下，股价在一浪一浪中持续走高，这种波浪式的上涨走势往往说明了主力的控盘能力并不是很强，因为此股的每一波的上涨与回调往往都是与大盘共振的结果。所不同的是，它的每一波上涨幅度要相应地大于同期大盘，而回调幅度则相应地小于同期大盘。但无论如何这种借大盘之势实现上涨的个股毕竟不是主力控盘能力极强的体现。

三、台阶式上涨形态

台阶式上涨形态：股价的上涨是一个台阶一个台阶式的上涨，即每次股价的上涨都来自于几天内的连续大阳线将股价打高一个台阶，而每上一个新的台阶后就会采取平台或强势整理的方法。这种强势整理形态与主力的积极运作密不可分，当股价上升到新的台阶后出现横盘整理走势可以让市场前期的获利盘在急躁的心态下抛出筹码，让另一部分市场投资者介入，从而实现较为充分的换手并完成一次拉升途中的洗盘，为后期的上涨打下基础。

台阶式上涨形态多出现在中长线主力长期控盘的个股之中，当个股出现台阶式上涨的走势时，多说明个股已处于强控盘主力的控制之下，这种个股虽然阶段性的涨幅并不是很大，但其总体涨幅往往都很惊人。主力敢于如此长期运作此股、持续推升股价，多是由于此股有业绩支撑，而且在刚刚开始上涨的时候，股价明显处于相对低估的状态；而个股每上一个台阶之后所出现的横盘整理走势阶段也可以说是市场投资者对此股重新进行估值的阶段。通过长期横盘形成新的价值中枢，可以获得市场投资者对新价位的认可和赞同。这对主力后期的继续运作及最后的出货操作都是极为有利的。

图2-11为中国船舶（600150）2007年2月26日至10月9日期间走势图。如图所示，此股在此期间股价以台阶的方式实现了长期的上涨，其累计涨幅也是惊人的，这种拉升方式多出现在长线主力完全控盘而长期运作的个股中。

图2-12为贵州茅台（600519）2006年12月28日至2007年12月24日期间走势图。如图所示，此股在这长达一年的时间内，由于中长线主力的运作及个股有良好的业绩增速来作为股价上涨的支撑。此股在此期间股价以台阶的方式实现了长期的上涨，其累计涨幅也是惊人的。

在个股处于主力拉升阶段时，无论如何，股价的上涨是毋庸置疑的事

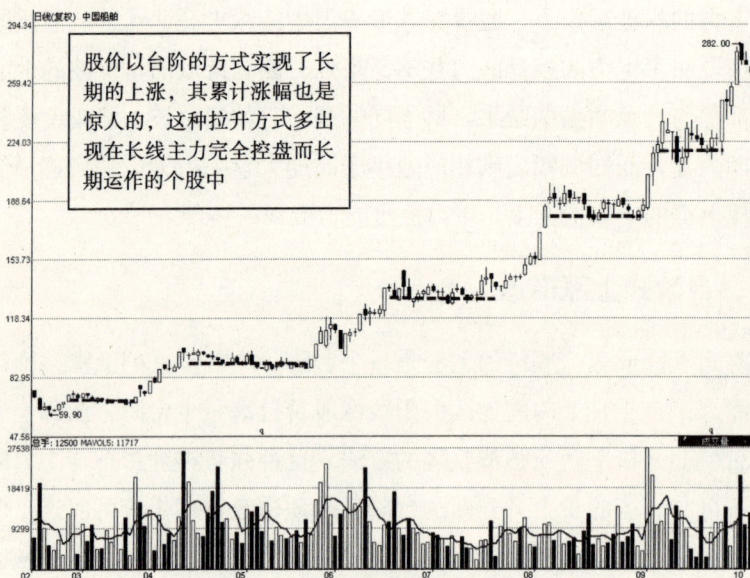

股价以台阶的方式实现了长期的上涨，其累计涨幅也是惊人的，这种拉升方式多出现在长线主力完全控盘而长期运作的个股中

图 2-11 中国船舶台阶式上涨示意图

图 2-12 贵州茅台台阶式上涨示意图

实。此时的股价上涨走势会让主力露出庐山真面目，这时要研究的问题不是个股是否有主力入驻这类信息，而是要研究要不要快速切入或继续持股这样的问题。这一问题应该进行具体的分析，不宜盲目统一。例如：对于短线主

力炒作的题材个股来说，若是刚刚出现放量突破上涨的形态，则可以快速介入，若是短期内升幅已经很大，则不宜盲目追高。而对于中长线主力运作的个股来说，若是处于上涨初期，则可以大胆介入并一路持有；反之，若此时累计涨幅已巨大，则可顺势少量仓位追高，不宜重仓介入，以免高位被套。对于中长线运作的个股来说，如果我们发现个股的上升势头、上升形态仍然较为良好，我们就可以在个股一波回调走势后进行相对积极的买入或加仓操作。

第三锤　力弱锤轻——主力洗盘下的盘口特征

当股价在连续上涨之后，主力为了后期可以从容地出货，因而有必要让低位区介入的散户投资者出局，从而提高市场的平均持仓成本，这样既可以为随后的继续拉升打下基础，也可以避免主力在后期的高位区出货时出现散户与主力争相抛售的局面。在洗盘时，主力机构或是利用长阴刻意制造空头气氛，间接给市场以"头部"的假象，使市场投资者产生恐慌心理，让获利有兑现要求的投资者交出自己的筹码；或是通过较长时间的盘整走势让没有耐心的获利投资者在不耐烦情绪下抛出手中筹码。主力洗盘的意图和目标是明确的，洗盘的目的就是清洗掉市场内的获利筹码，使市场内的持股成本趋于一致，如果洗盘效果欠佳就继续反复地进行横盘震荡或者反复地打压，最后洗盘到主力感到满意为止。不同的主力，其洗盘手法也不尽相同，下面我们就来看看主力洗盘时的盘面特征。

一、横盘震荡型洗盘形态

横盘震荡型的洗盘形态可以依据其震幅分为两种：一种是波动幅度较大的箱体震荡洗盘形态；另一种则是波动幅度较小的横盘洗盘形态。在横盘震荡洗盘走势中，一般来说，价格的波动幅度与主力控盘能力成反比，即主力控盘能力越强，则其波动幅度就相对较小，其走势更加独立，主要体现在其走势不易受大盘的快速下跌而出现深幅回调。横盘震荡型的洗盘形态多出现在主力控盘能力较强的个股之中，且这些个股多为业绩较为优秀的绩优股。股价上升到一个新的高度时，主力停止拉升，但主力也不想让股价出现大幅回落，从而在相对高位区对股价进行积极的维护。这种走势会让那些没有耐心的投资者抛出手中的获利筹码，也会吸引一部分仍然看好此股后期走势的较为坚定的投资者加入进来。在主力的引导下，股价处于横盘区开始震荡，市场筹码在此进行换手，一旦洗盘进行得较为充分，主力就会借大盘走好之际再度拉升此股。

图2-13为中铁二局（600528）2008年9月8日至2009年7月22日期间走势图。如图所示，此股在上升途中出现了长时间的横盘震荡走势，如图标注所示，在长时间的横盘震荡走势中，股价重心有上移倾向，说明在洗盘阶段仍是买盘的力量占据了主导地位。这也是主力并没有大量出货的重要表现形态，是我们区分洗盘与出货的重要标志之一。随后一根具有标志性质的大阳线宣告此股的洗盘走势结束，再度开始突破上行。

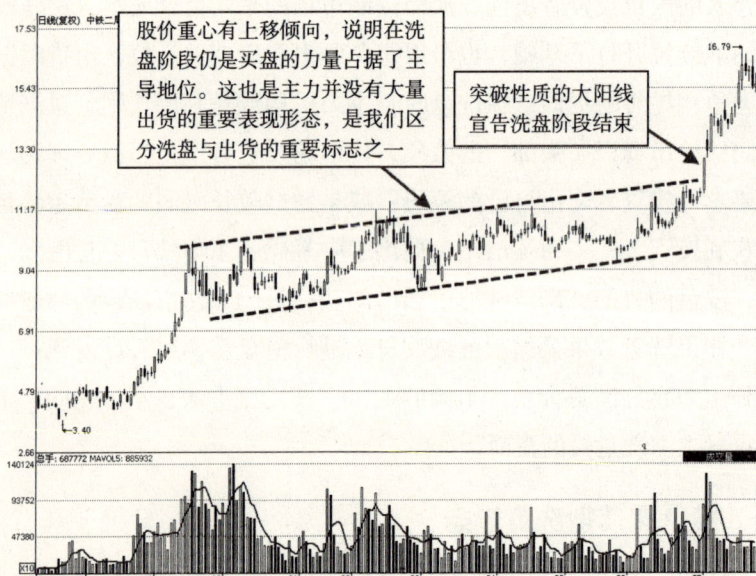

图2-13 中铁二局箱体震荡型洗盘形态示意图

图2-14为中金黄金（600489）2008年11月6日至2009年6月1日期间走势图。如图所示，此股在上涨走势中呈现台阶式形态，台阶式上涨后的横盘其实就是横盘型的洗盘形态，其横盘震荡时的股价波动幅度较小，这也

从另一侧面说明了出现这种台阶式上涨形态的个股多处于强控盘主力的控制之下。

图 2-14　中金黄金横盘型洗盘示意图

图 2-15 为交大昂立（600530）2008 年 12 月 23 日至 2009 年 6 月 19 日期间走势图。如图所示，此股在上升途中出现了横盘型的洗盘形态，股价在横盘波动过程中其震幅较小，这也说明主力的控盘能力较强。试想一下，如果主力控盘能力不强，当个股在经大幅上涨而累积了较多获利盘的情况下，又如何能出现既横盘滞涨又能有效抵挡获利抛压这一走势形态呢？

二、空头排列的 K 线组合形态

这种空头排列的 K 线组合形态往往对应于打压式的洗盘手法，这是一种周期较短的洗盘方式，主力多是结合大盘的同期回调走势顺势打压，K 线往往呈现出短期内连续阴线下跌的形态；同时股价也会下降一个台阶，给人一种主力大量出货的盘面感觉。K 线空头排列由于使得股价在短时间内跌幅较大，可以制造良好的恐慌气氛，使投资者出现股价见顶、市场抛压沉重的感觉，从而出现判断错误而抛出手中筹码。值得注意的是，在股价短期内连续收于阴线而促使股价快速下跌的过程中，个股的成交量却往往会快速缩小。

图 2-15　交大昂立上升途中横盘型洗盘示意图

这说明市场的抛盘数量并不多，也是主力没有在股价下跌时进行出货的表现。

图 2-16 为京能热电（600578）2008 年 11 月 3 日至 2009 年 5 月 22 日期间走势图。如图所示，此股在上升途中多次出现 K 线空头排列形态，这是主力使用打压式洗盘手法所造成的。值得注意的是，在股价短期内连续收于阴线而促使股价快速下跌的过程中，此股的成交量却快速缩小。这说明市场的抛盘数量并不多，这也是主力没有在股价下跌时进行出货的表现。

图 2-17 为八一钢铁（600581）2008 年 11 月 14 日至 2009 年 6 月 19 日期间走势图。如图所示，此股在上升途中多次出现 K 线空头排列形态，这就是主力使用打压式洗盘手法所造成的。

三、相对缩小的量能形态

无论是横盘震荡型的盘面形态，还是 K 线空头排列的盘面形态，主力洗盘的目的都是引导市场浮筹进行充分换手，从而便于后期的拉升。因此在洗盘阶段，主力并不会大量出货，于是洗盘阶段其量能往往会呈现出相对缩量的形态。读者可以对比查看一下上面所讲的实例，交大昂立上升途中横盘型洗盘、八一钢铁上升途中 K 线空头排列形态都呈现出了明显的缩量形态。

此股在上升途中多次出现 K 线空头排列形态，这是典型的打压式洗盘手法下的盘面特征

图 2-16　京能热电上升途中 K 线空头排列形态示意图

图 2-17　八一钢铁上升途中 K 线空头排列形态示意图

第四锤　锤起锤落——主力出货下的盘口特征

对于散户投资者来说，当一只个股在经历了前期的大幅上涨来到高位后，我们就要格外留意主力对此股的运作是否已进入到了出货阶段，出货阶段是主力将手中筹码在高价位卖给市场进行套现的阶段，对应于主力"低吸高抛"过程中的"高抛"阶段。而且出货是主力整个控盘过程中的最后一个环节，也是关系到主力控盘成功与否的最为重要的一个环节，也是最难的一个环节。任何一个主力，只有将手中的筹码派发出去，才能使账面的盈利变为实实在在的获利；当主力凭借其强大的资金实力和娴熟的操盘手法顺利地完成前几个阶段的任务后，此时的股价往往也是高高地站在了"天上"。此时，主力想要出货，但是散户投资者未必肯买单。一般来说，为达到高位区出货的目的，主力在高位区会反复炒作个股，以期股价能长期稳健地站于高位之上，从而麻痹散户投资者的风险意识。如果在出货阶段再辅以一定的操盘手法，让散户投资者误以为股价还能上涨或是制造一些人为的"规律"让投机客看到有波段利润可图，往往就会达到较好的出货效果。此外，在出货阶段，主力可能还会借券商推荐、市场传闻、股评分析等各种各样的外围消息面的利好因素来帮助自己出货。

出货阶段的盘面特征与建仓阶段的盘面特征正好相反，建仓阶段的买盘的力量要显著强于卖盘力量，股价重心会出现逐步上移的走势，而且成交量往往也会出现一定程度的放大，且放量形态具有较强的持续性；出货阶段卖盘的力量要显著强于买盘力量，股价走势出现滞涨形态或是出现重心逐步下移的走势，而且成交量往往会出现散乱式放大。下面我们就来看看出货阶段的盘面特征有哪些。

一、成交量散乱式放大

在出货阶段，由于主力往往采用对倒手法以吸引投资者的注意，因此个股的成交量往往会在主力对倒当日或随后一两日内出现明显的放大；而当主力放弃对倒操作后，成交量就会快速缩小恢复到原来的水平上。

图 2-18 为中集集团（000039）2006 年 12 月 12 日至 2007 年 11 月 8 日期间走势图。如图所示，此股在经历了前期大幅上涨后，于高位区出现了明显的滞涨形态，且高位区的股价波动幅度极大。前面我们讲到过，在上升走势之中，若个股的股价波动幅度较大，往往说明主力的持仓比重在下降、控盘能力在减弱。结合此股的前期大幅上涨走势，我们有理由认为主力已于这一高位区开始了出货行为；同时，在这一阶段中成交量也出现了散乱式放大的形态。种种迹象都表明，当前的个股已处于主力控盘过程中的出货阶段。

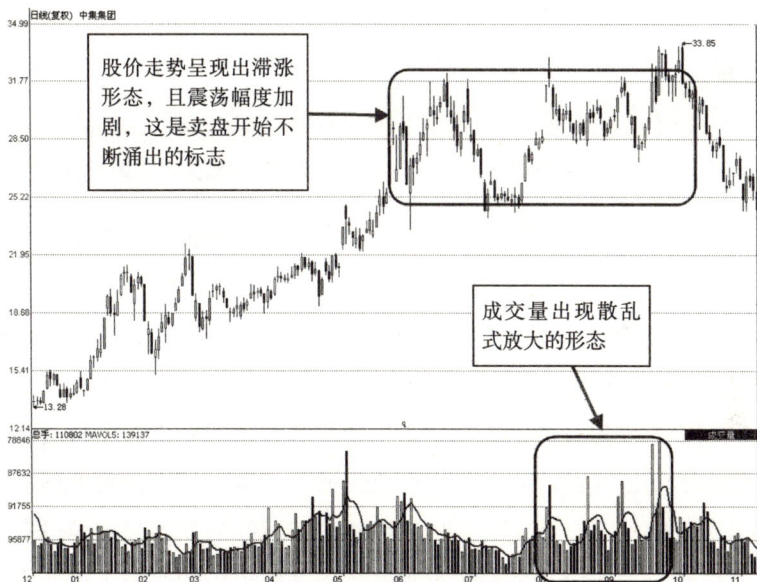

图 2-18　中集集团出货阶段成交量散乱式放大示意图

图 2-19 为申达股份（600626）2007 年 1 月 12 日至 11 月 26 日期间走势图。如图所示，此股在大幅上涨后于高位区出现大幅震荡走势。值得注意的是，在高位区的震荡过程中，此股的成交量会偶尔出现散乱式的放大形态，这是主力对倒出货手法的体现。

二、牛短熊长走势与慢熊形态

牛短熊长走势与慢熊形态是主力出货阶段中最为典型的盘面特征。牛短熊长是指个股在阶段性的反弹上涨及随后的下跌走势过程中，这一波的反弹

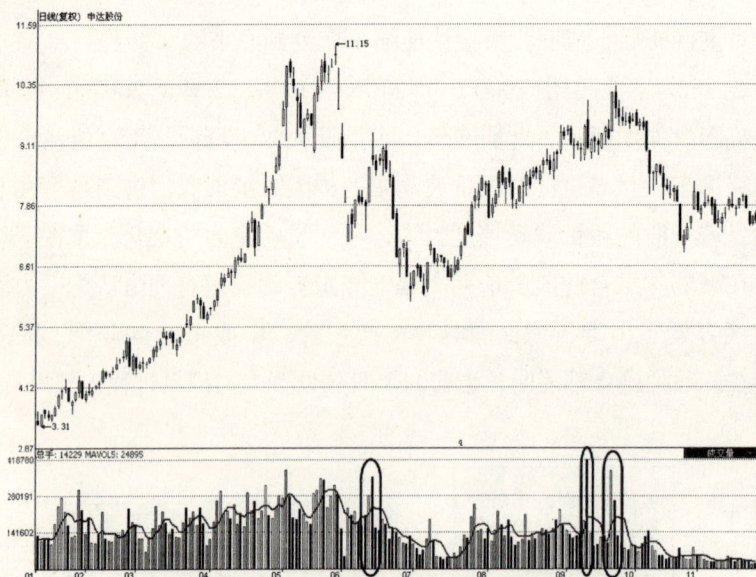

图 2-19　申达股份出货阶段成交量散乱式放大示意图

上涨时间要明显短于其随后出现下跌走势的时间。前面我们提到过主力在建仓时，有牛长熊短的 K 线走势，而在出货时则正好是与之相反的牛短熊长的走势——下跌天数明显多于上涨天数。慢熊形态是指在建仓阶段的价格总体走势情况呈现出较为缓慢的下跌形态。

牛短熊长走势与慢熊形态与主力出货方式有关，主力的出货改变了一只股票的供求关系，因此股价重心会在更强的卖盘压力下而出现下移。但是如果主力出货过快的话，就会引发这只股票迅速下跌从而引起市场投资者的恐慌性抛售情绪，这不仅会使得主力难以实现高位出局的目的，也会增加主力随后的护盘成本，这是主力出货时所忌讳的。在出货阶段，主力希望在一个相对较高的价位内多卖出一些筹码，因此多采取缓慢出货的策略，使得出货时间更为充足、高位区卖出的机会也能更多一些，这就使得个股的日 K 线图呈现小阴小阳缓慢向下的形态。在股价重心有一定程度下移后，主力往往会通过连续两三日的大阳线拉回股价，使得其仍旧停留于高位区，从而为随后继续出货打下基础。值得注意的是，只有当牛短熊长走势与慢熊形态出现在个股大幅上涨后的滞涨区域时，我们才可以把它当作是主力出货的标志，在一只股票累计涨幅不大或是处于相对低位区时，我们仅可以把这一形态理解为主力没有明显的吸筹行为，而不能理解为主力正在出货。

图 2-20 为中金黄金（600489）2009 年 6 月 12 日至 2010 年 3 月 19 日期间走势图。如图所示，此股在经历了 2009 年上半年的大幅上涨走势后，于高位区出现了滞涨走势；在 2009 年 6 月 12 日至 2010 年 3 月 19 日期间的走势呈现出了较为明显的牛短熊长走势与慢熊形态。慢熊形态说明主力出货的速度相对缓慢，如果主力出货过快的话，会引发这只股票迅速下跌从而引起市场投资者的恐慌性抛售情绪，这不仅会使得主力难以实现高位出局的目的，也会增加主力随后的护盘成本，这是主力出货时所忌讳的。但主力的出货改变了一只股票的供求关系，因此股价重心会在更强的卖盘力量推动下而出现下跌，在这种情况下，个股自然也就会走出慢熊形态。

图 2-20 中金黄金主力出货阶段牛短熊长走势与慢熊形态示意图

从图中可以看到，个股的日 K 线图呈现小阴小阳持续向下的形态，当股价出现了一定幅度的下跌之后，主力往往会通过连续两三日的大阳线拉回股价，使得其仍旧停留于高位区。随后，在主力的不断抛压下，股价仍会慢慢走低，在这种情况下，个股在阶段性的一波上涨及下跌走势中就呈现出了牛短熊长的形态。

三、总体呈缩量形态，偶尔会出现短暂的对倒放量拉升形态

当个股运行至顶部区后，由于买盘无力推升、卖盘往往又不会在短时间内大量涌出，因此市场交投多会处于相对较为清淡的状态下，于是顶部区的量能在总体上往往是以缩量形态出现的。顶部区的缩量形态也可以说是对上升趋势中最后一个阶段所出现的"量价背离"形态的延续。所谓量价背离形态是指当价格走势创出新高时，在创出新高的一波上涨走势中的量能大小却要显著小于前期上涨浪时的量能，这种形态我们可以将其称为上升趋势中"量价背离"形态。这一形态出现在价格大幅上涨之后往往意味着做多动能的衰弱，是场外买盘正趋于枯竭的信号，在量价背离形态之后，若个股开始呈现滞涨走势，往往就是我们顶部出逃的明确信号。

由于顶部区的量能萎缩既不利于活跃市场气氛，也极大地限制了主力的出货操作，因此主力往往就会采用局部对倒放量拉升的手法来激发市场人气，从而吸引追涨盘买入，达到"诱多"的效果，从而方便自身出货。此时，我们就可以在顶部震荡走势中看到个股出现这种对倒放量拉升的形态。

图2-21为长春燃气（600333）2007年9月24日至2008年9月10日期间走势图。如图所示，此股在2007年9月前出现较大的累计涨幅，并于2007年9月之后，于高位区出现了横盘震荡走势，横盘震荡过程中的成交量在总体上处于明显的缩量形态（相对于前期上升趋势中的量能效果而言）。这是买盘枯竭的表现，也是买盘无力再度推升股价的表现，它预示着个股已结束了原有的上升趋势并进入了顶部区。在顶部区长期的横盘震荡走势之后，此股的成交量突然快速变大且股价也在量能快速放大的支撑下出现了一波强势上涨。然而这不过是主力对倒拉升的"诱多"手法，其目的就是为了吸引市场追涨盘买入，而自己则借机出货，当主力结束对倒后，此股的走势就一路滑落，而且其量能也快速萎缩。

四、经典顶部形态

主力出货阶段往往也是个股的筑顶阶段，这时个股很可能会出现一些较为经典的顶部形态，如圆弧顶、头肩顶、双重顶、三重顶、V形顶等。对于经典顶部形态，我们在本书第十四招"形影相似，貌合神离——盘点经典顶

部反转形态下的短线卖出机会"中进行了较为详细的介绍。

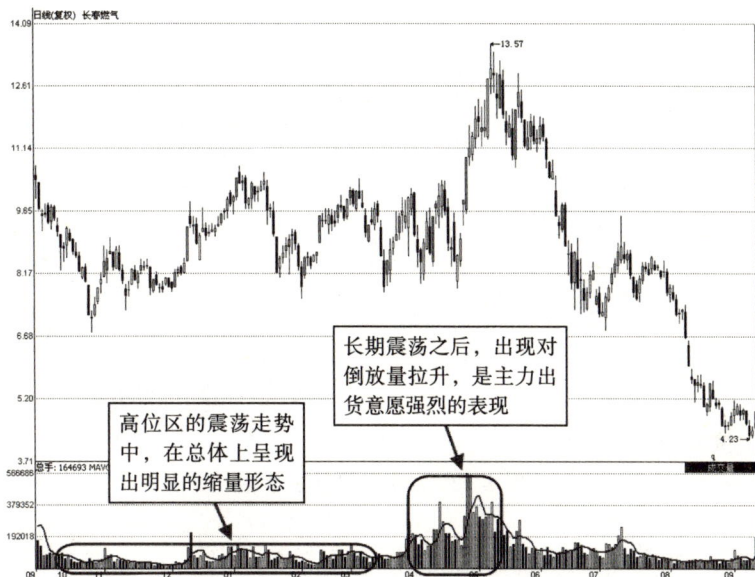

图 2-21 长春燃气出货阶段量能示意图

长期震荡之后，出现对倒放量拉升，是主力出货意愿强烈的表现

高位区的震荡走势中，在总体上呈现出明显的缩量形态

第五锤　小锤轻拉——主力试盘下的盘口特征

一、开盘大涨阴线形态

　　拉升股价之前，主力会有试盘类型的动作。拉升股价上涨，却不动用持续回升的资金。这个时候，价格上涨空间有限，只是主力资金在短线试验价格高位的抛售压力。这个时候，投资者不可轻易忽视这样的买涨机会。只要主力还有进一步做多的动作，投资者追涨是可以获得利润的。

　　价格异动的过程，是主力综合多方面因素以后有计划的拉升动作。在价格冲高回落以后，接下来的交易日中，还是会出现进一步放大的量能，到那个时候，价格快速飙升就会很容易实现了。当然，如果价格已经进入回升趋势，开盘大涨后出现的阴线，也只是主力资金短线看涨的过程中的拉升手段。造成阴线形态并非主力不具备拉升实力，而是要在接下来的交易日中完成这样的拉升动作。

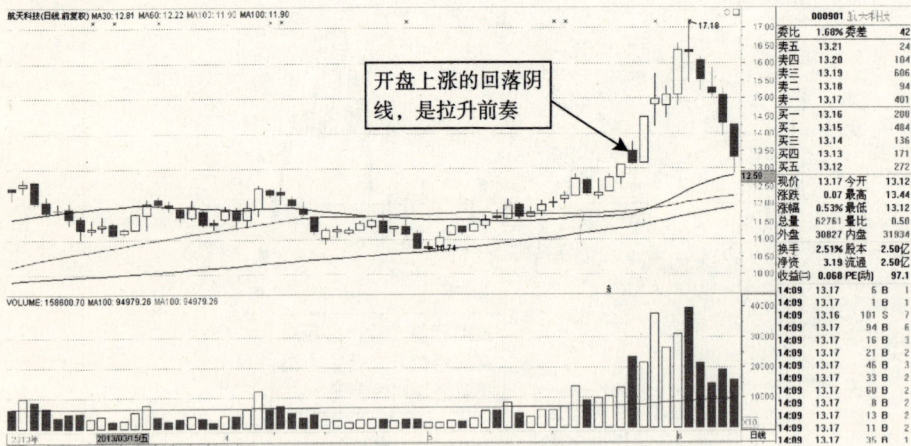

图 2-22　航天科技日 K 线图

如图 2-22 所示，航天科技的日 K 线图显示，价格在回升趋势中运行情况良好。虽然日 K 线图中明显出现了冲高回落阴线，但价格还是处于回升态势中。这个时候，投资者把握好做多机会是可以盈利的。毕竟，航天科技的回升趋势还未改变，高开回落的阴线，只是短时间内主力试盘的动作。或者说，主力没有预期的是价格短线抛售压力很高。当股价短时间内回调以后，主力再次发力拉升股价，自然出现了较大涨幅。事实也证明，航天科技后市的确出现了连续回升。在一周时间里，价格最高涨幅高达 30%，成为主力做多的盈利股。

二、天量冲高回落形态

日 K 线图中，股价冲高回落的走势，是主力异动的明显信号。特别是在成交量有效放大的情况下，量能的快速回升，表明主力急于短时间内完成建仓动作。这个时候，一旦股价冲高回落下来，投资者必然应该短线追涨买入的。价格冲高回落的过程中，量能出现了天量回落的情况。这个时候，价格的冲高回落与成交量的冲高回落对应，是投资者判断买点的重要依据。主力不可能在天量以后的缩量当中完成出货动作。这个时候，主力短线拉升后价格回落下来，只能说散户短时间内的追涨热情快速消退。当成交量和量能同步回落下来以后，主力资金再次介入这样的股票，投资者买涨跟进自然能够获得不错的回报了。

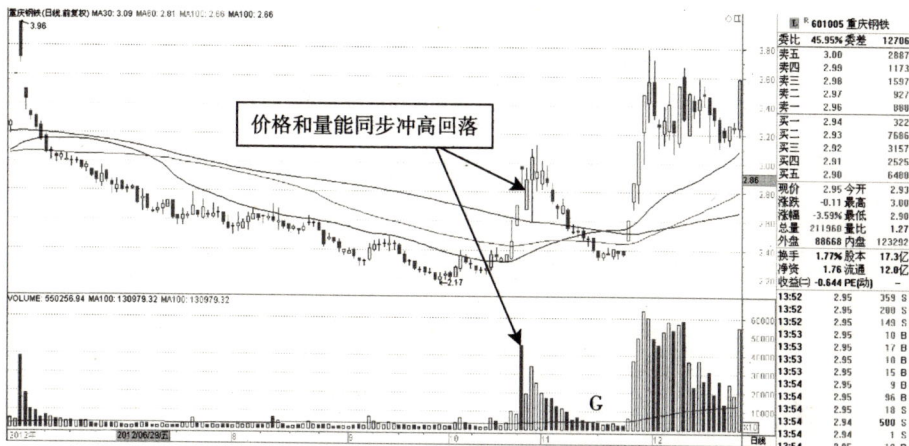

图 2-23　重庆钢铁日 K 线图

　　如图 2-23 所示，重庆钢铁的日 K 线图显示，价格冲高回落的过程中，不仅股价出现了冲高回落形态，成交量也显示出明确的天量回落情况。在这个时候，投资者可以考虑买涨获利。

　　在价格冲高回落的过程中，该股最大涨幅已经在 30% 以上。成交量与股价快速冲高回落以后，主力不可能完全撤出该股。价格冲高的过程中，投资者利用放量的机会大笔买入了该股。冲高回落以后为主力低点拉升该股创造了条件。图中 G 位置对应的成交量为地量形态，也是投资者买涨的机会。主力在第一波放量拉升以后，试盘的动作也就完成了。在第二次拉升的过程中，重庆钢铁这只股票大幅飙升出四个涨停板，显然为投资者创造出不错的盈利机会。

三、冲高回落形态

　　股价冲高回落的价格形态，也是投资者买涨的重要依据。个股之所以出现冲高回落走势，与主力短线介入有很大关系。这个时候，投资者追涨是可以获得利润的。买股在价格高位，并不影响投资者今后的盈利空间。相反，在主力短线做多跃跃欲试的情况下，投资者追涨以后获利空间是相当高的。

　　如图 2-24 所示，珠江实业的日 K 线图显示，价格在快速涨停之前明显

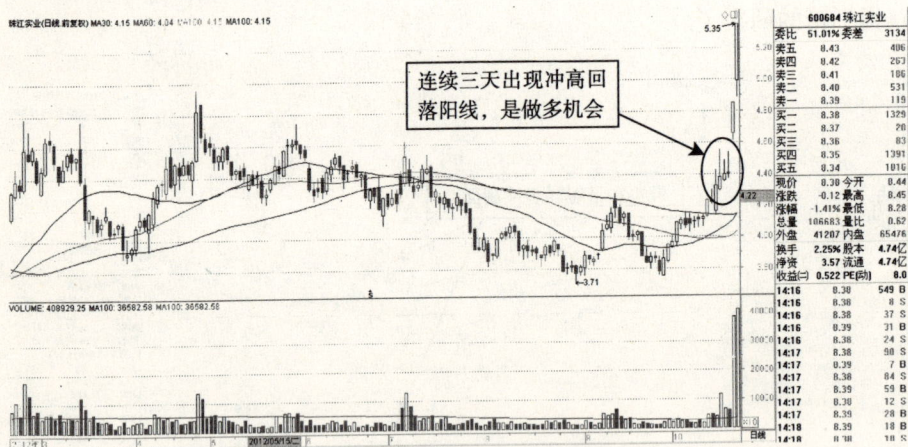

图 2-24 珠江实业日 K 线图

出现了冲高回落阳线。虽然上影线很长，恰恰表明主力做多的意图。在这个时候，投资者可以考虑增加买涨资金获得利润。

股价冲高回落的过程中，成交量对应放大，说明主力资金在这个时候已经快速流入了这样的股票。股价短线回落，并不说明主力没有做到的意愿。相反，主力在很短的三个交易日中拉升股价完成最后的吸筹动作。在接下来的交易日中，股价强势跳涨，为投资者提供了买涨获利机会。

主力试盘的动作多种多样，冲高回落的阳线，是主力做多特征比较明确的一种情况。这个时候，价格波动空间较大，而散户参与这样的股票程度不断提高。主力资金一旦持续流入，股价就很容易快速上扬。实战表明，投资者把握好这类股票的盈利机会，还需要在价格回升期间把握好买点。一旦股价启动，买点就会很少了。

第六锤　重锤猛砸——主力砸盘下的盘口特征

一、天量一次性砸盘

主力出货阶段，出货过程可能很短。散户根本没有办法发现主力的出货时机，疯狂卖出股票的举动，必然使成交量放大至天量，而股价在一个交易日内快速进入跌停板。如果主力真的打算高位做空，卖出股票的动作成为投资者最后的卖点。价格很难出现反转走势，特别是在天量跌停阴线出现以后，更是这样。空头趋势会因为主力资金的高位天量做空，而出现价格杀跌的情况。把握好卖点的投资者，很容易获得投资回报。

砸盘是主力资金获利丰厚以后短时间内疯狂卖出股票的举动，预示着价格下跌空间将会很大。主力获利丰厚，却不需要长时间内做空获利。这样一来，短时间内卖出股票可以获得不错的回报。在已经获利的情况下，主力只想兑现投资回报。快速卖出股票并非不可取的做法，而是快进快出的有效获利手段。投资者只能跟随主力的快速做空来卖出股票，继续持股甚至增仓买入股票，都会遭受损失。

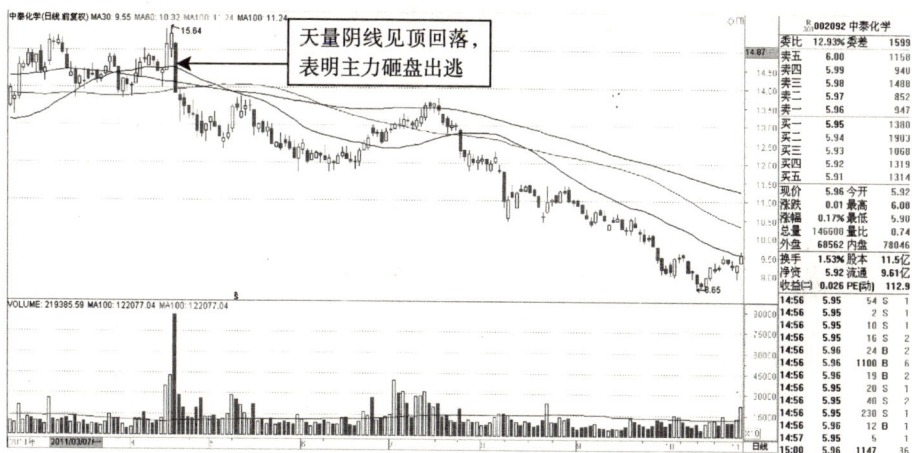

图 2-25 中泰化学日 K 线图

如图 2-25 所示，中泰化学的日 K 线走势中，天量下跌阴线出现在 2011年的 4 月 20 日。大阴线跌幅为 10.24%，是在主力快速出货的过程中形成的。该股跌幅如此之大，显然为投资者的做空提供了条件。如果不是主力不顾一切地抛售筹码，该股不会出现连续缩量下跌走势。主力已经放手该股，散户也就没有必要继续持股了，下跌趋势会因为天量跌停板的出现加速兑现，正是投资者做空的机会。

天量一次性砸盘的动作并不少见，主力一旦这样操作，价格深度回落就不可避免了。在股价回落期间，技术性的反弹走势都不会改变价格回落趋势，采取行动做空才能够兑现收益，继续持股只能遭受投资损失。

二、巨量连续砸盘

以巨量出货的情况比较少见，但主力在获利丰厚的情况下，完全不会顾及散户的感受。短短几个交易日内持续放出巨大成交量，而股价在这个时候也快速回落，是主力短线出货的重要特征。这个时候，价格短时间内下跌空间很大，而主力出货的速度也很快。主力一定会在盈利的状态下完成出货的动作，而散户若能在盈利的状态下出局，也是可以逃过这一劫的。

巨量连续抛售股票的砸盘行为，很多短线炒作的主力都乐在其中，为的是获得投资回报，短线拉升股价后价格连续出现三个涨停板以上。这个时候，即便主力高位做空，追涨散户也能顺利"接盘"。主力在价格高位将筹码转手至散户手中，这个时候，价格很容易从顶部回落下来。

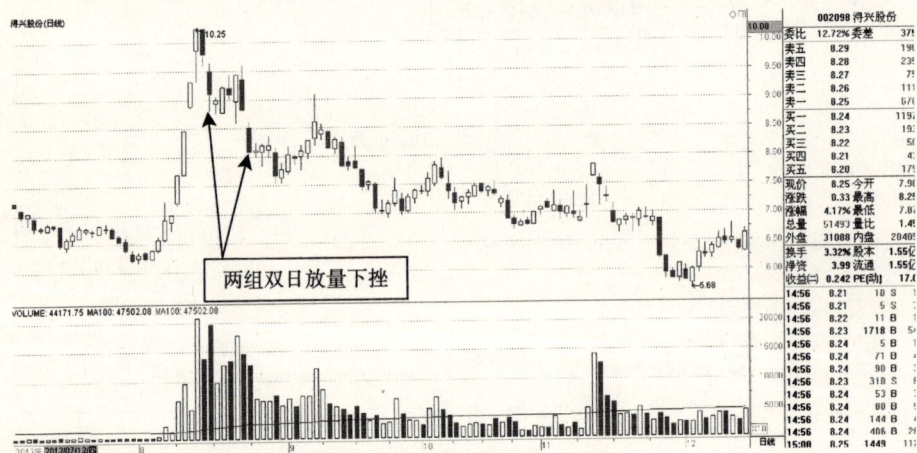

图 2-26　浔兴股份日 K 线图

如图 2-26 所示，浔兴股份的日 K 线图中，价格短时间内持续飙升的时候，成交量放大至天量。这期间，价格完成了四个涨停板以后，该股出现明显放量回落走势。

在连续四日涨停以后，该股放量下跌，图中显示的两组明显的放量回落阴线，明显成为投资者盈利的机会。事实上，在两组（四个交易日）的下跌中，主力已经明显高位出货。这个时候，散户不应抱有任何幻想，马上减仓才是真正的盈利手段。

连续四个交易日涨停以后，主力明显处于盈利状态。在价格高位迅速做空的做法，虽然与散户操作方向相反，却能够在追涨的过程中成功出逃。散户有先知先觉者，但多数投资者并非那么理性。

利器 3　飞镖——利用技术指标展开实盘卖出操作

　　镖，在武林兵器中既可以成为主要兵器，也可以成为令人防不胜防的暗器，飞镖的快速、灵活与出其不意都不是刀、剑等常规兵器可以比拟的。同样，在股市中，如果我们掌握了趋势运行规律、量价原理，了解了主力意图，那我们可以很好地从一种中长线角度出发去实施买卖行为。同时，由于国内股市是一个做多市场，只能从低买高卖中获利，当市场处于下跌趋势时，即使我们通过分析可以得出趋势下行、主力出货、应离场观望这样的判断；但这样的判断并不能让我们账面资金增值，真正的高手应做到不仅可以在上升趋势中通过持股展开操作，还应做到在下跌趋势中利用反弹行情展开短线操作。这就要求我们出手迅速、准确、灵活，而技术指标无疑正是我们展开短线操作的利器，不同的技术指标反映了市场不同方面的运行特征，而且每一种技术指标都包含了其相应的买入、卖出信号，它们就是我们展开短线操作时的"飞镖"。本章中，我们主要讲解如何利用技术展开短线卖出操作。

第一镖　出手飞镖——利用死叉形态展开实盘卖出操作

　　在《短线买入十五招》一书中，我们讲解了如何利用移动平均线 MA、指数异动平滑平均线 MACD 等指标的形态识别价格运行的大趋势，在利用各式各样的技术指标开展短线操作之前，了解价格运行的大趋势，无疑将会使我们的出手飞镖更为精准。每一种技术指标都有其特定的含义，所反映的市场特征也不尽相同，但是大多数指标在给出具体卖出信号时，却提供了一种极为相似的方法，这种方法就是"死叉"卖出的方法。"死叉"为卖出信号，例如，MACD 指标有"死叉"形态，KDJ 指标也有这种形态，还有很多其他的指标也依然有"死叉"形态。死叉卖出方法是大多数技术指标所具有的一种共通的卖出信号，掌握了死叉卖出方法，我们就等于掌握了技术指标一击制胜的方法，在应用各种技术指标时也能够更为娴熟。本节中，我们以 MACD 指标为中心来讲解如何具体应用"死叉"形态展开短线卖出操作，以求起到抛砖引玉的作用。其他技术指标中的"死叉"形态的用法与此相似。

当周期较短的指标线由上向下交叉并穿越中长期指标线时，这一形态称为死亡交叉，简称为"死叉"。无论这一指标线是移动平均、MACD 还是 KDJ，它们所代表的含义往往都是目前市场上空方力量开始进攻，是空方力量呈现强势的表现形态，往往意味着又一轮跌势的展开，是我们的卖出时机。但是在实际应用中，我们仍需结合价格运行的总体趋势来作出是否应卖出的决定。

当价格经历了长时间的上涨后，此时累计涨幅巨大，随后股价于高位区出现滞涨横盘形态或是宽幅震荡形态，若这时在 MACD 指标窗口中出现 DIFF 线由上向下穿越 DEA 线的"死叉"形态，则短期内一波下跌即将出现。考虑到价格前期的大幅上涨及在此之前的滞涨走势，这一死叉形态不仅是我们短线卖出的信号，它也可以作为中长线离场出局的信号。

图 3-1 为上海能源（600508）2007 年 6 月 1 日至 2007 年 11 月 1 日期间走势图。如图所示，此股在经历了长期且幅度巨大的上涨之后，于高位区出现了滞涨横盘的走势。在价格处于高位区滞涨横盘的一段时间内，MACD 指标线出现走平且呈下跌倾向，这说明市场的多空双方实力正在悄然发生转变，此时的 MACD 死叉形态是较为可靠的做空信号。我们可以根据这一死叉形态进行短线卖出，也可以把它视作中长线的离场出局的时机。

图 3-2 为科华生物（002022）2007 年 3 月 14 日至 2008 年 4 月 22 日期间走势图。如图所示，此股在经历了长期且幅度巨大的上涨之后，于高位区出现了滞涨横盘的走势。在价格处于高位区滞涨横盘的一段时间内，MACD 指标线出现走平且呈下跌倾向，这说明市场的多空双方实力正在悄然发生转

变，此时的 MACD 死叉形态是较为可靠的做空信号。我们可以根据这一死叉
形态进行短线卖出，也可以把它视作中长线的离场出局的时机。

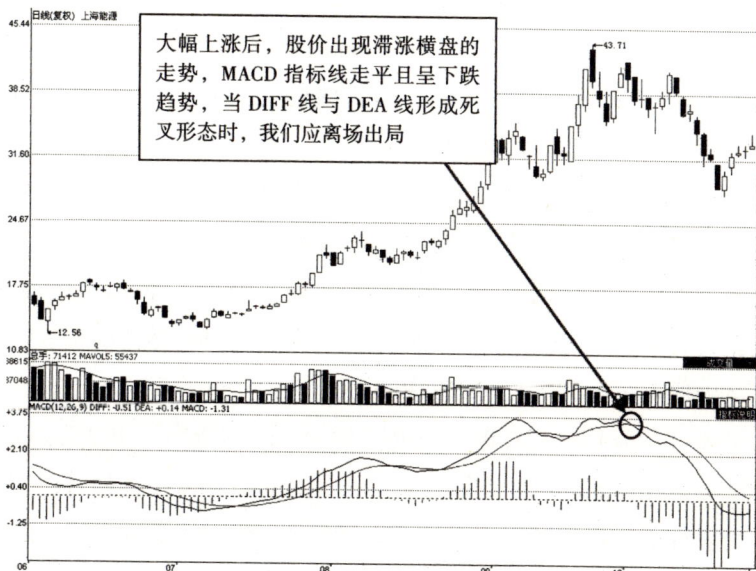

大幅上涨后，股价出现滞涨横盘的走势，MACD 指标线走平且呈下跌趋势，当 DIFF 线与 DEA 线形成死叉形态时，我们应离场出局

图 3-1   上海能源上涨末期 MACD 死叉形态示意图

图 3-2   科华生物上涨末期 MACD 死叉形态示意图

当价格经历了一段时间的下跌后，此时累计跌幅不大，但下跌通道也明

确形成，移动平均线也呈现出空头排列形态，这反映个股目前已处于下跌趋势中，下跌趋势明显确立。价格运行的总趋势一旦形成就具有极强的惯性，此时，我们的宏观操作策略即是持币观望或是进行反弹行情中低点买入、高点卖出的短线操作；而下跌途中价格一波反弹后或是盘整走势后在 MACD 指标窗口中出现 DIFF 线由上向下穿越 DEA 线的"死叉"形态，多预示着新一轮下跌走势的开始，是我们卖出的信号。

图 3-3 为天富热电（600509）2008 年 2 月 4 日至 9 月 26 日期间走势图。如图所示，可以看到此股在 2008 年 2 月之后就开始步入到了下跌途中，此时移动平均线呈空头排列形态，下跌趋势已明显确立。价格运行的总趋势一旦形成就具有极强的惯性，此时我们的宏观操作策略即是持币观望或是进行反弹行情中低点买入、高点卖出的短线操作；而下跌途中价格一波反弹后或是盘整走势后在 MACD 指标窗口中出现 DIFF 线由上向下穿越 DEA 线的"死叉"形态，多预示着新一轮下跌走势的开始，是我们卖出的信号。在实际操作中，当股价经一波反弹后，若 MACD 指标线开始走平就应卖出，此时卖出可以将反弹行情中博得的利润做到最大化，而当其形成死叉形态则应坚决离场，因为这是新一轮跌势展开的信号。

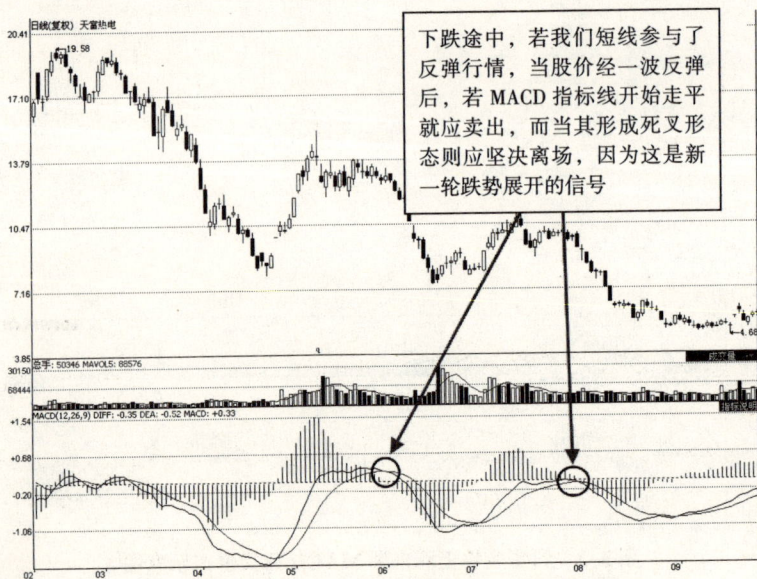

图 3-3　天富热电下跌途中反弹走势后死叉形态示意图

图 3-4 为中集集团（000039）2007 年 8 月 20 日至 2008 年 2 月 29 日期间走势图。如图所示，可以看到此股在 2007 年 10 月之后就开始步入到下跌途中，此时移动平均线呈空头排列形态，下跌趋势已明显确立。此时我们的宏观操作策略应是持币观望或是进行反弹行情中的低点买入、高点卖出的短线操作。此股在下跌途中的一波反弹走势后，出现了 MACD 死叉形态，这种形态多预示着新一轮下跌走势的开始，是我们卖出的信号。在实际操作中，当股价经一波反弹后，若 MACD 指标线开始走平就应卖出，此时卖出可以将反弹行情中博得的利润做到最大化，而当其形成死叉形态则应坚决离场，因为这是新一轮跌势展开的信号。

图 3-4　中集集团下跌途中反弹走势后死叉形态示意图

当个股处于上升走势时，此时移动平均线呈多头排列形态，MACD 指标线也运行于零轴上方，此时我们的短线操作策略即是高抛低吸，即当个股在上升趋势中出现一波幅度较大的上涨后，若个股在这一波上涨走势中并未出现明显的回调，则我们可以关注它的 MACD 指标运行形态。上升途中价格一波幅度较大的持续上涨走势后若在 MACD 指标窗口中出现 DIFF 线由上向下穿越 DEA 线的"死叉"形态，多预示着一波回调走势即将开始，是我们短线卖出此股的信号。

图 3-5 为中山公用（000685）2009 年 4 月 3 日至 9 月 2 日期间走势图，此股在此期间处于上升趋势。如图所示，MACD 指标线运行于零轴上方，这是 MACD 指标线对于个股处于上升趋势运行状态的直观反映。此股在持续的上涨过程中并没有出现明显的回调走势，但是在经历了较长时间、较大幅度的上涨走势后，个股于上涨后的相对高位区出现了滞涨走势，且 MACD 指标窗口中出现 DIFF 线由上向下穿越 DEA 线的"死叉"形态，多预示着一波回调走势即将开始，是我们短线卖出此股的信号。

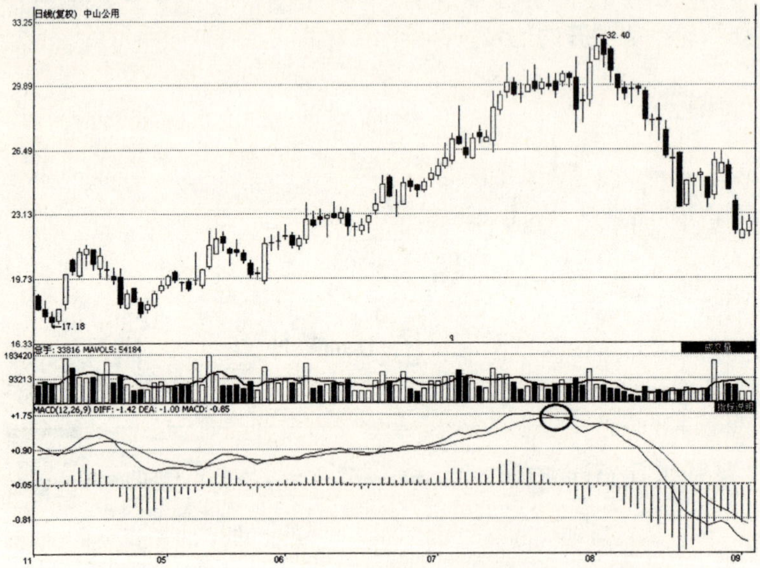

图 3-5 中山公用持续上涨后 MACD 死叉形态示意图

图 3-6 为中国石化（600028）2009 年 3 月 16 日至 9 月 1 日期间走势图，此股在此期间处于上升趋势。如图所示，MACD 指标线运行于零轴上方，这是 MACD 指标线对于个股处于上升趋势运行状态的直观反映。此股一波快速上涨后，于上涨后的相对高位区出现了 MACD"死叉"形态，这一形态多预示着一波回调走势即将开始，是我们短线卖出此股的信号。

当个股经上升途中的横盘整理走势后，出现了一波快速上涨使得个股向上突破盘整区，且在短期内出现了较大幅度的上涨，若个股在这一波上涨走势中并未出现明显的回调，则我们可以关注它的 MACD 指标运行形态。在个股快速突破盘整走势且短期上涨幅度较大的情况下，若随后在 MACD 指标窗

图 3-6 中国石化持续上涨后 MACD 死叉形态示意图

口中出现 DIFF 线由上向下穿越 DEA 线的"死叉"形态，多预示着一波回调走势即将开始，是我们短线卖出此股的信号。

图 3-7 为江铃汽车（000550）2009 年 4 月 29 日至 8 月 20 日期间走势图。如图所示，此股经上升途中的横盘整理走势后，出现了一波快速上涨使

图 3-7 江铃汽车突破盘整后 MACD 死叉形态示意图

得个股向上突破盘整区，随后此股于突破盘整后的高位区出现MACD"死叉"形态，这一形态的出现说明市场中的空方抛压开始显著增强，而多方已无力再度推升股价，因此它预示了个股随即展开的回调下跌走势，是我们短线卖出此股的信号。

图3-8为紫江企业（600210）2009年3月23日至8月20日期间走势图。如图所示，此股经上升途中的横盘整理走势后，出现了一波快速上涨使得个股向上突破盘整区，随后此股于突破盘整后的高位区出现MACD"死叉"形态。这一形态的出现，说明市场中的空方抛压开始显著增强，而多方已无力再度推升股价，因此它预示了个股随即展开的回调下跌走势，是我们短线卖出此股的信号。

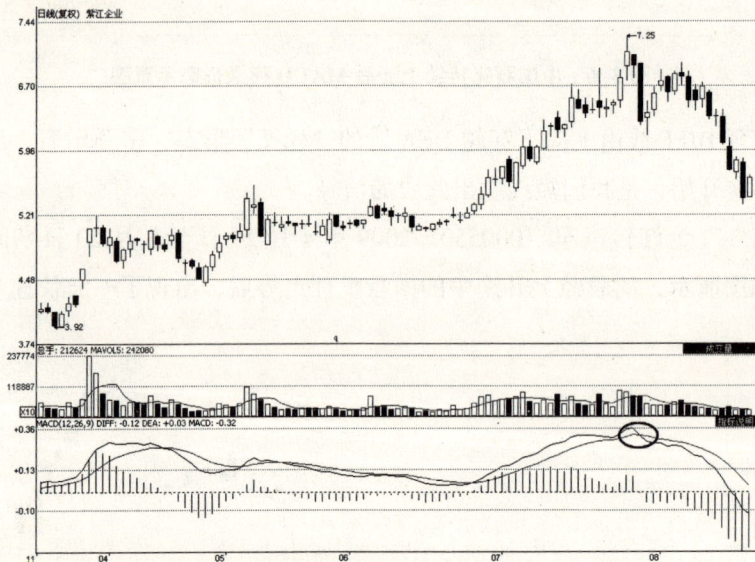

图3-8　紫江企业突破盘整后MACD死叉形态示意图

第二镖　劲镖之末——利用顶背离形态展开实盘卖出操作

出手后的飞镖总有力道衰退的时候，如果我们把飞镖出手后至落地前的一段运动过程看作是一种趋势的话，那么，飞镖脱离原来的直线飞行轨迹而开始呈抛物线向下掉落时，无疑预示着其运行的趋势即将结束。如果我们可以将镖的飞行速度以慢镜头的方式呈现出来，那么在其趋势运行即将结束的时候，是可以明显地看到其飞行形态的变化的；同样在股市中，当价格持续向某一方向运行，随着趋势持续力度的逐渐减弱，价格的运行趋势也会出现反转的倾向，那么我们该如何通过技术指标形态的变化去发现趋势的转向性呢？顶背离形态及底背离形态无疑是最好的一种研判方法。股市中的很多技术指标其运行形态往往要超前于价格的运行轨迹，当价格走势趋势反转时，指标的运行形态往往能提前预示出来，而这种体现形式往往就是持续上涨后顶背离形态（预示上升趋势的见顶）或持续下跌后的底背离形态（预示下跌趋势的见底）。本节中，我们以 MACD 指标为例来讲解如何具体应用顶背离形态展开短线卖出操作，以求起到抛砖引玉的作用。其他技术指标中的顶背离形态的用法与此相似。

股价经过长时间的持续上涨，累计涨幅巨大，若此时股价虽然在高位区又出现了创新高的走势，MACD 指标却走出一峰比一峰低的走势，即股价的走势与 MACD 指标线的走势在价格高位区出现了背离形态，这就是所谓的 MACD 顶背离形态；顶背离形态的出现说明价格的上升趋势已得到充足买盘的支持，是上升趋势见顶的信号。研判顶背离要结合股价的累计涨幅及股价的运行趋势，如果股价总体涨幅并非巨大，而且 DEA 及 DIFF 线均运行于零轴上方，则这种顶背离只能预示股价短期内的下跌走势，代表股价的短期回调。

图 3-9 为新赛股份（600540）2007 年 11 月 9 日至 2008 年 3 月 18 日期间走势图。如图所示，此股在长期的大幅上涨后，于大幅上涨后的高位区出

现了滞涨走势且股价的震幅明显加大，虽然在高位区此股又再度向上创出了新高，但是 MACD 指标线却开始出现下行走势，这就是顶背离形态。结合股价的累计涨幅及高位区的宽幅震荡滞涨走势，我们可以较为准确地判断出这是上涨趋势见顶的信号，因此，此时的顶背离形态也是我们中长线离场卖出的信号。

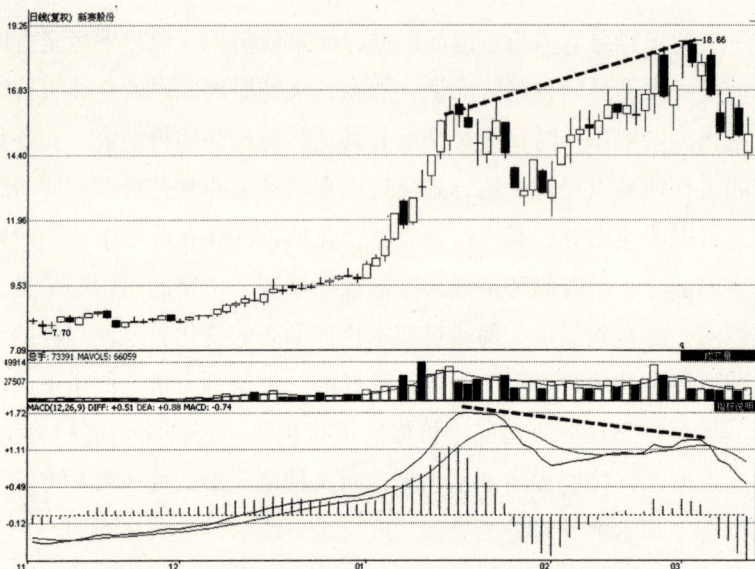

图 3-9　新赛股份大幅上涨后 MACD 顶背离示意图

图 3-10 为莫高股份（600543）2007 年 7 月 6 日至 2008 年 4 月 23 日期间走势图。如图所示，此股在长期的大幅上涨后，于大幅上涨后的高位区出现了滞涨走势且股价的震幅明显加大，虽然在高位区此股又再度向上创出了新高，但是 MACD 指标线却开始出现下行走势，这就是顶背离形态。结合股价的累计涨幅及高位区的宽幅震荡滞涨走势，我们可以较为准确地判断出这是上涨趋势见顶的信号，此时的顶背离形态也是我们中长线离场卖出的信号。

图 3-11 为永生投资（600613）2006 年 11 月 27 日至 2007 年 5 月 28 日期间走势图。如图所示，此股在经历了前期的大幅上涨后，于高位区出现震荡滞涨走势，虽然在高位区的震荡走势中，此股又创出了新高，但是 MACD 指标并没有随股价创出新高，反而是逐步走低。此时的 MACD 形态即是顶背

离形态，它出现在长期大幅上涨之后，预示着上涨趋势即将结束。在实盘操作中，我们既可以把这种高位滞涨区出现的顶背离形态看作是我们短线卖出的信号，也可以把它看作是我们中长线离场出局的明确信号。

图 3-10 莫高股份大幅上涨后 MACD 顶背离示意图

图 3-11 永生投资大幅上涨后 MACD 顶背离示意图

图 3-12 为永生投资顶背离形态出现后的走势图,从图中可以看到,此股随后即快速步入到了下跌通道中。

图 3-12 永生投资顶背离形态后走势图

图 3-13 为金枫酒业 (600616) 2008 年 12 月 17 日至 2009 年 8 月 11 日期间走势图。如图所示,此股在上升途中的盘整走势中出现了震荡走高的形态,但是同期的 MACD 指标线却逐步走低,由于此时个股的累计涨幅并不是很大,因此这种顶背离形态并非是个股涨势见顶的标志,它仅仅是个股一波回调走势即将出现的信号。在实盘操作中,当个股于上升途中出现这种明显的顶背离形态后,我们可以暂时进行卖出操作,随后等股价回调一定幅度后,可以择机在相对低位买入此股,从而实现上升途中的高抛低吸式波段操作。图 3-14 标示了此股在这一顶背离形态之后的走势图。从图中可以看到,在上升途中的盘整走势中所形成的顶背离形态之后,此股出现了一波深幅的回调走势,而途中盘整走势中的顶背离形态就是我们短线卖出此股的明确信号。

图 3-15 为申达股份 (600626) 2009 年 1 月 8 日至 7 月 28 日期间走势图。如图所示,此股在上升途中的盘整走势中出现了震荡走高的形态,但是同期的 MACD 指标线却逐步走低,由于此时个股的累计涨幅并不是很大,因

图 3-13 金枫酒业上升途中顶背离形态示意图

图 3-14 金枫酒业上升途中顶背离形态后走势图

此这种顶背离形态并非是个股涨势见顶的标志,它仅仅是个股一波回调走势即将出现的信号。在实盘操作中,当个股于上升途中出现这种明显的顶背离形态后,我们可以暂时进行卖出操作,随后等股价回调一定幅度后再择机在相对低位买入此股,从而实现上升途中的高抛低吸式波段操作。图 3-16 标示了此股在这一顶背离形态之后的走势图。从图中可以看到，在上升途中的盘整走势中所形成的顶背离形态之后，此股出现了一波深幅的回调走势，而途中盘整走势中的顶背离形态就是我们短线卖出此股的明确信号。

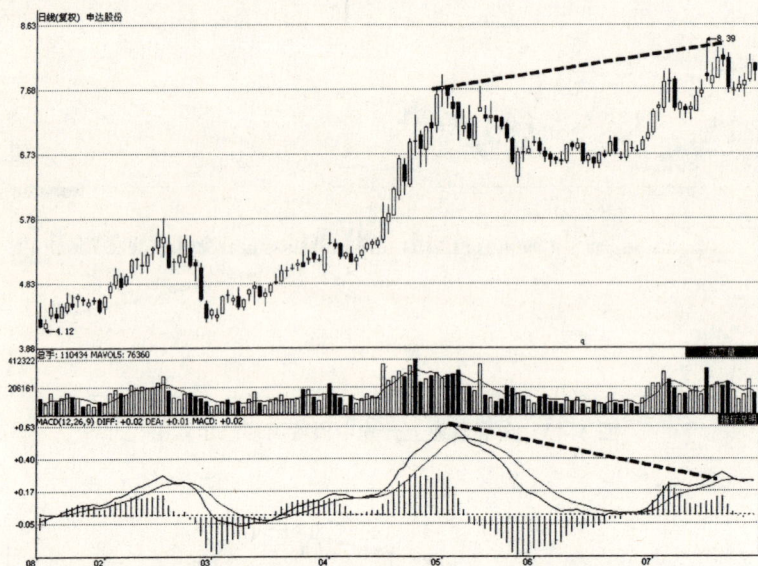

图3-15　申达股份上升途中顶背离形态示意图

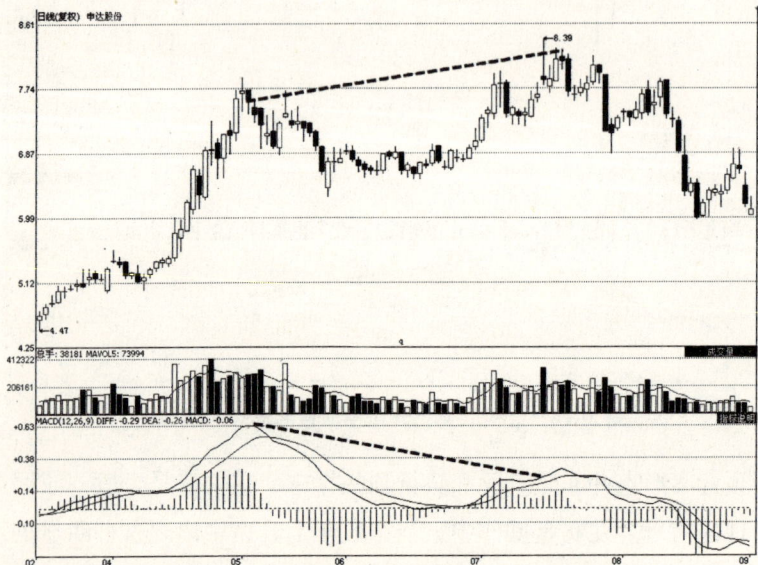

图3-16　申达股份上升途中顶背离形态后走势图

第三镖　脱手飞镖——利用反转形态展开实盘卖出操作

从技术指标来看，投资者会发现，指标出现反转形态的时候，同样是不错的操作机会。股票价格会因为技术指标的反转出现反转走势。根据技术指标的反转形态判断操作机会，对投资者盈利至关重要。如果反转形态的规模很大，并且是被确认的有效反转走势，那么投资者紧跟着买卖股票是可以获得成功的。

图 3-17　中国化学日 K 线回落走势图

如图 3-17 所示，中国化学的日 K 线图中，价格从见顶回落以来，出现了明显的下跌。从技术指标 MACD 判断，该指标首次出现反转形态的时候，DIF 曲线已经跌破 DEA 曲线。DIF 跌破 DEA 曲线的死叉形态，表明股价已经开始走低。更何况该股上涨幅度较大，DIF 曲线是从零轴线以上的高位回落下来的，是比较可靠的做空信号。

如图 3-18 所示，博威合金的日 K 线图中，价格从短线反弹以后，很短的时间里便冲高回落下来。这个时候，可以看到 MACD 指标明显的尖顶反转形态出现了。事实上，技术指标的连续两次见顶后，DIF 曲线几乎已经跌破

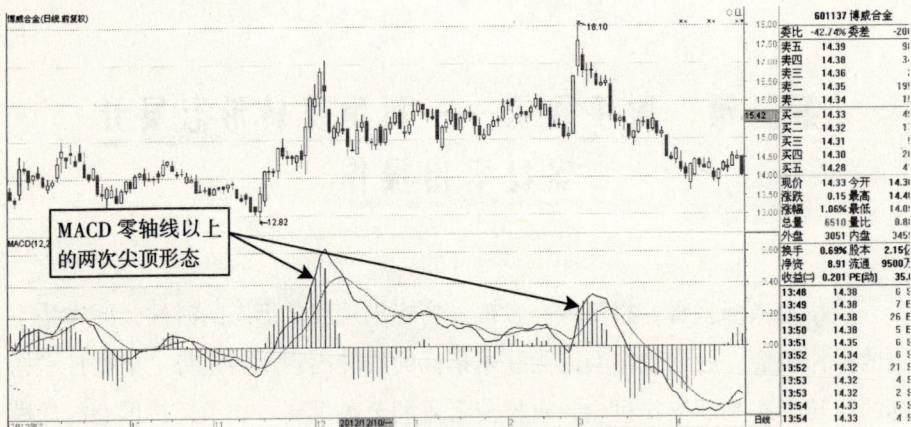

图 3-18　博威合金反弹回落走势图

了零轴线。投资者已经不适合继续持有该股，做空可避免价格回落的时候遭受损失。

　　MACD 指标处于零轴线以上的时候，价格波动明显较大，多方更容易拉升股价到高位。一旦 DIF 曲线接近并且跌破零轴线，那么股价再也无法运行在价格高位。这个时候，投资者做空是避免风险的唯一出路。

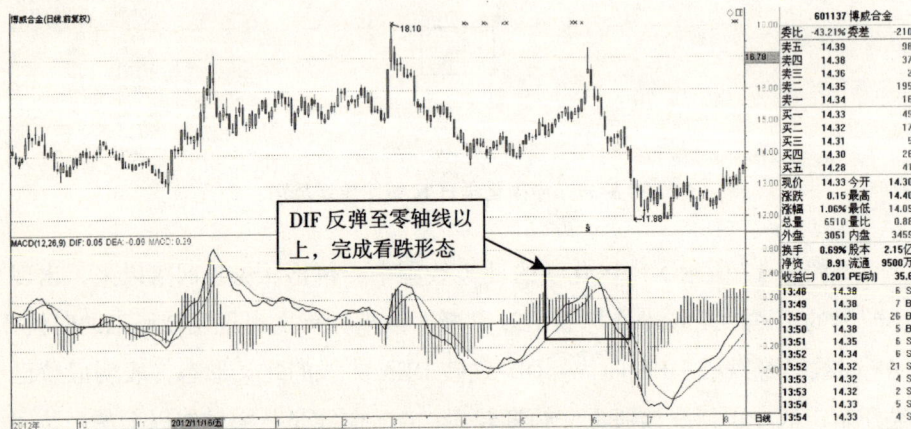

图 3-19　博威合金再次杀跌走势图

　　如图 3-19 所示，博威合金的日 K 线图中，价格已经明显回落后再次反弹至短线高位。与此同时，MACD 指标从零轴线以上回升，并且在图中位置出现了尖顶的反转形态。这个时候，显然是投资者做空的机会了。事实上，

MACD 指标的尖顶反转形态，是非常可靠的做空信号，特别是在 MACD 处于弱势反弹阶段的时候。如果投资者在 MACD 尖顶形态出现的时候不去做空，很容易短时间内遭受损失。价格回落速度很快，在 MACD 第三次完成反转形态以后，博威合金大幅度走低了。

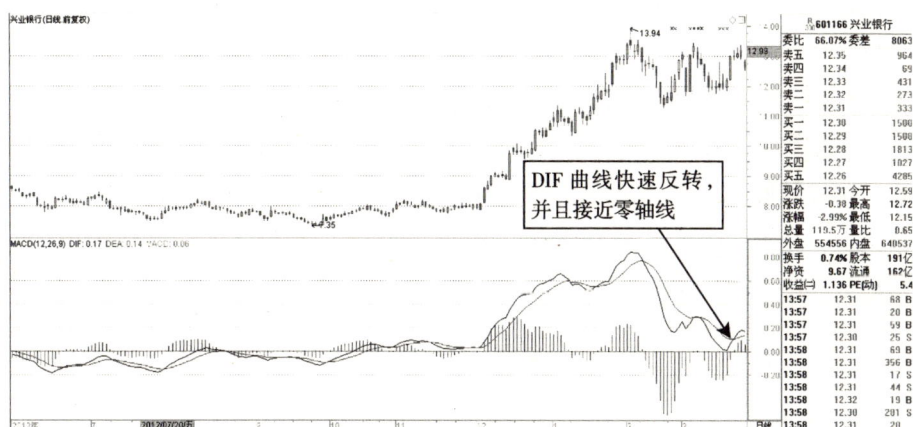

DIF 曲线快速反转，并且接近零轴线

图 3-20　兴业银行高位见顶形态示意图

如图 3-20 所示，兴业银行的日 K 线图中，随着股价的持续飙升，价格高位调整的时候，MACD 指标已经反转回落。不管怎样，DIF 曲线回落至零轴线附近的时候，表明价格的回升趋势都受到明显影响。这个时候，投资者应该考虑做空获利了。在 DIF 曲线还未有效跌破零轴线以前，价格不会大幅度杀跌。一旦 MACD 指标继续走低，到时候继续持仓的投资者必然会承受

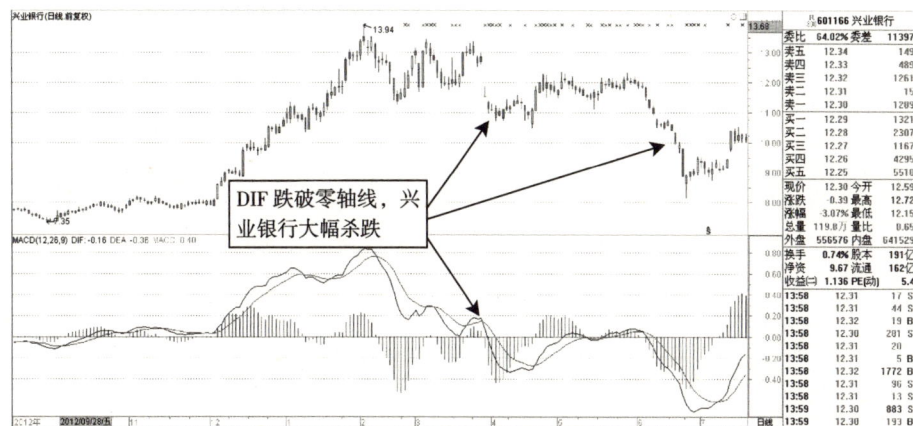

DIF 跌破零轴线，兴业银行大幅杀跌

图 3-21　兴业银行快速回落走势图

损失。

如图 3-21 所示，当股价跳空回落的时候，投资者可以发现，DIF 曲线已经处于零轴线以下。在 DIF 曲线还未跌破零轴线的时候，卖点早已经形成。能够在价格回落之前做空的投资者，无疑能够获得不错的回报。该股的回落空间较大，几乎跌至前期回升的起始点，投资者不能忽视其间的价格回落风险。

判断 MACD 指标的反转形态对价格的影响，首先应该看 DIF 曲线所处的位置。如果该曲线已经回落至零轴线以下，那么投资者做空无疑是正确的做法。价格的回落走势，出现在 DIF 最终跌破零轴线的那一刻。在价格大幅杀跌之前，根据零轴线以上 MACD 指标的反转形态，投资者就可以判断高位做空的机会了。

下部

短线卖出——招式篇

第一招　狂风劲吹，乘风破浪
——大涨后的量价背离是卖股时机

船可以乘风破浪向前运行，得益于强劲的风势，同样，在股市中，价格的强势上涨得益于充足的做多动能，而充足的做多动能就体现在"量价齐升"形态上。所谓量价齐升形态是指随着价格走势的步步高升，量能大小也是水涨船高，价格走势的创新高往往也意味着量能大小创出了新高，这说明价格走势创出新高源于更多的买盘推动，这是上涨走势健康持久的标志。但有时情况并非这样，当价格走势创出新高时，在创出新高的一波上涨走势中的量能大小却要显著地小于前期上涨浪时的量能大小，这种形态我们可以将其称为上升趋势中"量价背离"形态。这一形态出现在价格大幅上涨之后往往意味着做多动能的衰弱，是场外买盘正趋于枯竭的信号。在量价背离形态之后，若个股开始呈现滞涨走势，则往往就是我们顶部出逃的明确信号。下面我们结合实例来看看如何利用大涨后的量价背离形态展开实盘卖股操作。

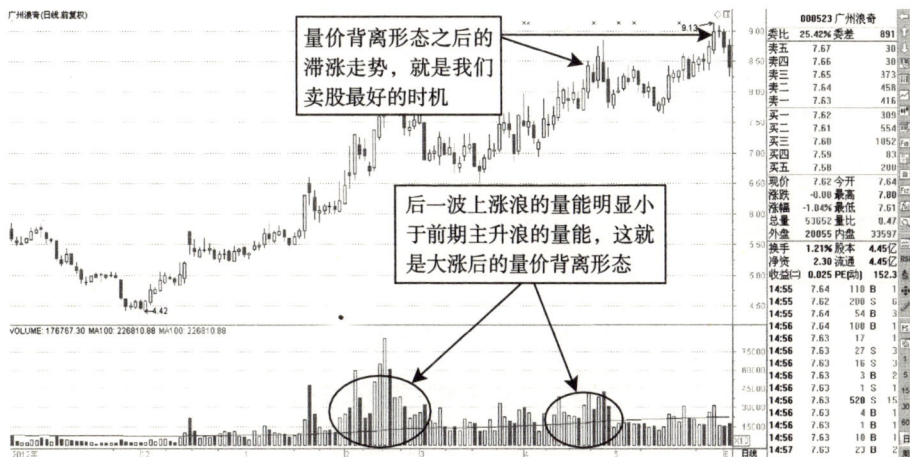

图4-1　广州浪奇大涨后的量价背离形态示意图

图 4-1 为广州浪奇（000523）2012 年 10 月 11 日至 2013 年 6 月 4 日期间走势图。如图所示，此股在前期的主升浪阶段呈现了良好的量价齐升形态，这说明是充足的买盘推动了股价的节节走高。但是在大幅上涨之后，这种量价背离形态无法得以维持，虽然股价在后期的上涨走势中再度创出新高，但是量能却显著低于前期主升浪时的量能，这就是大幅上涨后的量价背离形态。这一形态的出现，说明推动个股上涨的动力已非源于买盘的充足，这种上涨是极不牢靠的，因为一旦买盘无法推动量价快速上涨，持股者就会有很强的抛售离场意愿，而量价背离形态的出现说明买盘正趋于枯竭。在这种背景下，持股者的大量抛售就会使得价格走势出现反转，因此，当此种量价背离形态出现之后，我们就要做好高位逃顶的打算，一旦个股在量价背离形态之后的高位区出现滞涨走势，则既是我们短线卖出的信号，也是我们中长线离场出局的信号。

对于本例来说，在大涨之后，共出现了两次量价背离形态，在这两次量价背离形态之后的滞涨走势中，就是我们卖股的好时机。据笔者经验来说，个股在大幅上涨之后最多只会出现两次量价背离形态，极少会出现三次，因此，如果投资者在第一次的量价背离形态出现之后没有及时出手卖出，那么，第二次的量价背离形态之后则无疑是最后的逃顶时机。

图 4-2　广州浪奇量价背离后走势图

图 4-2 为广州浪奇 2012 年 10 月 11 日到 2013 年 7 月 10 日的走势图。

此股经历了 2012 年初的回升趋势后，股价在第二次量价背离形态后的滞涨走势后，就开始步入了下跌趋势中。

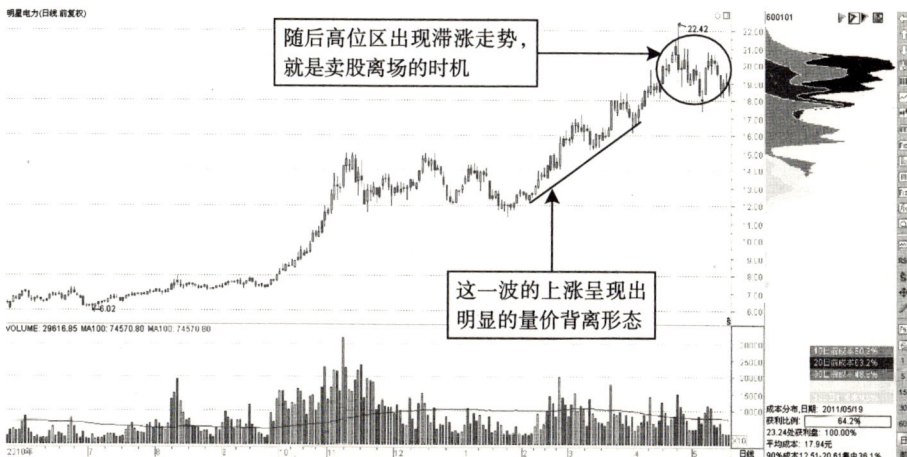

图 4-3　明星电力大涨后的量价背离形态示意图

图 4-3 为明星电力（600101）2010 年 5 月 21 日至 2011 年 5 月 20 日期间走势图。如图所示，此股在大幅上涨之后出现了一波量价背离形态的拔高上涨走势。这种形态的出现说明个股的上涨已得不到充足的买盘支撑，是个股走势即将见顶的信号，因此，若随后此股的走势出现滞涨形态时，就应是卖股离场的信号。

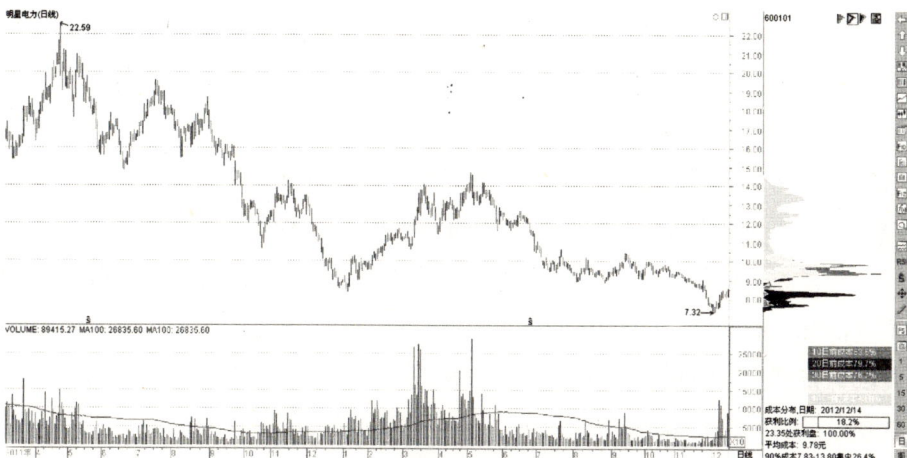

图 4-4　明星电力量价背离后走势图

图 4-4 为此股高位区的量价背离形态之后的走势图。从图中可以看到，此股随后的走势出现了反转，而之前的量价背离的走势及量价背离之后的高位滞涨走势早已提前反映了此股随后即将出现的趋势逆转。

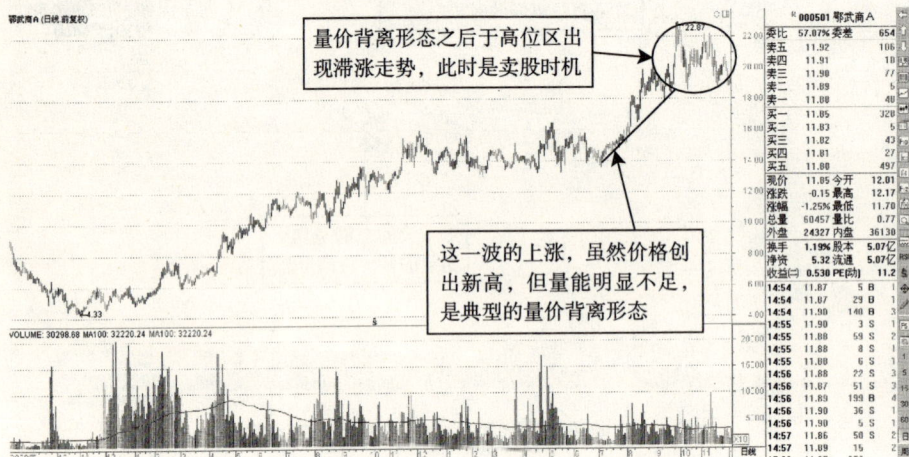

量价背离形态之后于高位区出现滞涨走势，此时是卖股时机

这一波的上涨，虽然价格创出新高，但量能明显不足，是典型的量价背离形态

图 4-5　鄂武商 A 大涨后的量价背离形态示意图

图 4-5 为鄂武商 A（000501）2008 年 8 月 7 日至 2010 年 12 月 1 日期间走势图。如图所示，此股在经历了大幅上涨后，于高位区的一波创新高走势中出现了量价背离形态。虽然股价创出了新高，但这一波上涨时的量能却明显不足，这说明市场买盘正趋于枯竭，因此，此股随后于高位区出现滞涨走势时就是我们最好的卖股时机。高位区的量价背离形态出现之后，即使个股不马上出现趋势反转，其短期内往往也难以避免出现较深的一波回调。

对于此股来说，可以看到随后出现了一波明显的回调走势，而这种量价背离形态后的高位滞涨区间就是我们短线卖股的最好时机。而且在这一滞涨区间卖出后，我们还要静观其变，看看个股随后是会出现高位区的震荡盘整走势，还是直接步入下跌趋势，从而再择机进行短线操作。

图 4-6 为此股在这一量价背离形态后的走势图。如图所示，此股在经历了量价背离形态之后的高位滞涨走势后，出现了一波深幅回调走势，但此股并没有直接步入下跌通道中，在这波深幅回调之后，又出现了明显的缩量止跌企稳形态。这一形态的出现与此股前期筑顶时间较短有关，也与主力出货的需要有关。在得出这种结论后，我们可以推断出此股随后极有可能在高位

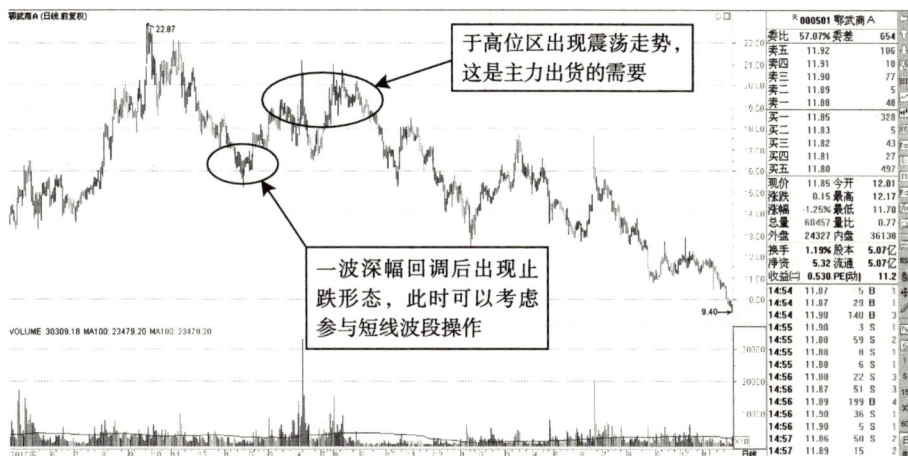

于高位区出现震荡走势，这是主力出货的需要

一波深幅回调后出现止跌形态，此时可以考虑参与短线波段操作

图 4-6　鄂武商 A 量价背离后走势图

区出现震荡走势，因此我们可以择机进行波段操作。此股随后于这一高位区出现了宽幅震荡走势，虽然股价在震荡过程中又创出了新高，但其整体走势已明显缺乏向上运行的动力，这与此股买盘枯竭的状态有关，而这种状态早已反映在图 4-5 中我们标注的量价背离走势中。

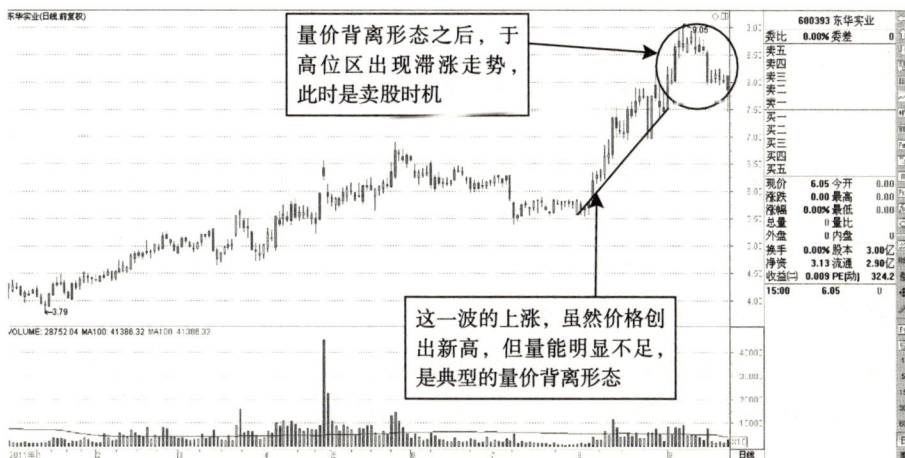

量价背离形态之后，于高位区出现滞涨走势，此时是卖股时机

这一波的上涨，虽然价格创出新高，但量能明显不足，是典型的量价背离形态

图 4-7　东华实业大涨后的量价背离形态示意图

图 4-7 为东华实业（600393）2011 年 12 月 22 日至 2012 年 9 月 24 日期间走势图。如图所示，此股在经历了大幅上涨后，于高位区的一波创新高走势中出现了量价背离形态。虽然股价创出了新高，但这一波上涨时的量能

却明显不足，这说明市场买盘正趋于枯竭，因此，此股随后于高位区出现滞涨走势时就是我们最好的卖出时机。高位区的量价背离形态出现之后，即使个股不马上出现趋势反转，其短期内往往也难以避免出现较深的一波回调。可以看到此股随后出现了一波明显的回调走势，而这种量价背离形态后的高位滞涨区间就是我们短线卖出的最好时机。而且在这一滞涨区间卖出后，我们还要静观其变，看看个股随后是出现高位区的震荡盘整走势，还是直接步入下跌趋势，从而再择机进行短线操作。

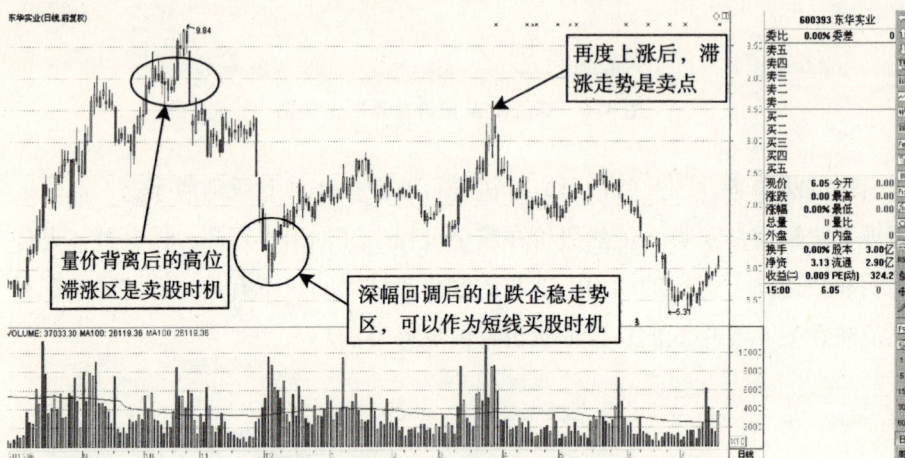

图4-8　东华实业量价背离后走势图

图4-8为此股量价背离后走势图。如图所示，此股在量价背离形态之后，于高位区出现滞涨走势，此时是卖股时机；随后出现了一波深幅回调，在回调后出现止跌企稳形态，此时投资者可以适量参与短线买入操作，因为此股随后极有可能于高位区出现震荡走势。从图中走势可以看到，此股随后再度出现一波强势上涨，这一波上涨走势后出现的高位滞涨区仍是我们短线卖出的好时机。

第二招 黑白有形，蕴义无限
——利用孕线与抱线短线卖股

不同的 K 线组合形态蕴涵了不同的市场含义，在两日 K 线组合形态中，孕线与抱线是极为常见的表现形式，这两种形态对于我们的实战操作具有重要意义。在《短线买入十五招》中，我们已经详细介绍了如何利用孕线与抱线展开买入操作，本招式中，我们将在结合股价走势的前提下，讲解如何利用这两种形态来展开短线卖出操作。为了让投资者对孕线、抱线及两日 K 线组合形态的原理有一个更为深刻的认识，本节中，我们以两日 K 线组合形态所能包含的市场含义为核心，以具体的组合形态（即孕线与抱线）为实例展开论述，力求读者可以在明晰原理的情况下，充分理解各种双日 K 线组合形态的意义。

一、如何解读双日 K 线形态的市场含义

K 线形态只是一种表象，它只是多空双方交锋结果的体现，仅凭 K 线形态而不顾其具体的应用背景、出现时机等综合因素就盲目按图索骥地照搬应用是难以掌握其精髓的。解读 K 线形态的真正目的在于它可以使我们学会一种分析方法，能让我们掌握透过现象看本质的本领。在股市中如果说 "K 线形态表现形式是现象" 的话，那么，"K 线形态所蕴涵的多空双方实力情况就是本质"。相同的本质可以以不同的表象表现出来，相同的表象也可以反映不同的本质，只有我们能通过 K 线形态正确破解出多空双方的实力情况，我们才可以从容地应用各种 K 线形态来进行实战操作。这同练武的原理是一样的，武功招式都是有形的，但是如果真正想达到高手的层次，仅凭熟练地掌握各种招式是不行的，练武之人必须要揣摩招式背后所蕴涵的武学原理才能够更上一层。

好的方法是我们学习本领的必备因素，在研读双日 K 线组合形态时，我们可以用以下方法来透过 K 线形态分析多空双方的实力情况。如果我们仔细地想一下，就会发现双日 K 线形态的最大特色就是其两根 K 线之间的位置关系，这两根 K 线既可以是相离的，也可以是部分相互重叠的，不同的相离关系、不同的重叠关系所揭示的市场含义自然不同。为了能够清晰地反映出两根 K 线的位置关系所揭示的市场含义，我们可以从单根 K 线着手。图 5-1 为单根 K 线多空区域示意图。如图所示，我们可以把单独一根 K 线所覆盖的范围由上至下分为 5 个区域。很明显，这种划分方法无论对于单根阳线还是对于单根阴线来说，它由上至下都遵循着一个由高价到低价的顺序，因此，我们可以把从区域 1 到区域 5 这个过程看作是一个"多方力量逐渐减少、空方力量逐渐增加"的过程。如果当日的收盘价位于区域 3 的上界，则说明多方力量较为强劲，此时 K 线为阳线；反之，如果当日的收盘价位于区域 3 的下界，则说明空方力量较为强劲，此时 K 线为阴线。此外，我们还可以认为在单根 K 线所覆盖的整体区域内，中上方的区域是多方占优的区域，而中下方的区域则是空方占优的区域。

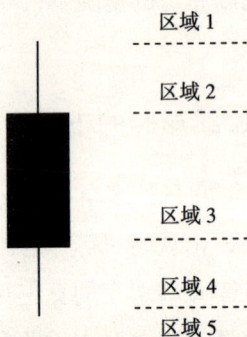

图 5-1　单根 K 线多空区域示意图

在对单根 K 线的多空区域进行划分之后，我们在分析双日 K 线形态时，就有了比照的标准。我们可以把第一根 K 线当作参照系，通过后一根 K 线与第一根 K 线的位置关系来判断两日 K 线所蕴涵的多空信息。由于在第一根 K 线所覆盖的整体区域内，中上方的区域是多方占优的区域，而中下方的区域则是空方占优的区域。很明显，如果第二根 K 线所覆盖的大部分区域均位于第一根 K 线的中上方区域内，则说明市场中的多方暂处于主导地位；反之，如果第二根 K 线所覆盖的大部分区域均位于第一根 K 线的中下方区域内，则说明市场中的空方暂处于主导地位。通过对单根 K 线所包含的多空区域进行划分之后，我们就可以通过比较两根 K 线的位置关系，进而分析各种各样的双日 K 线形态究竟蕴涵了怎样的多空信息。一般来说，如果两个交易日中的多空双方密集交投区域位于第一根 K 线的中下部区域，则说明市场中的空方抛压越大，后期下跌的可能性也越大；反之，如果第二个交易日中多空双方密集交投的区域位于第一根 K 线的中上部区域，则说明市场中的多方力量较强，后期上涨的可能性也越大。

图 5-2 为双根 K 线形态中多方占优与空方占优的典型组合形态示意图。如图所示，在图中左侧的双根 K 线组合形态中，两根 K 线的交投密集区域位于区域 1 与区域 2 这一位置处，而这一位置正是多方明显占优的区间，因此它的含义是在这两个交易日中多方处于明显的主导地位；在图中右侧的双根 K 线组合形态中，两根 K 线的交投密集区域位于区域 3 下半部、区域 4、区域 5 这一位置处，而这一位置正是空方明显占优的区间，因此它的含义是在这两个交易日中空方处于明显的主导地位。

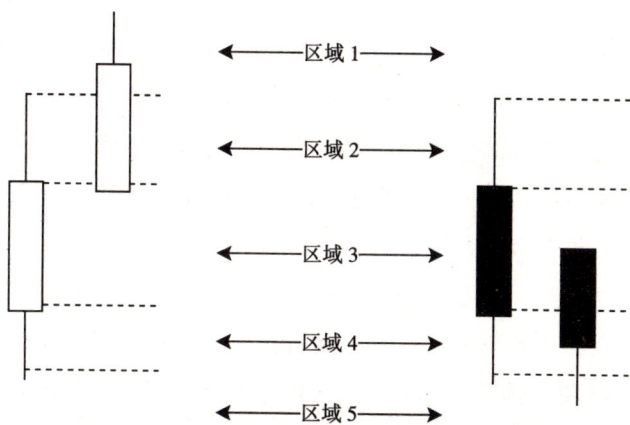

图 5-2　双根 K 线多方占优与空方占优示意图

二、利用孕线短线卖股

孕线与抱线均是两根 K 线的组合形态，它们出现在一波回调后的相对低位区是买入的信号；反之，若出现在一波上涨后的高位区则是卖出的信号。回调后低位区的孕线组合方式与上涨后高位区的孕线组合方式有所不同，回调后低位区的抱线组合方式与上涨后高位区的抱线组合方式也有所不同，本书中，我们重点讲解如何利用孕线与抱线来开展短线卖出操作，关于利用孕线与抱线开展短线买入的讲解请参见《短线买入十五招》一书。

孕线的构成方式简单，它由两根 K 线组成，前面一根是长 K 线，后面一根则是相对短小的 K 线，后面一根 K 线的最高价和最低价均不能超过前一根线的最高价和最低价，即前面一根 K 线完全吞没了后面一根 K 线（包括影线），这种前长后短的两根 K 线组合形态称为孕线。如果第一根 K 线为阳线，第二根 K 线为阴线，则这种孕线称之为阴孕线，这种形态多出现在个股一波上涨后的相对高点，是个股短期内即将展开回调的信号，故阴孕线也称为看跌孕线；如果第一根 K 线为阴线，第二根 K 线为阳线，则这种孕线称之为阳孕线，这种形态多出现在个股一波回调后的相对低点，是个股短期内即将展开上涨的信号，故阳孕线也称为看涨孕线。

我们可以这样理解看跌孕线的形成过程：个股股价或大盘指数经近期的持续上涨使得价格的走势形成惯性，因此在一波回调后的相对高位区出现了一个惯性上涨的大阳线，这一根大阳线说明市场的做多动能仍然较为充足，但由于近期价格已出现了一波明显的上涨，导致市场获利盘剧增，因此我们应注意到阶段性的做空动能正在快速积累中。但是，在没有明确的多空双方力量转变信号出现时，我们仍不宜盲目套现出局，因为在很多时候，价格的连续上涨幅度及速度都会超出我们的预期，我们所要做的就是顺势而为，直至"势"出现整体性的反转迹象或阶段性的反转迹象时。价格大幅上涨后的深幅回调走势源于多方力量不足、空方抛压增大，这种多空信息往往会通过孕线形态得以表现，孕线形态中的第二根 K 线为阴线，它说明第二日的股价没有继续上涨，而是出现了低开，而且这一阴线所覆盖的范围完全"孕于"第一根 K 线所覆盖的范围之内，这说明空方在当日已开始取得一定的优势，由于此时的价位身处一波上涨后的相对高位区，因此我们有理由认为随后空方抛压会加重，价格也会出现阶段性的深幅回调走势。

图 5-3 为大有能源（600403）2013 年 3 月 7 日至 7 月 15 日期间走势图。如图所示，此股在一波快速上涨后，于相对高位区出现了一个阴孕线形态，这一形态的出现是多方力量开始减弱、空方抛压加重的表现，预示着一波回调走势的展开，是我们在相对高位区进行卖出的信号。

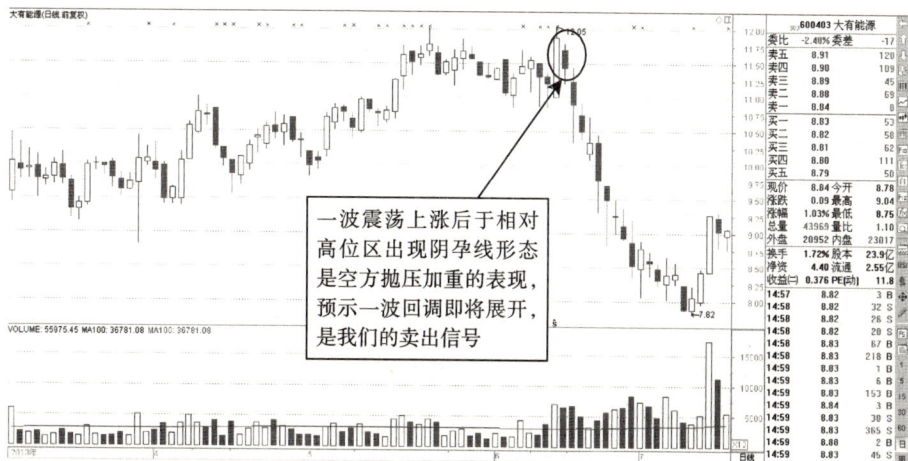

一波震荡上涨后于相对高位区出现阴孕线形态是空方抛压加重的表现，预示一波回调即将展开，是我们的卖出信号

图 5-3　大有能源阴孕线示意图

图 5-4 为柳化股份（600423）2013 年 1 月 22 日至 7 月 9 日期间走势图。如图所示，此股在一波快速大幅上涨之后，于相对高位区出现了一个鲜明的阴孕线的双日 K 线组合形态。这一形态的出现说明前期主导个股走势的多方力量已明显不足，而空方力量则开始显著加强，因此预示了随后一波深幅回调走势的展开，是我们短期内高点卖出的信号。

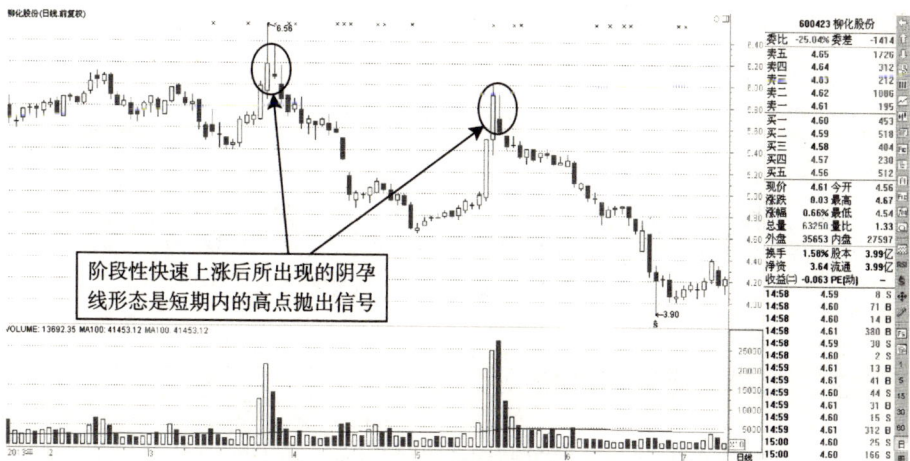

阶段性快速上涨后所出现的阴孕线形态是短期内的高点抛出信号

图 5-4　柳化股份阴孕线示意图

图 5-5 为轻纺城（600790）2009 年 4 月 10 日至 9 月 29 日期间走势图。如图所示，此股在前期大幅上涨后于相对高位区首先出现了一个大阳线的单日 K 线形态。这一根大阳线说明市场的做多动能仍然较为充足，但由于近期

价格已出现了一波明显的上涨，导致市场获利盘剧增，因此我们应注意到阶段性的做空动能正在快速积累中，但是在没有明确的多空双方力量转变信号出现时，我们仍不宜盲目套现出局。随后，第二日的股价没有继续上涨，而是出现了低开，而且这一阴线所覆盖的范围完全"孕于"第一根K线所覆盖的范围之内，这说明空方在当日已开始取得一定的优势。由于此时的价位身处一波上涨后的相对高位区，因此我们有理由认为随后空方抛压会加重，价格也会出现阶段性的深幅回调走势。可以说，这种在持续上涨后的相对高位区出现的阴孕线形态是多方力量开始减弱、空方抛压加重的表现，它预示了一波回调走势的展开，也是我们在相对高位区进行卖出的信号。

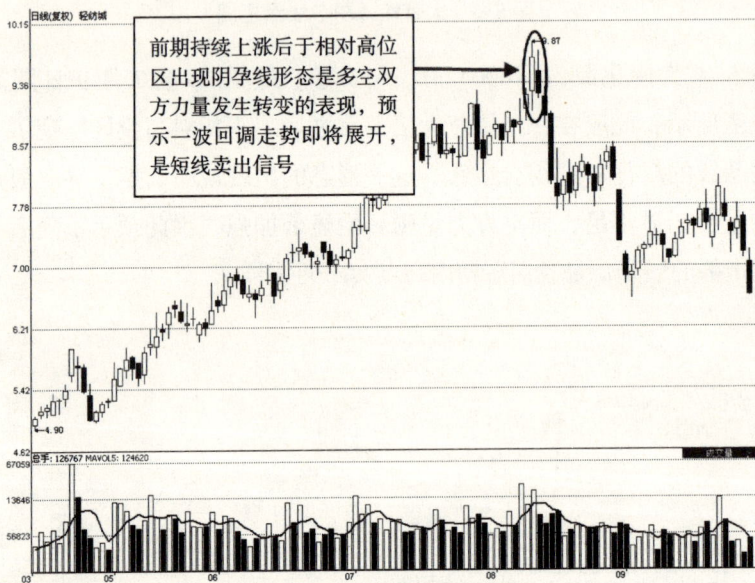

图5-5 轻纺城阴孕线示意图

三、利用抱线短线卖股

抱线也称为吞没形态，抱线的构成方式简单，它由两根K线组成，前面一根是短K线，后面一根则是相对较长的K线；前面一根K线的最高价和最低价均不能超过后面一根K线的最高价和最低价，即后面一根K线完全吞没了前面一根K线（包括影线）。这种前短后长的两根K线组合形态称为抱线，这种前短后长的组合顺序刚好与前长后短的孕线形态相反。

　　如果第一根 K 线为阳线，第二根 K 线为阴线，则这种抱线形态为看跌抱线，这种形态多出现在个股一波上涨后的相对高点，是个股短期内即将展开回调的信号；如果第一根 K 线为阴线，第二根 K 线为阳线，则这种抱线为看涨抱线，这种形态多出现在个股一波回调后的相对低点，是个股短期内即将展开上涨的信号（注：对于看涨抱线的使用方法，我们在《短线买入十五招》中已有详细介绍）。在抱线形成之前，市场多处于清晰可辨的上升趋势或下降趋势中，看涨抱线形态出现在一波回调后的相对低位区是买入的信号；反之，看跌抱线形态若出现在一波上涨后的相对高位区则是卖出的信号。

　　我们可以这样理解看跌抱线的形成过程：个股股价或大盘指数前期的持续上涨使得价格的走势形成惯性，因此在近期上涨之后的相对高点出现了一个惯性上冲的阳线，这一惯性上冲的单日阳线形态并不能充分反映出做多动能的充足，但它也不是上涨走势阶段性见顶的信号；在没有明确的多空双方力量转变信号出现时，我们仍不宜过早地获利抛出，以免出现踏空情形。持续上涨后的深幅回调是由于抛盘加重所引发的，而持续上涨后的相对高位区的市场抛压情况如何往往会通过看涨跌抱线形态得以反映，虽然第一根 K 线仍然是延续了前期上涨走势的阳线形态，但是随之而来的第二根 K 线却是一个大阴线，而且这个大阴线是高开低走所形成的。"高开"说明开盘时仍旧延续了前期的涨势，但是由于盘中抛压不断加重从而使得股价在开盘后就节节走低，从而形成了一个高开低走的大阴线形态，这一形态是市场抛压开始明显加重的表现，它出现在持续上涨后的高位区预示着一波深幅回调即将展开。由于当日的这根大阴线完全覆盖了前一交易日的阳线区域，故说明空方的反击力度极强，是价格短期内出现深幅回调的可靠信号。

　　图 5-6 为 *ST 雅砻（600773）2009 年 4 月 28 日至 8 月 18 日期间走势图。如图所示，此股在持续上涨后的高位区出现看跌抱线形态，这是空方抛压加重的表现，预示了一波深幅回调走势的展开。

　　图 5-7 为宁波联合（600051）2009 年 10 月 13 日至 2010 年 2 月 3 日期间走势图。如图所示，此股在一波快速大幅上涨后的高位区出现了一个看跌抱线组合形态，虽然第一根 K 线仍然是延续了前期上涨走势的阳线形态，但是随之而来的第二根 K 线却是一个大阴线，而且这个大阴线是高开低走所形成的。"高开"说明开盘时仍旧延续了前期的涨势，但是由于盘中抛压不断加

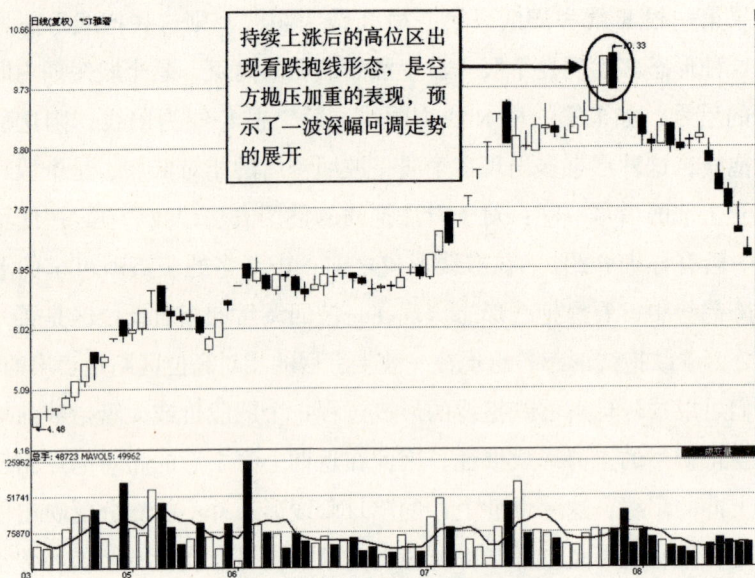

持续上涨后的高位区出现看跌抱线形态，是空方抛压加重的表现，预示了一波深幅回调走势的展开

图 5-6 *ST 雅砻看跌抱线示意图

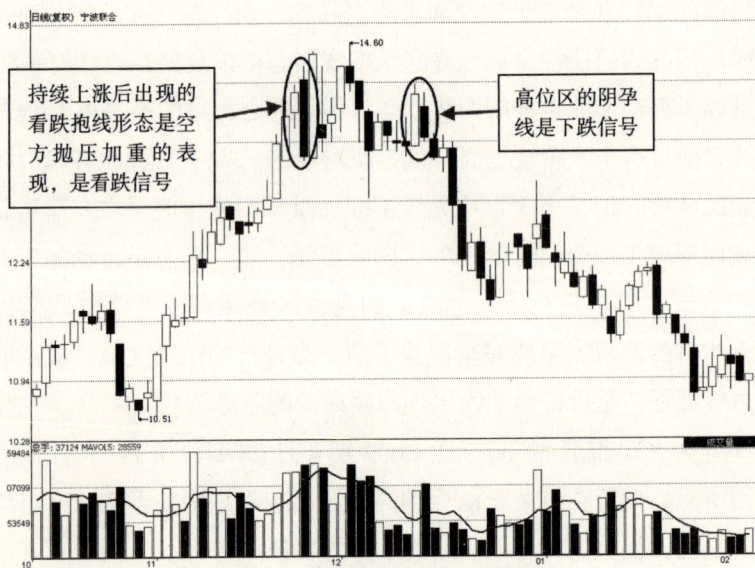

持续上涨后出现的看跌抱线形态是空方抛压加重的表现，是看跌信号

高位区的阴孕线是下跌信号

图 5-7 宁波联合看跌抱线示意图

重，从而使得股价在开盘后就节节走低，从而形成了一个高开低走的大阴线形态，这一形态是市场抛压开始明显加重的表现，而且收出大阴线的这一个交易日的量能也出现了放大，这说明是市场沉重的抛压促使股价走低出现。看跌抱线形态出现在持续上涨后的高位区预示着一波深幅回调即将展开，是

价格短期内出现深幅回调的可靠信号，也是我们短线卖股的信号。

图 5-8 为东方银星（600753）2009 年 9 月 28 日至 2010 年 2 月 2 日期间走势图。如图所示，此股在一波快速大幅上涨后的高位区盘整走势中出现了一个看跌抱线组合形态。这一形态是市场抛压开始明显加重的表现，它出现在持续上涨后的高位区预示着一波深幅回调即将展开，由于在看跌抱线形态中第二个交易日的这根大阴线实体较长，说明空方的反击力度极强，是价格短期内出现深幅回调的可靠信号。

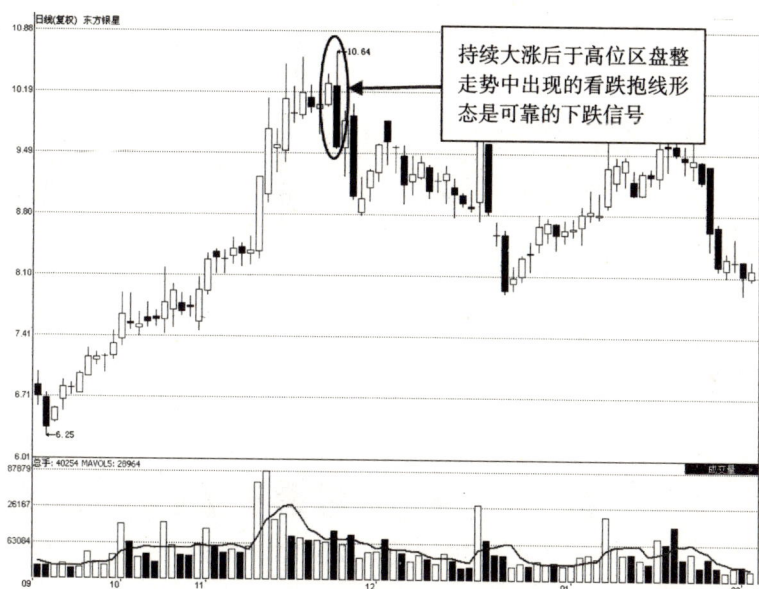

图 5-8　东方银星看跌抱线示意图

四、应用周 K 线走势中的抱线与孕线形态展开实盘操作

周 K 线不仅可以有效地屏蔽主力的操纵痕迹，也可以屏蔽市场上的偶然因素，从而可以较为准确地反映多空双方力量的真实转变情况。周 K 线走势图中所出现的阴孕线与看跌抱线具有的含义与日 K 线的相应形态具有完全相同的含义，而且其发出的买入与卖出信号的准确度往往要显著高于日 K 线，是极为可靠的价格走势即将下跌的信号。

图 5-9 为广安爱众（600979）2006 年 11 月至 2007 年 11 月期间周 K 线走势图。如图所示，此股在经历了 2007 年上半年的大幅上涨后，在股价累

计升幅达三倍之多的情况下，于高位区出现了一个看跌抱线的双周 K 线组合形态，且第二根阴线的实体部分完全覆盖了第一根阳线的实体及影线部分，这说明空方抛压极其沉重。考虑到股价的前期升幅，我们有理由认为这是个股顶部出现的信号，空方的大量涌出也意味着此股前期形成的良好上升走势已经结束，这种出现在高位区的看跌抱线组合形态不仅可以作为我们的短线卖出信号，也可以作为我们的中长线离场信号。

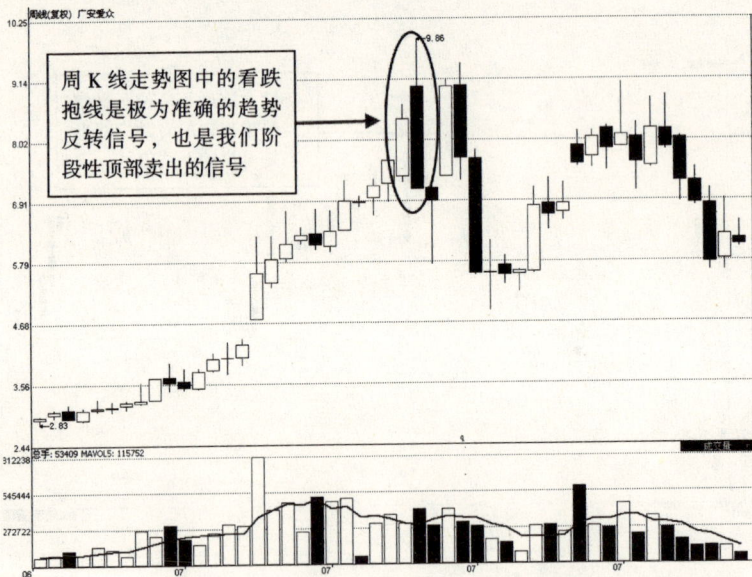

图 5-9　广安爱众周 K 线看跌抱线示意图

图 5-10 为太化股份（600281）2007 年 3 月至 2008 年 6 月期间周 K 线走势图。此股在经历了 2007 年上半年的大幅上涨后，于高位区出现了震荡盘整的走势，此时股价的累计升幅相对于起涨前的低点来说已有四倍左右，在高位区震荡走势中出现了一个阴孕线的双周 K 线组合形态（第一根阳线的实体部分完全覆盖了第二根阴线的实体）。这种多空含义鲜明的周 K 线组合形态出现在特定的位置区间具有极强的趋势反转意味，它表明空方抛压极其沉重。考虑到股价的前期升幅，我们有理由认为这是个股顶部出现的信号。这种出现在高位区的双周阴孕线组合形态不仅可以作为我们的短线卖出信号，也完全可以作为我们的中长线离场信号。

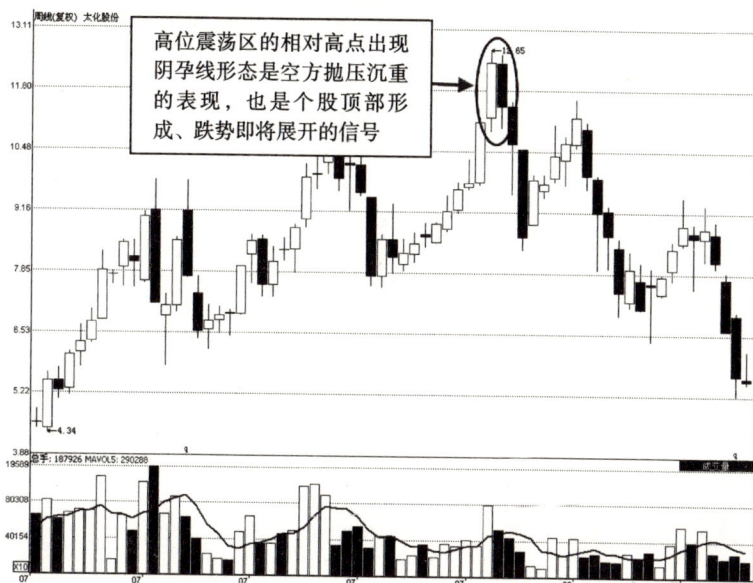

高位震荡区的相对高点出现阴孕线形态是空方抛压沉重的表现，也是个股顶部形成、跌势即将展开的信号

图 5-10　太化股份周 K 线阴孕线示意图

第三招　乌云密布，山雨欲来
——利用黑三鸦形态卖股

如果说出现在一波持续下跌后的红三兵形态是我们的短线买入信号（在《短线买入十五招》中已有详细介绍），那么出现在一波快速上涨后相对高位区的黑三鸦形态则是我们的短线卖出信号。"黑三鸦"组合形态由三个实体较为短小的阴线构成，当它们出现在一波上涨后的相对高位区时，其在 K 线图整体形态中就如同天空上笼起了乌云一般，给人一种"山雨欲来风满楼"的压抑感觉。而 K 线图中的黑三鸦形态往往也确实是市场抛压较为沉重的表现，当它出现在持续上涨后的相对高位区时，多是一波价格将要出现深幅回调的典型信号。本节中，我们就来详细地讲解一下如何利用黑三鸦形态实施短线卖股操作。

黑三鸦是一种极为常见的 K 线组合形态，黑三鸦由连续三根实体、影线都相对短小的阴线构成，是空方力量占据一定优势的表现形态，其出现频率相对较高。虽然黑三鸦的出现频率较高，但并非每一种由连续三根实体、影线相对短小的阴线构成的 K 线组合形态都可以称之为黑三鸦，只有在价格处于一波较为快速上涨后的相对高位区或是高位震荡区出现的连续三根实体、影线都相对短小的阴线的 K 线组合形态才可以称之为黑三鸦形态，也只有在这种背景下出现的黑三鸦形态才预示了价格短期内极有可能出现下跌走势，才是我们的短线卖股信号。

我们可以这样理解黑三鸦的形成过程：当价格经一波快速上涨后或是在大幅上涨后的高位区出现滞涨走势时，此时前期多方占优的局面已经发生了转变；但多空双方力量的转变并非一蹴而就的，其转变往往有一个循序渐进的过程，特别是在大盘走势还比较平稳的时候，空方是没有必要急于抛售的；但此时多方力量也无力推升股价，于是多空双方处于一种胶着状态。随着交投的进行，空方开始占据一定优势，但空方并没有急于抛售的行为，于是出现了这种连续三根实体较为短小的阴线形态，这就是黑三鸦。它预示了空方力量开始占据优势，是价格将要出现一波深幅回调的信号。

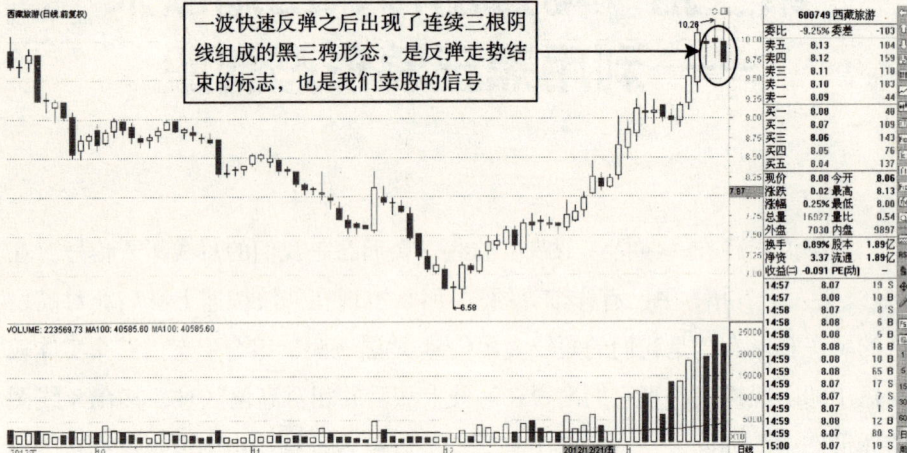

一波快速反弹之后出现了连续三根阴线组成的黑三鸦形态，是反弹走势结束的标志，也是我们卖股的信号

图 6-1　西藏旅游黑三鸦形态示意图

　　图 6-1 为西藏旅游（600749）2012 年 9 月 17 日至 2013 年 1 月 21 日期间走势图。如图所示，此股在一波快速反弹之后于阶段性的高点处出现了一个由连续三根中小阴线组合而成的黑三鸦形态。这一形态的出现是多空双方力量阶段性转变的标志，它是空方力量开始占据优势的典型表现形态，预示了价格随后将在空方的抛压下而出现下跌。

图 6-2　西藏旅游黑三鸦形态出现后走势图

　　图 6-2 为西藏旅游黑三鸦组合形态出现后的走势图。从图中可以看到，黑三鸦是个股阶段性反弹宣告结束的信号，这一形态是多空双方力量阶段性转变的可靠信号。投资者在实战中应用黑三鸦形态时，应结合价格的前期具体走势来展开买卖策略。当股价经前期大幅上涨后处于高位区间且有滞涨下跌走势出现时，多说明多空双方的整体性力量已发生了实质性的转变，此时的黑三鸦形态既是我们阶段性的逃顶信号，也是我们中长线逢高离场的信号。在卖出个股后，我们不宜在短期逢低介入，而应耐心等到下一次的恐慌性杀跌之后再择机博取反弹行情；反之，若个股前期的累计涨幅较小，黑三鸦仅是出现在一波上涨走势之后，则我们可以将黑三鸦看作是个股多空双方力量阶段性转变的信号，此时的黑三鸦形态是我们短线高抛低吸操作中的高抛信号。

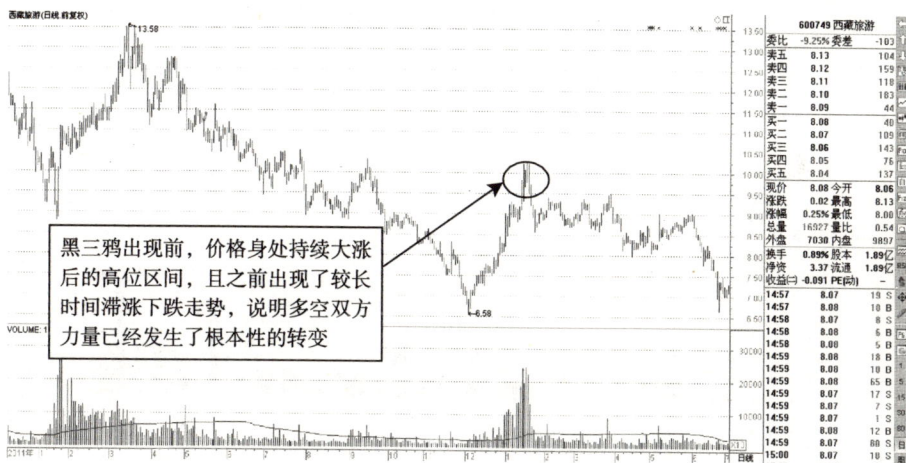

图 6-3　西藏旅游黑三鸦形态出现前的走势全景图

　　图 6-3 为西藏旅游黑三鸦形态出现前的走势全景图。从图中走势可以看到，此股的这一黑三鸦形态出现前，它的价格已身处持续大涨后的高位区间，且之前出现了较长时间的滞涨下跌走势，说明多空双方力量已发生了根本性的转变，此时的黑三鸦形态既是我们阶段性的逃顶信号，也是我们中长线逢高离场的信号。在卖出个股后，我们不宜在短期逢低介入，而应耐心等到下一次的恐慌性杀跌之后再择机博取反弹行情，只有结合个股股价的前期实际走势情况，我们才可以更好地应用黑三鸦形态展开实盘操作。

图 6-4 为京投银泰（600683）2009 年 3 月 26 日至 7 月 23 日期间走势图。如图所示，此股在前期持续大幅上涨之后，于高位区的一波拔高走势中出现了一个大阳线之后的连续三根小阴线组合而成的黑三鸦形态。这一形态出现在高位区且之前为一根大阳线，黑三鸦形态明显地打破了价格的上升形态。在黑三鸦形态中的第一根小阴线中，我们可以看到成交量出现了明显的放大，这说明市场抛压沉重，考虑到价格的前期走势，我们可以把这种黑三鸦形态看作是多空双方力量发生转变的标志，它预示了随后的价格走势将要在空方的抛压下出现一波深幅回调。

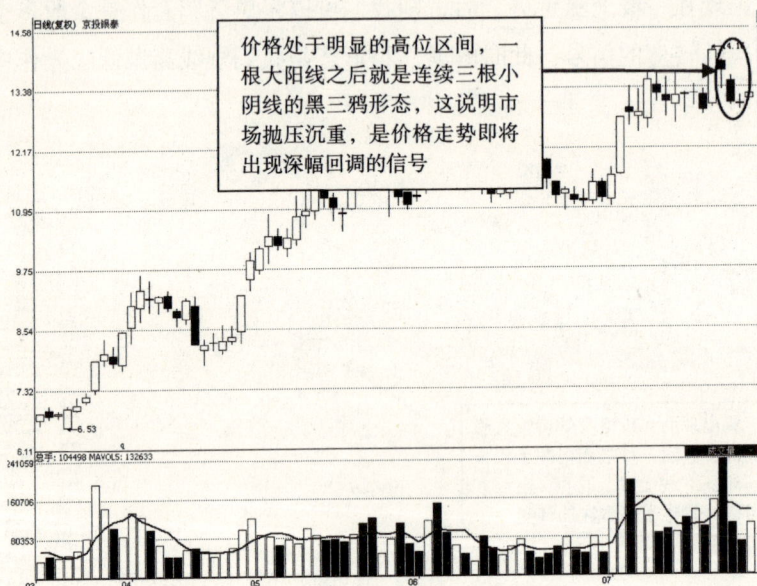

图 6-4　京投银泰高位区黑三鸦形态示意图

图 6-5 为京投银泰黑三鸦形态出现后的走势图。如图所示，此股在这一黑三鸦形态出现之后即出现了一波深幅回调走势，可见黑三鸦形态可以揭示出市场中多空双方力量的转变情况。黑三鸦之所以可以成为有效的阶段性顶部的明确信号，其原因在于多空双方力量的转变并非是一蹴而就的，其转变往往有一个循序渐进的过程，特别是在大盘走势还比较平稳的时候，空方是没有必要急于抛售的；但此时多方力量也无力推升股价，于是多空双方处于一种胶着状态。随着交投的进行，空方开始占据一定优势，但空方并没有急于抛售的行为，于是出现了这种连续三根实体较为短小的阴线形态，这就是黑三鸦。

图 6-5 京投银泰黑三鸦形态出现后走势图

只有在价格处于一波较为快速上涨后的相对高位区或是高位震荡区出现的连续三根实体、影线都相对短小的阴线的 K 线组合形态才可以称之为黑三鸦形态；也只有在这种背景下出现的黑三鸦形态才预示了价格短期内极有可能出现下跌走势，才是我们的短线卖股的信号。对于一些常见的连续三根阴线的 K 线组合形态，我们不能在不顾价格前期走势的情况下一律将其视作黑三鸦形态，如果只是片面地看待 K 线组合形态，很容易导致追涨杀跌的操作，也很难稳健地获取利润。一般来说，在低位区或深幅下跌后出现的连续三根实体、影线都相对短小的阴线的 K 线组合形态多是市场短期内多方能量没有快速聚集起来的标志，它并不代表价格随后将要出现大幅下跌走势。

图 6-6 为飞乐股份（600654）2008 年 7 月 24 日至 2009 年 1 月 14 日期间走势图。如图所示，此股在深幅下跌后的低位区及低位区的一波反弹后的回调走势中都出现了这种连续三根实体相对较短、影线相对较短的阴线的 K 线组合形态。这一形态由于并非出现在价格走势一波较为快速上涨后的相对高位区或是高位震荡区，因此我们不能将其看作是黑三鸦形态，也不能依据这一形态而在明显的低位区间盲目做空。

图 6-6 飞乐股份低位区的类似黑三鸦形态示意图

　　周 K 线，其时间跨度不长不短，是一种识别价格中线走势的理想工具。周 K 线可以较为准确地反映多空双方力量的真实转变情况，它既可以有效地屏蔽主力的操纵痕迹，也可以屏蔽市场上的偶然因素。我们除了可以关注日 K 线走势图中的黑三鸦形态，还应关注周 K 线走势图中的黑三鸦形态。一般来说，周 K 线走势图中的黑三鸦形态更多地出现于持续大幅上涨后的相对高位区间，此时它是价格由前期升势或高位盘整走势转为跌势的可靠信号，既可以作为我们短线卖股的信号，也可以作为我们中长线离场出局的信号。

　　黑三鸦的形态构筑较为简单，它仅由连续三根实体、影线相对短小的阴线构成，当价格经一波快速上涨后或是在大幅上涨后的高位区出现滞涨走势时，即使多方力量开始出现不足，但多空双方力量的转变并非一蹴而就，其转变往往有一个循序渐进的过程，特别是在大盘走势还比较平稳的时候，于是多空双方处于一种胶着状态，价格在顶部区的运行时间也会较长。此时，周 K 线图中就极易形成黑三鸦形态，此时它与日 K 线的相应形态所具有的含义完全相同，而且其发出的买入与卖出信号的准确度往往要显著高于日 K 线。

图 6-7 为中储股份（600787）2006 年 10 月至 2008 年 11 月期间周 K 线走势图。如图所示，此股在持续上涨后的高位区间出现了两次明显的黑三鸦形态。这种形态出现在相对低位的盘整区或是深幅下跌后的低位区往往并不具有典型的含义，但它出现在价格经一波快速上涨后或是在大幅上涨后的高位区出现滞涨走势时，则往往是空方抛压开始显著增加、多方力量明显不足的信号，也是我们逢高离场的信号。一般来说，周 K 线走势图中的黑三鸦形态更多地出现于持续大幅上涨后的相对高位区间，此时它是价格由前期升势或高位盘整走势转为跌势的可靠信号，是较为明确的中长线离场信号。

图 6-7   中储股份周 K 线图中黑三鸦形态示意图

图 6-8 为创兴置业（600193）2006 年 12 月至 2008 年 11 月期间周 K 线走势图。如图所示，此股在持续上涨后的高位区间出现了两次明显的连续三根阴线的 K 线组合形态，由于这一形态出现在价格经一波快速上涨后，是空方抛压开始显著增加、多方力量明显不足的信号，是提示我们逢高离场的黑三鸦形态，此时它与日 K 线的相应形态具有完全相同的含义，而且其发出卖出信号的准确度往往要显著高于日 K 线。一般来说，周 K 线走势图中的黑三鸦形态更多地出现于持续大幅上涨后的相对高位区间，此时，它更是价格由前期升势或高位盘整走势转为跌势的可靠信号，是较为明确的中长线离场

信号。

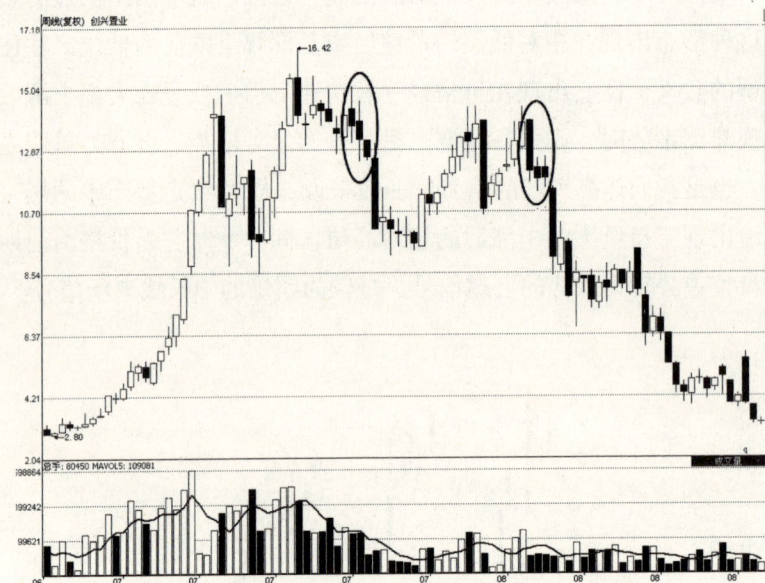

图6-8 创兴置业周K线图中黑三鸦形态示意图

投资者在使用黑三鸦形态开展实盘操作时，有三点应值得我们注意：一是要注意黑三鸦的形态构成。黑三鸦形态由连续的三根实体、影线都相对不长的阴线构成，若实体过长，则说明价格短期跌幅过大，过长的实体往往也会在短时间内过度地消耗空方动能；在第三根阴线处卖出很有可能在阶段性的低点上，并不是短线卖出的最好时机，此时我们更应等随后出现反弹走势后再择机卖股。二是要注意黑三鸦形态所出现的位置。只有出现在价格走势的一波快速上涨之后或是在相对高位区盘整后，这时出现的由连续的三根实体、影线均较为短小的阴线构成的K线组合形态才可以称之为黑三鸦形态；也只有在这种背景下出现的黑三鸦形态才预示了价格短期内极有可能出现下跌走势，才是我们的短线卖股信号。三是要注意黑三鸦形态出现时的量能大小。黑三鸦形态形成之初若出现了明显的放量则说明市场抛压沉重，是较为明确的下跌信号。

第四招　翻手为云，覆手为雨
——持续上涨后的放量长上影线是短线卖股信号

价格的上涨源于买盘的推动，当价格经过一波明显的上涨走势之后，若获利盘开始大量抛出，此时个股的短期涨势将难以为继，这时个股往往会出现上影线较长的 K 线形态，同时伴以量能的放大。这种形态我们可以将其称为持续上涨后的放量长上影线，这一形态是我们短线卖出的信号。为了更好地理解这一卖出招式，我们首先来看看长上影线表明了什么样的市场含义。

图 7-1　云煤能源持续上涨后长上影线示意图

图 7-1 为云煤能源（600792）2012 年 10 月 23 日至 3 月 4 日期间走势图。如图所示，此股在持续上涨后于相对高位区出现了一个长上影阳线的 K 线形态，并且当日此股的成交量也大幅放出。这种长上影的 K 线形态出现在个股持续上涨后的相对高位区意味着空方抛压开始显著增强，是个股短期内升势结束的信号，预示一波回调走势即将出现。此时，我们应进行积极的

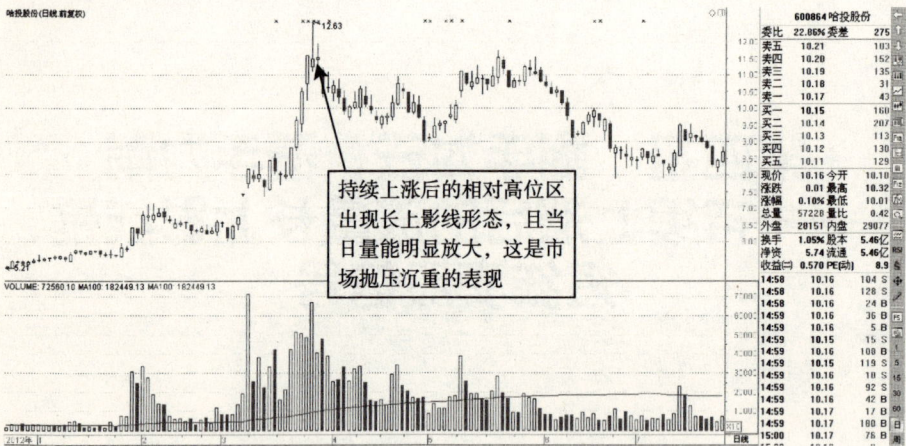

持续上涨后的相对高位区出现长上影线形态，且当日量能明显放大，这是市场抛压沉重的表现

图7-2　哈投股份持续上涨后长上影线示意图

短线卖出操作。

　　图7-2为哈投股份（600864）2012年12月24日至2010年7月23日期间走势图。如图所示，此股在一波快速上涨后，于上涨后的相对高位区出现了一个上影线极长的单日K线形态，并且当日的量能也出现了明显的放大。图7-3为此股当日（2009年11月24日）的分时图，从图中可以看到，此股在开盘冲高后就一路下跌，并且在收盘前再次出现放量下跌走势。考虑到此股之前出现了一波幅度较大的上涨走势，因此当日出现的这种放量长上影线的K线形态是市场抛压沉重的表现，也是买盘无力再度推升股价的表现，

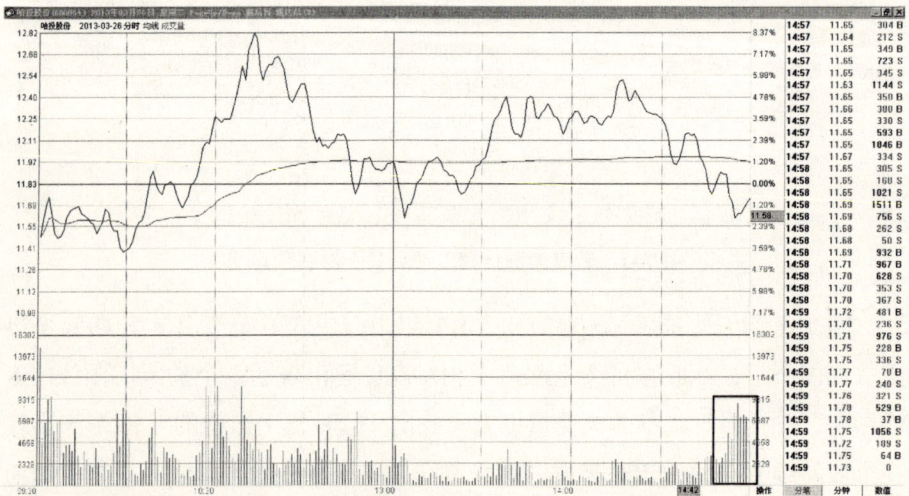

图7-3　哈投股份2013年3月26日分时图

它预示着此股的阶段性上涨走势已告一段落。在得出这一结论后，我们就应进行积极的卖出。如图 7-2 所示，此股随后于这一相对高位区出现了震荡盘整走势，个股上涨无力，随后在卖盘的抛压下，于盘整后出现了一波幅度较大的回调走势，而这一波的回调走势早在此股前期出现的放量长上影线形态中就有所预示。

图 7-4 为宜华木业（600978）2009 年 5 月 19 日至 9 月 29 日期间走势图。如图所示，此股在持续上涨后于相对高位区出现了一个长上影阳线的 K 线形态，并且当日此股的成交量也大幅放出。这种长上影线的 K 线形态出现在个股持续上涨后的相对高位区意味着空方抛压开始显著增强，是个股短期内升势结束的信号，预示一波回调走势即将出现。此时，我们应进行积极的短线卖出操作。通过当日此股的盘中走势，我们可以更好地了解此股的抛压情况。图 7-5 为此股放量长上影线出现当日（2009 年 8 月 5 日）的分时图走势，此股当日在盘中的拉升过程中遇到了强大的抛压，盘中出现了放量下跌形态，并且在尾盘再度出现放量下跌走势。考虑到此股正处于一波快速上涨后的相对高位区，因此当日出现的这种放量长上影线的 K 线形态是市场抛压沉重的表现，也是买盘无力再度推升股价的表现，它预示着此股的阶段性上涨走势已告一段落。在得出这一结论后，我们就应进行积极的卖出。

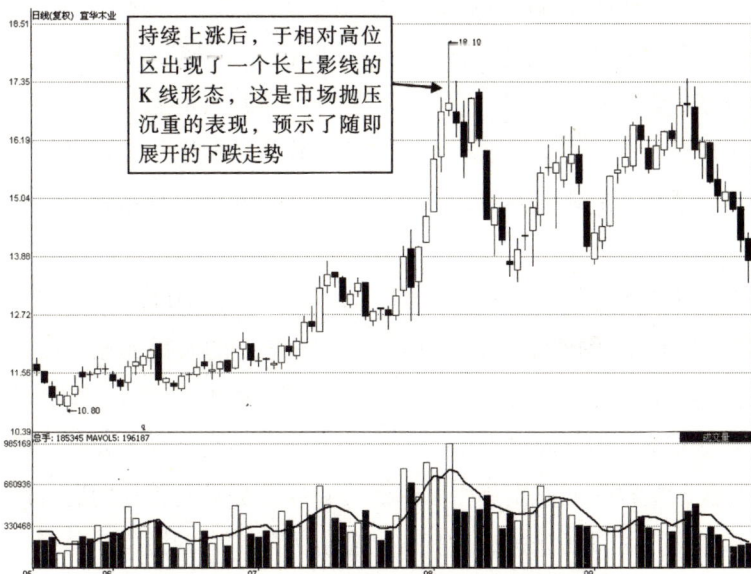

图 7-4　宜华木业持续上涨后长上影线示意图

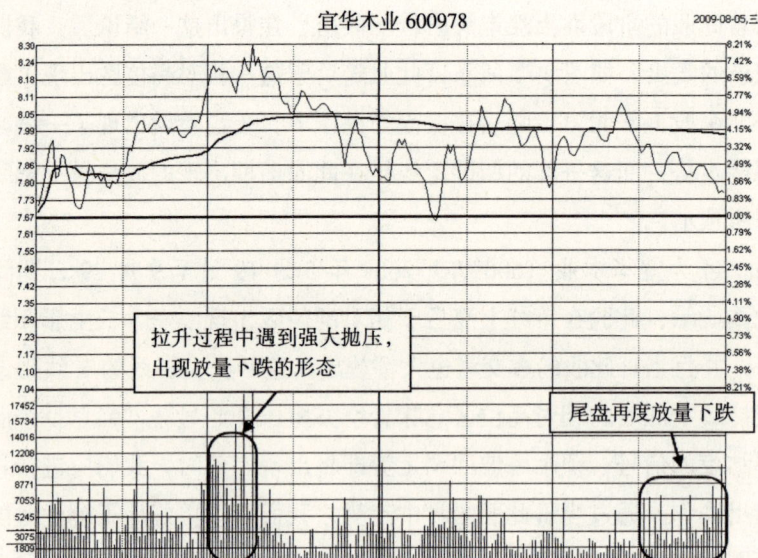

图 7-5　宜华木业 2009 年 8 月 5 日分时图

　　出现在阶段性上涨之后的长上影线是空方抛压沉重的表现，它预示着个股即将出现阶段性的回调走势，此时我们可以依据这一形态进行积极的短线卖出操作。前面我们讲解的例子是以日 K 线为时间周期展开的，这种日 K 线形态上的长上影线往往出现在一波持续上涨之后。除了以日 K 线为时间周期展开外，我们还可以以周 K 线为时间周期展开操作。周 K 线的长上影线形态往往也是出现在一波上涨之后，而且由于周 K 线走势具有高的稳定性，当这种形态出现在高位区时，它代表了空方力量强大的抛压，是多空双方力量发生实质性转变的标志。我们可以把它看作是个股涨势见顶的信号，此时它不仅代表了个股将随即展开阶段性回调走势，同样也预示着个股下跌趋势即将展开。

　　图 7-6 为马应龙（600993）2007 年 6 月 22 日至 2008 年 4 月 25 日期间周 K 线走势图。如图所示，此股在经历了 2007 年的大幅上涨之后，于高位区出现了横盘震荡走势，在高位区的二次探顶走势中出现了一个放量长上影线的周 K 线形态。这一形态出现在阶段性上涨后的高位区，而且个股此时又是处于高位区的横盘滞涨走势中，由于周 K 线走势具有较高的稳定性，于是当这种形态出现在高位区时，它代表了空方力量强大的抛压，是多空双方力量发生实质性转变的标志。因此，这一放量长上影线的周 K 线形态既是我们

短线抛售此股的信号，也是我们中长线离场的信号。此股在经历了顶部区这种二次探底的走势后，以一个放量长上影线的周 K 线为标志，宣告了多空双方的力量已开始转变，随后此股就正式步入了下跌趋势中。

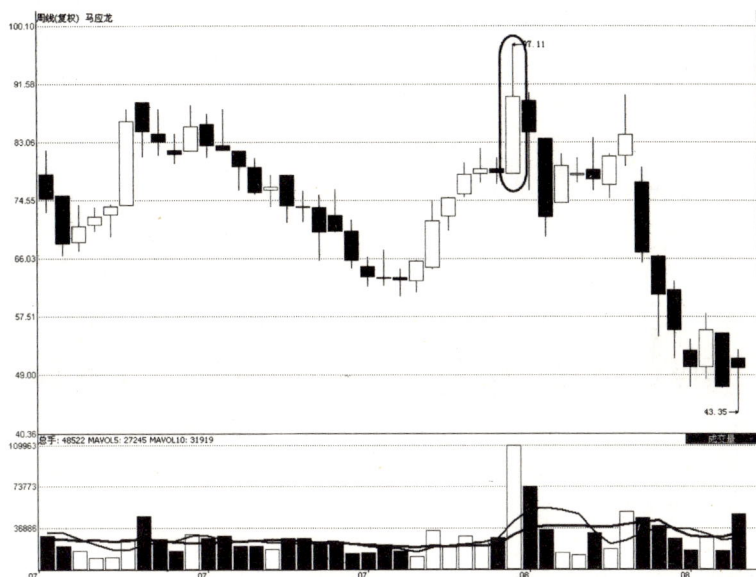

图 7-6　马应龙周 K 线图中长上影线示意图

图 7-7 为东方金钰（600086）2005 年 12 月 30 日至 2007 年 7 月 13 日期间周 K 线走势图。如图所示，此股在持续上涨后于高位区出现了一个放量长上影线的周 K 线形态。这种长上影线的 K 线形态出现在个股持续上涨后的相对高位区，意味着空方抛压开始显著增强，由于周 K 线走势具有较高的稳定性，于是当这种形态出现在高位区时，它代表多空双方力量发生了实质性的转变。可以说，这一放量长上影线的周 K 线形态既是我们短线抛售此股的信号，也是我们中长线离场的信号。

图 7-8 为此股在出现这一长上影线形态后的周 K 线走势图。图中标注了此股出现放量长上影线的所在位置。从图中走势可以看出，此股随后在高位区出现了震荡走势，价格已无力再度突破上行，这说明此股的做多动能已明显不足，买盘正趋于枯竭，而这种市场状态早已通过此股前期大幅上涨后的放量长上影线形态得以表露。高位区是一个不稳定的区间，随着多方的无力攻击，持股者就会有越来越强的获利出局愿望，当空方积累了足够的做空动

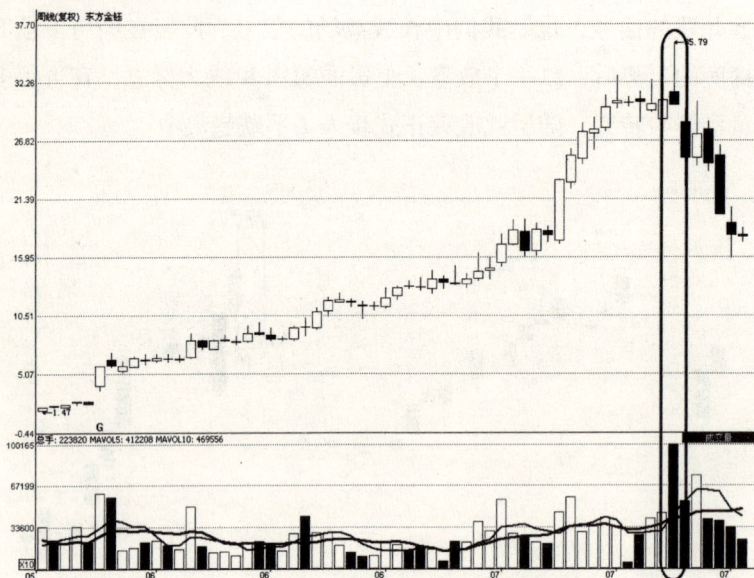

图 7-7　东方金钰周 K 线图中长上影线示意图

图 7-8　东方金钰周 K 线长上影线后期走势图

能后，此股步入下跌趋势也是顺理成章的事。

　　图 7-9 为厦工股份（600815）2009 年 9 月 24 日至 2010 年 2 月 2 日期间日 K 线走势图。如图所示，此股于持续上涨后的相对高位区出现了一个放量

长上影线形态。图 7-10 为此股出现放量长上影线当日（2009 年 12 月 16 日）的盘中分时图，从当日分时图走势中可以看出，此股在早盘中出现了强势放量拉升走势。但是这种早盘的强势并没有转化为此股全天运行的强势，在早盘强势拉升后，此股随后在全天大部分时间内就一路走低，尾盘时更是出现

图 7-9　厦工股份持续上涨后长上影线示意图

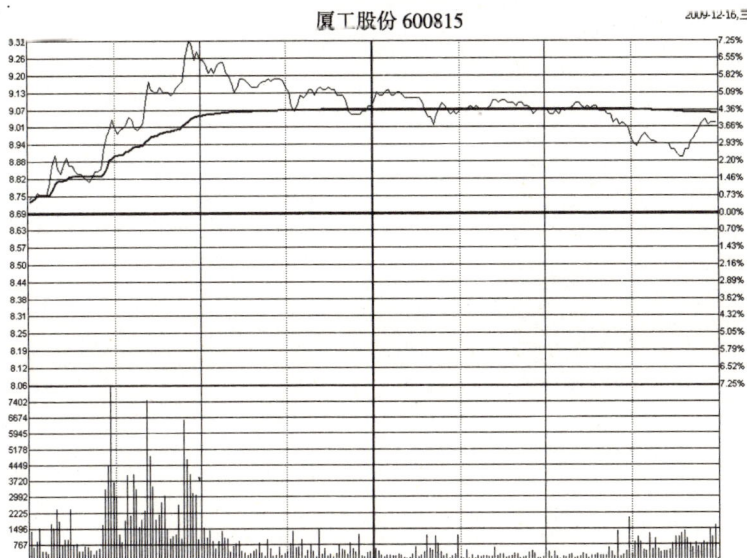

图 7-10　厦工股份 2009 年 12 月 16 日分时图

了放量跳水的走势，从而使得当天的 K 线形态呈现出长上影线的形态。考虑到此股目前正处于阶段性上涨后的相对高位区，因此获利盘数量是相当多的，这种长上影线的走势既是获利抛压显著增强的表现，也是主力暂时无意继续拉升的表现。在多方无意拉升而空方又有较大抛压的情况下，此时的长上影线形态预示了其随后即将出现一波回调走势，这是我们短线卖股的信号。

第五招　顺势出击，迎风一斩
——利用均线展开短线卖出操作

比武场上双方对擂，能否获胜取决于是否得"势"，这里的"势"是指气势，顺势出击可以最大限度地发挥自身的长处、克敌之短。同样，在股市中也存在着"势"，不过股市的"势"指代的却是价格运行的大趋势，无论我们是短线买卖个股，还是中长线买卖个股，只要正确地识别出大趋势，并做到顺势而为就等于成功了一半。趋势一旦形成就具有极强的惯性，在上升趋势中，我们短线买卖的总体策略是"回调后加仓买入，耐心持股，短期快速上涨后择机卖出"。利用这种波段式的操作策略可以使我们取得远大于市场平均升幅的收益。而在下跌趋势中，我们的短线买卖策略就应调整为"持币观望，短期快速杀跌后逢低介入，一波反弹后获利抛出"。利用这种博取反弹的操作策略可以使我们在熊市也一样有所斩获。那么，我们应如何把握牛市中的一波快速上涨后的高点卖出及熊市中的一波反弹后的卖出时机呢？其实，这种上升趋势中的"上涨—回调—再上涨"的走势、下跌趋势中的"下跌—反弹—再下跌"的走势在周期长短不一的移动平均线系统中得到了完善的体现。前面我们讲解了如何利用均线形态识别价格的总体运行趋势，本招式中，我们将结合周期长短不一的移动平均线所具有的"分离—聚合—再分离"的特点来展开短线买入操作。

上升趋势是一个市场平均持仓成本不断走高的过程，周期相对较短的移动平均线运行于周期相对较长的移动平均线上方，周期长短不一的移动平均线呈现出多头排列形态。由于上升趋势往往会吸引更多的买盘和更多的短线投机客介入，因此短期的市场平均持仓成本往往会在短时间内出现快速上升。但由于中长期的市场平均持仓成本对于短期的市场平均持仓成本有着较强的"吸引力"，当短期内价格上涨过快使得短期均线明显脱离中长期均线时，短期均线就会有再次向下靠拢中长期均线的倾向，此时就是我们在上升趋势中阶段性高抛的最好短线时机。

下跌趋势是一个市场平均持仓成本不断走低的过程，周期相对较短的移动平均线运行于周期相对较长的移动平均线下方，周期长短不一的移动平均线呈现出空头排列形态。由于下跌趋势往往会吸引更多的卖盘涌出、更多的恐慌盘出局，因此短期的市场平均持仓成本往往会在短时间内出现快速下降。但由于中长期的市场平均持仓成本对于短期的市场平均持仓成本有着较强的"吸引力"，当短期内价格下跌过快使得短期均线明显脱离中长期均线时，短期均线就会有再次向上靠拢中长期均线的倾向。但是当短期均线向上靠拢至中长期均线附近时，就会再度引发持股信心不足者的逢高减仓或是博取反弹行情的短线客出局，此时就是我们在下跌趋势中的在反弹后相对高点抛出的最好时机。

图8-1为浦发银行（600000）2007年3月9日至9月20日期间走势图，图中由细到粗的三条均线分别为5日移动平均线MA5、30日移动平均线MA30、60日移动平均线MA60，其中MA5为典型的短期移动平均线，MA30及MA60可以较好地反映市场的中期平均持仓成本分布情况，故MA30、

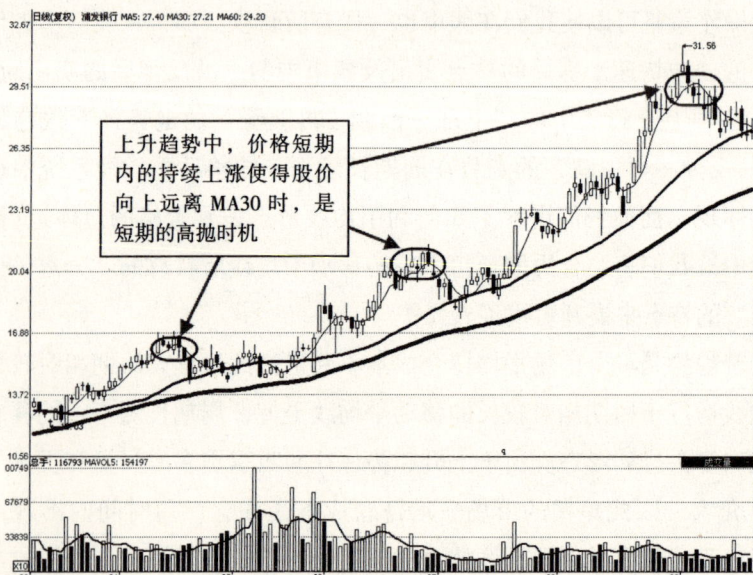

图8-1 浦发银行上升趋势均线卖出示意图

MA60 可以称之为中期移动平均线。长期移动平均线如 MA120、MA240 由于其时间周期过长、对于短线买卖操作意义不大，因此在图中未作标示。此股在此期间处于上升趋势中，均线呈多头形态排列，当短期均线在买盘的推动下经一波持续上涨使得短期均线向上明显脱离中期均线时，会导致个股短期内出现较大的获利抛压，因此往往会出现一波回调走势。此时中期均线对短期均线有较强的吸引力，随后短期均线会有再次向下靠拢中期均线的倾向，于是当短期均线快速向上脱离中期均线时就是我们在上升趋势中较好的阶段性高抛时机。

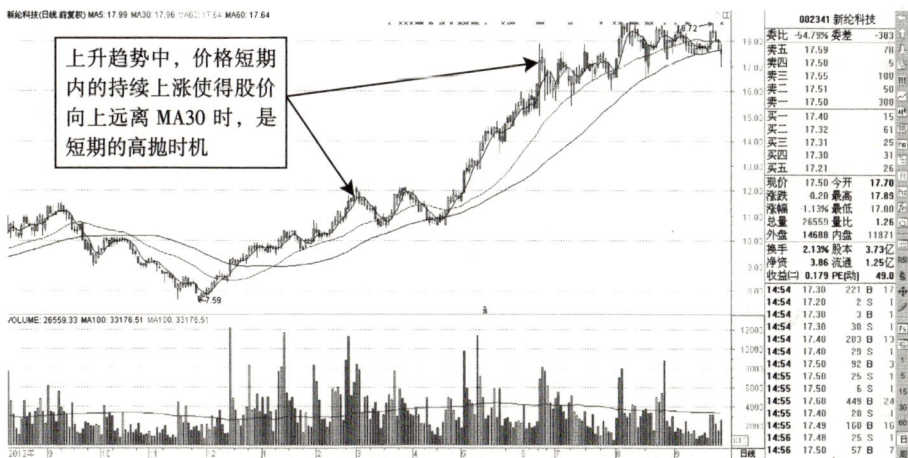

图 8-2　新纶科技上升趋势均线卖出示意图

图 8-2 为新纶科技（002341）2012 年 8 月 13 日至 2013 年 9 月 27 日期间走势图。如图所示，图中的三条均线呈多头排列形态，这说明此股在此期间处于上升趋势中。对于我们的短线操作策略来说就应是以低吸高抛的波段操作为主，这样的短线操作策略可以使我们获取超过市场平均收益的利润，此时通过移动平均线的运行形态来实施短线的高抛操作就是一种极好的选择。上升趋势往往会吸引更多的买盘和更多的短线投机客介入，因此短期的市场平均持仓成本往往会在短时间内出现快速上升，但由于中长期的市场平均持仓成本对于短期的市场平均持仓成本有着较强的"吸引力"，当短期内价格上涨过快使得短期均线明显脱离中长期均线时，短期均线就会有再次向下靠拢中长期均线的倾向，此时就是我们在上升趋势中阶段性高抛的最好短

线时机。如图 8-2 标注所示，当短期均线在买盘的推动下经一波持续上涨使得短期均线向上明显脱离中期均线时，就是我们在上升趋势中较好的阶段性高抛时机。

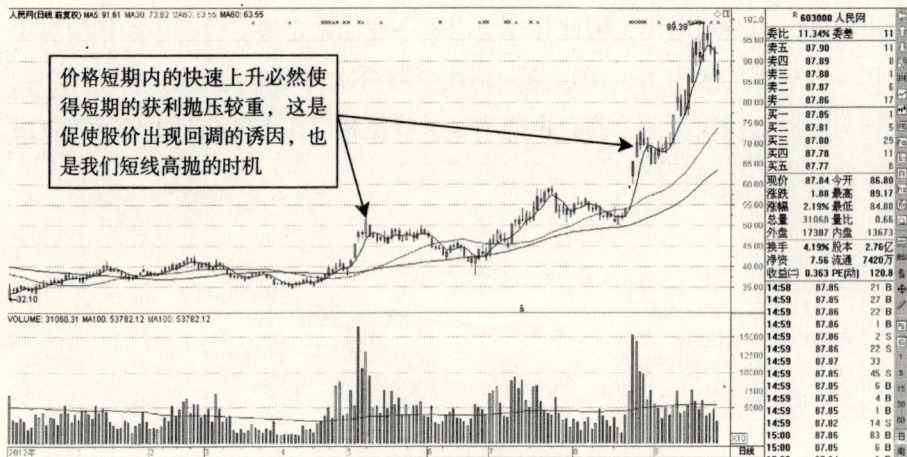

价格短期内的快速上升必然使得短期的获利抛压较重，这是促使股价出现回调的诱因，也是我们短线高抛的时机

图 8-3　人民网上升趋势均线卖出示意图

图 8-3 为人民网（603000）2012 年 12 月 5 日至 2013 年 9 月 27 日期间走势图。如图所示，此股在此期间处于下跌趋势中，均线呈空头排列形态。在明确了下跌趋势这一大背景后，我们所要展开的短线操作策略就是在回调后的相对低点买入，并在短期内一波快速上涨后的相对高点卖出。如图 8-3

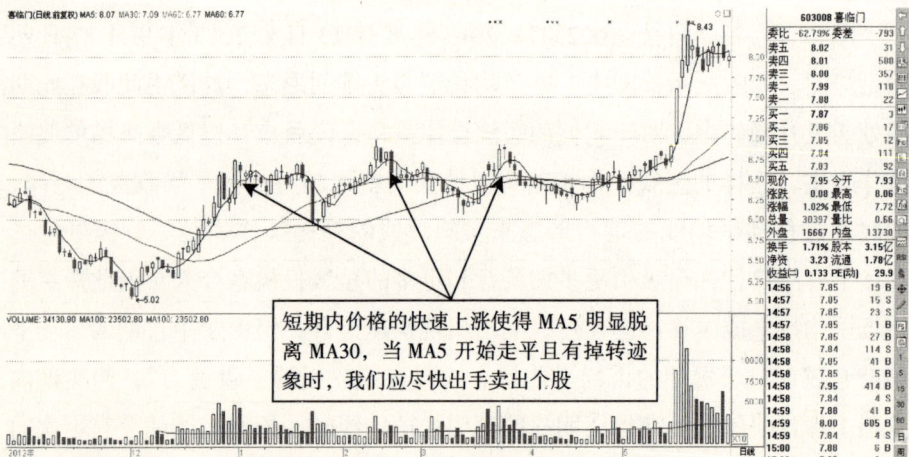

短期内价格的快速上涨使得 MA5 明显脱离 MA30，当 MA5 开始走平且有掉转迹象时，我们应尽快出手卖出个股

图 8-4　喜临门上升趋势均线卖出示意图

标注所示，价格在短期内的快速上涨必然使得短期内个股的获利抛压明显加重，这是促使股价出现一波回调走势的主要原因，而我们所要进行的操作就是在一波上涨后的相对高点择机卖出，从而保住短期内的利润；并于随后再在回调后的相对低点择机买入，从而获取超过市场平均收益的利润。

图 8-4 为喜临门（603008）2009 年 3 月 20 日至 12 月 24 日期间走势图。如图所示，此股在此期间处于上升趋势中，均线呈多头形态排列。当短期均线在买盘的推动下经一波持续上涨使得短期均线向上明显脱离中期均线时，会导致个股短期内出现较大的获利抛压，因此往往会出现一波回调走势；当 MA5 快速向上远离 MA30 后我们就应注意股价掉头的迹象，一旦 MA5 开始走平并且出现掉头迹象，我们就应尽快出手卖出个股，从而保住个股短期内快速上涨所带来的利润。

我们除了可以利用均线的多头排列形态、空头排列形态在上升趋势及下跌趋势中展开卖出操作外，还可以利用均线形态识别顶部的出现，从而在顶部区卖出个股。

图 8-5 为天房发展（600322）2007 年 2 月 26 日至 12 月 20 日期间走势图。此股前期处于上升趋势中，均线呈多头排列的向上发散形态，随后在股

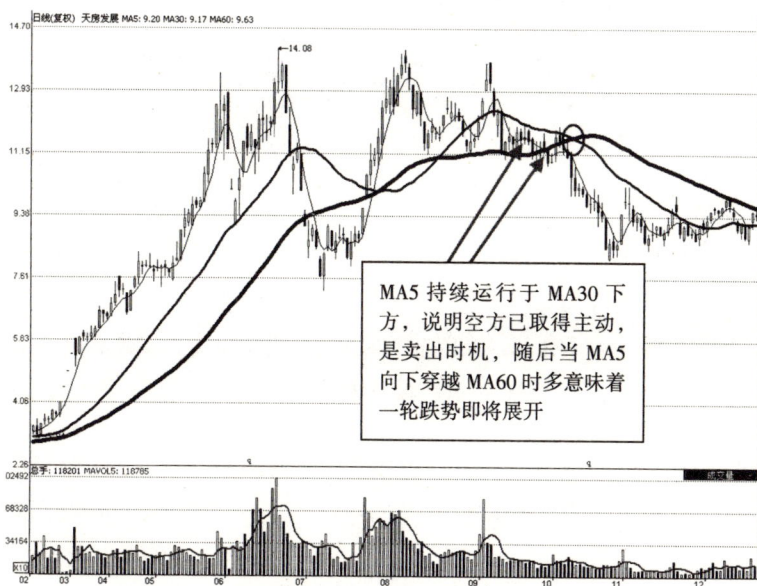

图 8-5　天房发展均线空头形态形成之初卖出示意图

价横盘滞涨的走势下，均线开始走平并呈现出相互交叉的缠绕形态，这种均线排列形态的转变预示着市场的原有趋势已悄然发生了转变。如图标注所示，当 MA5 持续运行于 MA30 下方时，说明空方已取得主动，是卖出时机；随后当 MA5 向下穿越 MA60 时多意味着一轮跌势即将展开，是我们明确的卖出离场信号。

图 8-6 为葛洲坝（600068）2007 年 2 月 7 日至 2008 年 3 月 5 日期间走势图。如图所示，此股前期处于上升趋势中，均线呈多头排列的向上发散形态，随后在股价横盘滞涨的走势下，均线开始走平并呈现出相互交叉的缠绕形态，这种均线排列形态的转变预示着市场的原有趋势已悄然发生了转变。如图标注所示，股价在这一高位区横盘震荡时，均线的形态却开始呈现出空头排列形态，这说明当前市场的主导力量已转变为空方，我们应在此区域内卖出个股。

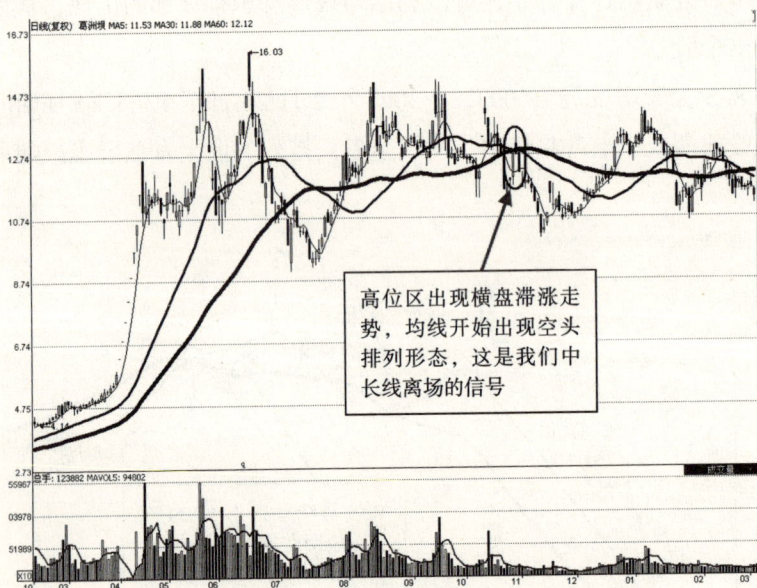

图 8-6 葛洲坝均线空头形态形成之初卖出示意图

图 8-7 为新湖中宝（600208）2008 年 2 月 15 日至 10 月 10 日期间走势图。此股在此期间处于下跌趋势中，均线呈空头形态排列。价格在短期内的一波快速杀跌后，由于买盘的介入、做空动能的阶段性减弱，因此出现了一波较为有力的反弹走势。但是当短期均线向上靠拢至中长期均线附近时，就

会再度引发持股信心不足者的逢高减仓出局行为的出现和博取反弹行情的短线客出局，此时就是我们在下跌趋势中的反弹后相对高点抛出的最好时机。

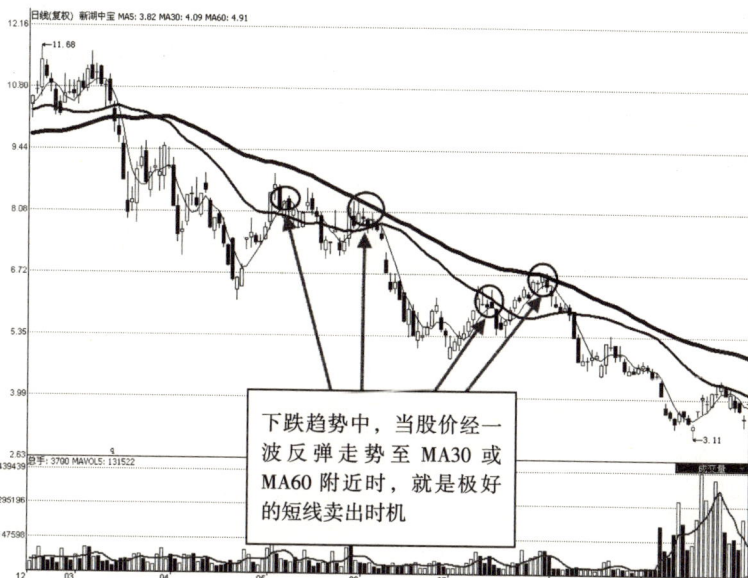

图 8-7　新湖中宝下跌趋势均线卖出示意图

图 8-8 为大秦铁路（601006）2008 年 1 月 10 日至 10 月 24 日期间走势

图 8-8　大秦铁路下跌趋势均线卖出示意图

图。此股在此期间处于下跌趋势中，均线呈空头形态排列。如图标注所示，价格在短期内的一波快速杀跌后，由于买盘的介入、做空动能的阶段性减弱，出现了一波较为有力的反弹走势。但是当短期均线向上靠拢至中长期均线附近时，就会再度引发持股信心不足者的逢高减仓出局行为的出现和博取反弹行情的短线客出局，此时就是我们在下跌趋势中的反弹后相对高点抛出的最好时机。

第六招 螳臂当车，蚂蚁撼树
——向下突破缺口是逃命信号

趋势一旦形成就具有极强的惯性，当趋势有向下加速迹象时往往是市场卖盘最为充足的时候，这时一些个股由于强大的卖盘推动很可能出现向下的突破缺口。可以说，向下的突破缺口是价格跌势加快的最为典型的信号之一，如果此时股价在总体上处于相对高位区，那么投资者就应果断出局、持币观望，因为这种向下的突破性缺口一旦出现在顶部横盘震荡之后，往往是一轮急速深幅下跌走势即将出现的信号。

向下突破缺口是各种缺口形态中的一种，为了更好地了解向下突破缺口，我们有必要详细介绍一下其他几种缺口形态。缺口是由于买盘与卖盘之间力量的显著变化而引起的，但这种力量的转变究竟是一时性还是阶段性的呢？这种力量的转变是偶然的还是有备而来的呢？为了更好地理解缺口所反映的市场多空含义，我们有必要来详细地了解一下缺口的类型，因为缺口的类型往往可以很好地反映出当时市场多空力量的转变情况。

我们除了可以依据缺口出现时价格的波动方向将缺口分为上涨缺口与下跌缺口外，还可以依据其他的标准对缺口进行分类。例如我们在考虑缺口的跳空方向时，可以根据这一跳空方向与价格的整体走势是否相一致而将缺口分为正向缺口与反向缺口。正向缺口是指缺口的跳空方向与价格的前期走势方向一致，反向缺口则是缺口的跳空方向与价格的前期走势相反；正向缺口的出现往往预示着原有的价格走势正处于加速阶段，而反向缺口的出现多预示着原有的价格走势受到了较大的阻力。

上涨缺口、下跌缺口、正向缺口、反向缺口这几种类型的划分较为笼统，它们并没有周全地顾及价格的前期走势、趋势运行特点、前期涨幅与跌幅等情形。因此在此基础上，我们还可以从价格运行的趋势特点出发，将缺口分为普通缺口、突破缺口、持续缺口、衰竭缺口，这四种缺口往往会鲜明地反映出价格所处的运行阶段，是我们分析价格走势的重要形态（注：价格的总体运行趋势可分为三种，它们是上升趋势、下跌趋势、横盘震荡趋势）。

普通缺口就是指出现在横盘震荡中的缺口，它的跳空方向既可以是向上，也可以是向下，普通缺口出现后一般在后期会被回补。在分析普通缺口的意义时，我们可以结合价格的总体走势及普通缺口的跳空方向这两点因素进行分析。当价格经前期大幅下跌来到相对低位区，若此时出现盘整走势且在盘整走势中多次出现向上跳空的普通缺口，则多说明多方力量已开始逐步占据主动，是阶段性底部出现的标志，也是个股随后上涨走势即将出现的标志；反之，价格经前期大幅上涨来到相对高位区，若此时出现盘整走势且在盘整走势中多次出现向下跳空的普通缺口，则多说明空方力量已开始逐步占据主动，是阶段性顶部出现的标志，也是个股随后下跌走势即将出现的标志。

在缺口理论中，最为重要的缺口形态就是突破缺口，突破缺口是指打破盘整走势的具有突破意义的缺口。突破缺口是由大规模资金集中做多或做空所造成的，因此，一旦一个向下的突破缺口出现，往往意味着一轮较大的下跌行情即将开始。本招式中，我们主要讲解向下突破缺口，即预示着一波跌势即将展开的向下突破缺口。这种突破缺口多出现在相对高位盘整走势之后，是个股脱离盘整区开始步入下跌通道的信号，也是我们应果断出局的卖出信号。此外，下跌途中盘整之后的向下突破缺口也往往预示了新一轮下跌走势的开始，此时我们可以结合价格的具体走势展开短线操作。

持续缺口是价格在上涨途中出现的向上跳空缺口或下跌途中出现的向下跳空缺口。一般来说，持续缺口的出现多说明价格沿原有趋势的运行速度在加快，是价格走势加速的表现，因此当上升途中的持续缺口出现时，我们的操作策略应是持股不动；而当下跌途中的持续缺口出现时，我们的操作策略应是持币观望。下跌途中的持续缺口出现时，一般来说价格的后期走势仍有很大的下跌空间，因此投资者此时不宜盲目抄底买入。

衰竭缺口多出现在个股大幅上涨之后的高位区的拔高走势中，这时价格下跌完全是由于市场中恐慌性的抛售所导致，因此这时的缺口并不是卖压充足的表现。在衰竭缺口出现时，我们可以看到个股的盘面形态呈现出明显的缩量下跌形态，而这种形态出现在大幅下跌之后正是底部出现的标志。

在较为系统地了解了各种缺口形态后，下面我们就详细地介绍一下如何利用向下突破形态来展开短线卖出操作。

图9-1为鲁润股份（600157）2007年7月13日至2008年3月17日期间走势图。如图所示，此股在2007年7月13日之后出现了大幅上涨走势，再结合此股在2007年7月13日之前所出现的巨大的涨幅，可以说，个股已累计出现了巨大的涨幅，在这种背景下，个股随时都有可能步入顶部区。如图标注所示，此股在2008年3月17日之前出现了一波V形反转杀跌走势，这预示着多方力量已无力支撑股价、空方力量已开始占据主导地位。随后，此股在2008年3月17日之前出现了一个向下突破缺口，这一向下突破缺口出现在高位区盘整之后，因此我们可以把它看作是空方力量开始完全占据主导地位的体现，也是个股步入跌势的强烈信号。图9-2为此股2008年3月17日向下突破缺口出现后的走势图，可以看到在这一向下突破缺口出现后，此股步入了短期快速下跌走势中。

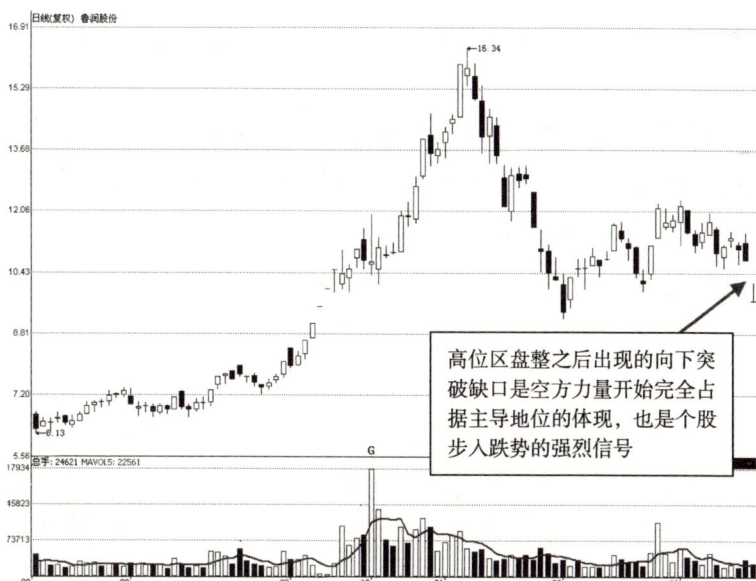

高位区盘整之后出现的向下突破缺口是空方力量开始完全占据主导地位的体现，也是个股步入跌势的强烈信号

图9-1　鲁润股份向下突破缺口示意图

图9-2 鲁润股份2008年3月17日向下突破缺口出现后走势图

之所以把向下跳空缺口看作是"最后的逃命信号"，因为这一缺口形态经常出现在个股的长期顶部震荡之后，是个股顶部震荡结束的标志，也是个股开始步入快速下跌通道的信号。有时候，由于个股在顶部区震荡时间过长，很多投资者可能会对个股的高位区走势放松警惕，认为市场的持仓成本都位于这一区域，个股的下跌幅度有限。然而事实证明，正是这种疏于防范

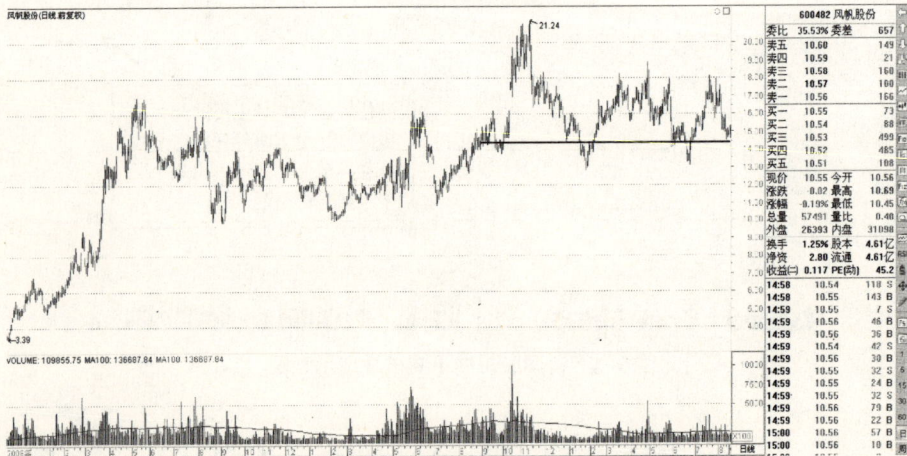

图9-3 风帆股份2011年9月2日前全景走势图

及存有侥幸的心态才使得个股出现明显的向下突破缺口形态时，很多投资者仍没有作出果断出局的决定。

图 9-3 为风帆股份（600482）2011 年 9 月 2 日前全景走势图。如图所示，可以看出此股在此期间出现了巨大幅度的上涨，这种巨幅上涨源于主力资金炒作此股所具有的奥运概念。然而这种炒作毕竟仅限于此股的奥运题材，在个股基本面并无明显改观的情况下，它的股价已处于明显的泡沫状态。但是由于此股在高位区震荡时间过长，相信会有很多投资者认为它是难以跌破图中画出的高位区的支撑线的。但事实并非如此。如图 9-4 所示，此股随后于 2011 年 9 月 5 日出现了一个向下突破缺口使得股价跌破了长期高震荡走势中所形成的支撑线。我们前面介绍过向下突破缺口出现在高位区是跌势即将出现的信号，但由于此股在高位区的震荡走势持续时间极长，那么这一向下突破缺口是否也能准确地预示出此股随后的下跌走势呢？

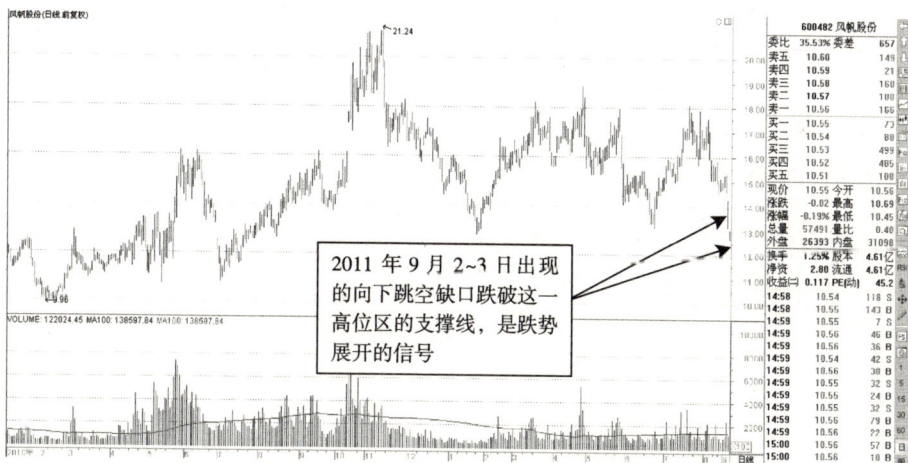

2011 年 9 月 2~3 日出现的向下跳空缺口跌破这一高位区的支撑线，是跌势展开的信号

图 9-4 风帆股份 2011 年 9 月 5 日向下突破缺口示意图

图 9-5 为风帆股份（600482）2011 年 9 月 5 日向下突破缺口出现后走势图。从图中可以看到，这一向下突破缺口同样预示了此股随后即将展开的下跌走势，向下突破缺口出现在高位区盘整走势之后之所以可以准确地预示出随后即将展开的跌势，是由于这一缺口形态所蕴涵的市场含义。因为这种向下跳空缺口是空方力量明显占据主导地位的体现，也是多方明显无力支撑股价的体现，因此当它出现在高位区的盘整走势之后是可以成功预知随后即

将展开的盘整走势的。

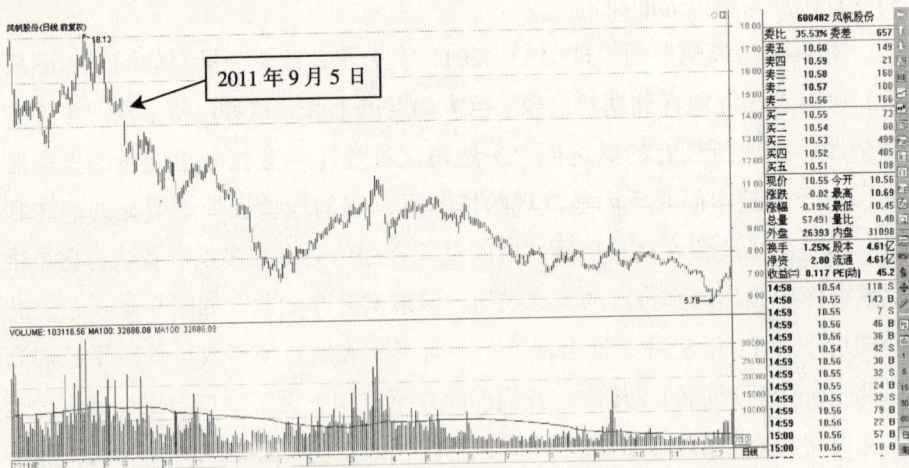

图 9-5　风帆股份 2011 年 9 月 5 日向下突破缺口出现后走势图

图 9-6 为工商银行（601398）2007 年 12 月 12 日至 2008 年 6 月 10 日期间走势图。如图所示，此股在下跌途中的一段时间盘整走势之后，再度出现了向下跳空缺口。这一缺口形态的出现说明市场中占据主导地位的仍是空方力量，也说明下跌趋势并没有见底，之前的盘整走势并非个股见底的形态。

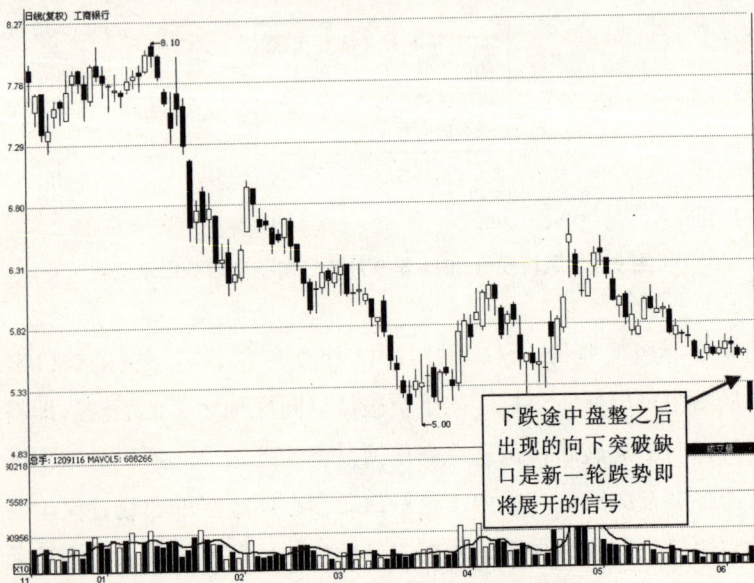

下跌途中盘整之后出现的向下突破缺口是新一轮跌势即将展开的信号

图 9-6　工商银行向下突破缺口示意图

如果投资者在盘整走势中买入了此股进行短线操作，并且在盘整走势中没有及时卖出，则当这一缺口形态出现后即使出现了一定幅度的亏损，也应果断止损出局。图 9-7 为此股 2008 年 6 月 6 日向下突破缺口出现后的走势图，可以看到在这一向下突破缺口出现后，此股就结束了盘整走势，开始了新一轮的下跌走势。

图 9-7　工商银行 2008 年 6 月 6 日向下突破缺口出现后走势图

图 9-8 为北辰实业（601588）2008 年 3 月 12 日至 8 月 11 日期间走势图。如图所示，此股在下跌途中的一段时间盘整走势之后，再度出现了向下跳空缺口。这一缺口形态的出现说明市场中占据主导地位的仍是空方力量，也说明下跌趋势并没有见底，之前的盘整走势并非个股见底的形态。如果投资者在盘整走势中买入了此股进行短线操作，并且在盘整走势中没有及时卖出，则当这一缺口形态出现后即使出现了一定幅度的亏损，也应果断止损出局。图 9-9 为此股 2008 年 8 月 11 日向下突破缺口出现后走势图，可以看到，在这一向下突破缺口出现后，此股就结束了盘整走势、开始了新一轮的下跌走势。

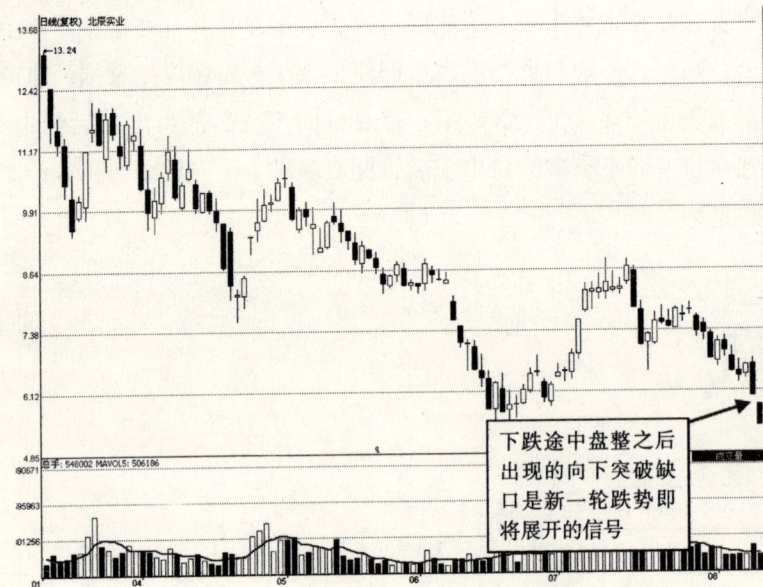

下跌途中盘整之后出现的向下突破缺口是新一轮跌势即将展开的信号

图 9-8 北辰实业向下突破缺口示意图

2008 年 8 月 11 日

图 9-9 北辰实业 2008 年 8 月 11 日向下突破缺口出现后走势图

第七招　虎头蛇尾，步履维艰
——快速攀升后的急速缩量滞涨是短期逃顶时机

价格走势是方向，成交量是动力，价格的持续上涨是应以持续放大的量能来支撑的，这种量价齐升的形态说明个股买盘充足，持续涌入的买盘力量有效地抵挡了卖方的抛压，是个股得以持续上涨的根本所在，但有时的情况并非如此。当价格在量能放大的支撑下出现一波强势上涨后，量能却出现了快速的萎缩。那么，这种快速上涨后所出现的量能萎缩形态体现了什么样的市场含义呢？

缩量多是指近期的量能相对于前一段时间而言出现了相对的萎缩，与放量形态相比，缩量形态往往更是市场真实交投的结果，因为放量形态很有可能是主力对倒的结果。主力由于其强大的控盘能力及持仓力度，可以很容易地做到通过"左手筹码倒入右手"的过程来人为制造放量效果，但是缩量却不是主力可以制造的。缩量形态可以出现在价格波动过程中的任何阶段，例如出现在底部区与顶部区的缩量形态是市场交投较为低迷的表现；出现在上升途中的缩量多是主力控盘能力强且在上升途中积极锁仓的标志；出现在上升趋势末期的缩量形态是买盘开始枯竭的信号；出现在下跌途中的多是买盘无意入场的表现。本招式中，我们所讨论的情况是个股在相对高位区出现一波快速上涨后所出现的缩量滞涨形态。在这一波的快速上涨中，个股的量能往往会明显放出，呈现出一种量价齐升的强劲势头。但随着这一波上涨幅度的加大，此股随后出现了量能快速萎缩、股价呈现滞涨的走势。这种先是涨势快但随后滞涨、先是量能快速放大但随后量能急速缩小的形态，给人一种虎头蛇尾的感觉。这种放量上涨与缩量滞涨的形态出现在个股的高位区，是买盘枯竭的信号，预示了个股阶段性上涨的结束及随之而来的短期下跌走势，是我们明确的短线卖出信号。

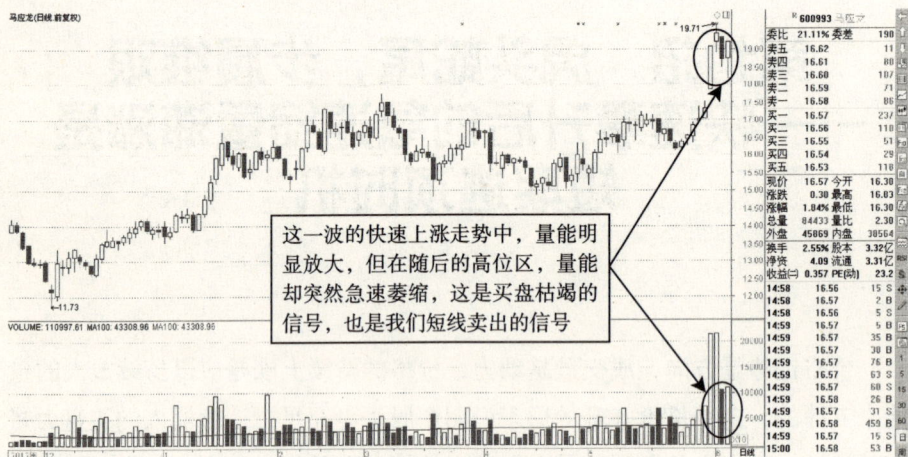

图 10-1 马应龙放量攀升缩量滞涨示意图

图 10-1 为马应龙（600993）2012 年 11 月 14 日至 2013 年 6 月 5 日期间走势图。如图所示，此股在经历了上升途中的长期横盘震荡之后，出现了一波快速上涨突破盘整区的走势，此股在这一波快速上涨中其量能也同步出现了放大的形态。这说明是较为充足的买盘才推动了价格的快速上涨，只要量能形态不萎缩且价格上涨走势形态保持良好，我们就应积极地持股待涨。但市场的买盘是有限的，价格的上涨也不可能一直持续下去，在这一波快速上涨后的相对高位，此股出现了滞涨形态，与滞涨形态一同出现的还有成交量的急速萎缩。如果我们把这时滞涨走势中的量能与之前上涨走势时的量能进行对比，就会发现其缩小的程度异常明显，这种效果鲜明的量能对比说明了什么呢？首先，它说明此股在持续上涨后于高位区的交投极为低迷，是个股缺乏市场人气的表现；其次，它体现了原来那些推动价格上涨的买盘力量已突然消失；最后，我们还可以得出主力短期内无意再做多此股这一结论，因为如果主力有意继续强势拉升此股，一般来说是不会让此股出现这种交投清淡的局面的。这种交投清淡的局面不仅无法吸引追涨盘介入，而且会让更多的持股者产生抛售意愿。在进行过这样的分析之后，我们就不难得出结论：此股随后的一波回调下跌走势已不可避免。因此，此时的快速缩量滞涨区就是我们短线卖出的最好时机。

图 10-2　马应龙缩量滞涨后期走势图

图 10-2 为此股经历了这种高位区的缩量滞涨形态后的走势图。从图中可以看到，此股随后的走势软弱无力，开始震荡下行，而此股之前于高位区出现的快速缩量滞涨形态则早已提前预示了这种震荡下跌的走势。在应用这一短线卖出招式时，我们一定要注意"价格快速上涨时的量能"与"随后滞涨区的量能"的对比效果。从本例中，我们可以看到它的对比效果是异常鲜明的，这种异常鲜明的对比效果体现了这样的事实：市场的潜力买盘出现了快速枯竭状态，而股价此时又处于一波涨势后的高位区，因此这种形态预示了随后即将出现的一波下跌走势，是我们短线卖出的信号。

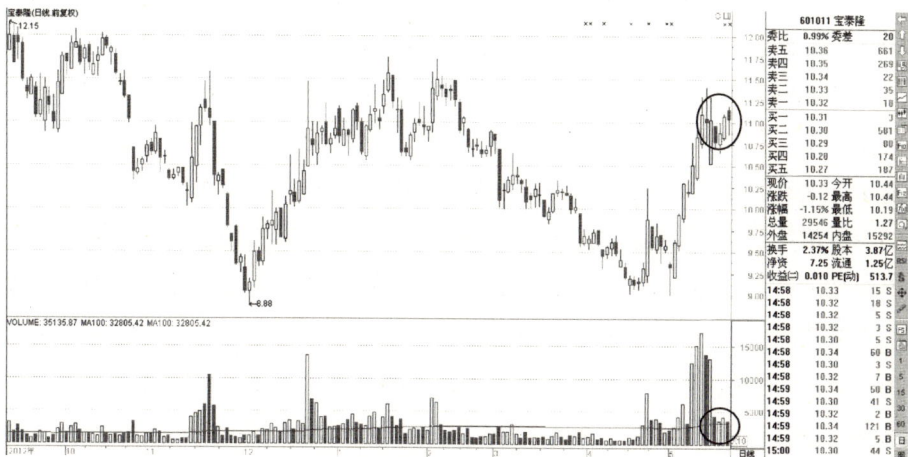

图 10-3　宝泰隆放量攀升缩量滞涨示意图

图 10-4　宝泰隆缩量滞涨后期走势图

图 10-3 为宝泰隆（601011）2012 年 9 月 13 日至 2013 年 5 月 21 日期间走势图。如图所示，此股在经历了上升途中较长时间的盘整走势之后，出现了一波快速上涨走势。在这一波的上涨过程中，有两个交易日的量能放大效果极为明显，在这两日量能急速放大的情况下，股价的上涨速度也明显加快；但是此股随后的量能却快速萎缩，于这一波上涨后的高位区出现了明显的缩量滞涨形态（如图 10-3 标注所示），量能的快速萎缩与价格的滞涨走势同时出现，这说明前期做多此股的多方已无力再次拉升此股，是买盘枯竭的信号。可以说，这种快速上涨后出现缩量滞涨形态正是我们短线卖出的明确信号。图 10-4 为此股经历了这种高位区的缩量滞涨形态后的走势图。从图中可以看到，此股随后出现了明显的下跌回调走势。

图 10-5 为啤酒花（600090）2008 年 11 月 28 日至 2009 年 7 月 17 日期间走势图。如图所示，此股在此期间处于上升趋势中，在上升途中的一段盘整走势之后，此股出现快速上涨并伴以量能持续放大的形态。这种量价齐升的形态说明此股的做多动能充足，只要这种量价齐升的形态没有破坏，我们就应持股待涨。这一波的上涨幅度大，而促使个股这一波上涨走势如此强劲的重要原因之一正是持续放大的量能，"价格走势是方向，成交量才是动力"。当价格选择向上突破运行后，若有充足的量能来支撑价格的上涨，则这种上涨往往就会较为迅速且上涨幅度也往往较大。经这一波的量价齐升走势之后，此股短期内出现了较大的涨幅，在这种情况下，市场累积了不少获

利盘有待于释放，回调走势随时有可能一触即发。但价格走势有一个循序渐进的转变过程，这种循序渐进的转变过程既体现在价格走势的形态上，也体现在量能的变化形态上。此股经这一波上涨后，于高位区出现了滞涨走势、量能也出现了快速萎缩。这种变化形态正是我们在本招式中所介绍的，它的出现说明多方在短期内已无力再度拉升此股，是短期买盘趋于枯竭的信号，而此时的个股由于之前的大幅上涨已积累了大量的获利盘。因此，这种高位区的快速缩量滞涨形态预示了此股即将展开的一波回调走势，是我们短期内卖出此股的明确信号。

图 10-5　啤酒花放量攀升缩量滞涨示意图

图 10-6 为此股经历了这种高位区的缩量滞涨形态后的走势图。从图中可以看到，此股随后的走势软弱无力，在卖盘的持续抛压下，在高区开始出现震荡下行的走势，这正是买盘无力支撑股价站稳于高位区的表现，也是此股在前期的放量上涨过程中积累了较多的获利盘的表现。而此股之前于高位区出现的快速缩量滞涨形态则早已提前预示这种市场含义和其随后出现的震荡下跌的走势。在应用这一短线卖出招式时，我们一定要注意"价格快速上涨时的量能"与"随后滞涨区的量能"的对比效果。从本例中，我们可以看到它的对比效果是异常鲜明的，这种异常鲜明的对比效果体现了这样的事

实：市场的潜力买盘出现了快速枯竭状态，而股价此时又处于一波涨势后的高位区，因此这种形态预示了随后即将出现的一波下跌走势，是我们短线卖出的信号。

图 10-6　啤酒花缩量滞涨后期走势图

　　图 10-7 为龙净环保（600388）2009 年 8 月 21 日至 12 月 23 日期间走势图。如图所示，此股在持续上涨的过程中，于一波上涨后的相对高位区出现缩量滞涨形态，成交量快速缩小，相对于它之前上涨时的量能而言，其缩量效果很明显。当这种形态出现在个股的一波上涨之后时，我们就应注意此股随后回调走势的出现，因为这种形态代表了此股短期内的买盘无力快速跟进，而个股又由之前的上涨累积了不少的获利盘这样的市场含义。对于本例来说，由于此股前期的上涨走势较为平缓、稳健，并没有出现短期内快速的放量上涨形态，因此这种相对高位区的缩量滞涨形态并非个股随后大幅下跌的信号，它多意味着个股短期内的小幅回高走势。投资者在实盘操作中，既可以采取一次性清仓的操作方式，也可以采取减仓高抛的操作方式，即可以在这一形态出现时适当减仓，并于随后出现一波 10%左右的回调时再"低吸"回此股。

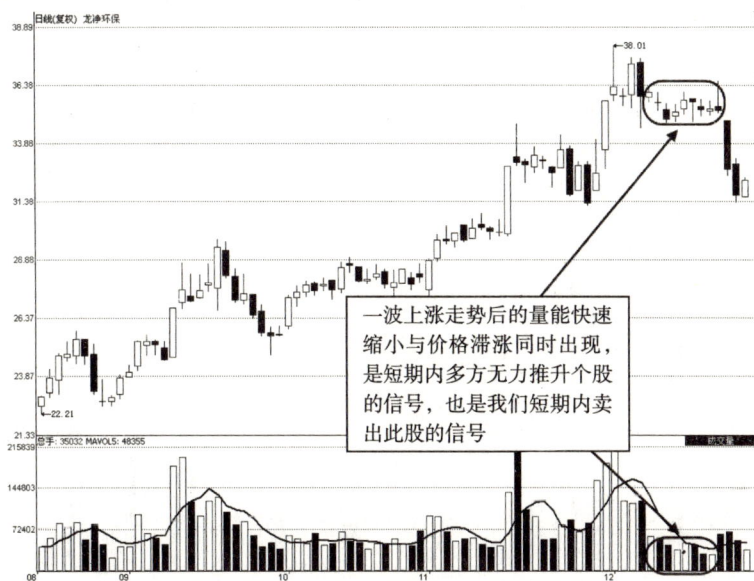

图 10-7　龙净环保放量攀升缩量滞涨示意图

图 10-8 为友好集团（600778）2009 年 8 月 21 日至 12 月 23 日期间走势图。如图所示，此股在持续上涨的过程中保持了良好的放量形态，正是基于这种量能的活跃状态，其股价才得以节节攀升。这种放量形态说明此股的做多动能充足，是个股持续上涨的动力保障，但是这种量能持续活跃的形态在随后的上涨过程中出现了变化。如图标注所示，此股在一波上涨走势后于高位区出现缩量滞涨形态，成交量快速缩小，相对于它之前上涨时的量能而言，其缩量效果很明显。当这种形态出现在个股的一波上涨之后时，我们就应注意此股随后回调走势的出现，因为这种形态代表了此股短期内的买盘无力快速跟进，而个股又由之前的上涨累积了不少的获利盘这样的市场含义。对于本例来说，由于此股前期的上涨走势较为平缓、稳健，并没有出现短期内快速的放量上涨形态，因此这种相对高位区的缩量滞涨形态并非个股随后大幅下跌的信号，它多意味着个股短期内的小幅回调走势。投资者在实盘操作中，既可以采取一次性清仓的操作方式，也可以采取减仓高抛的操作方式，即在这一形态出现时适当减仓，并于随后出现一波 10% 左右的回调时再"低吸"回此股。

日K线(复权) 友好集团

持续上涨后的高位区若
出现这种缩量滞涨的形
态，投资者就可以进行
积极的短线卖出操作

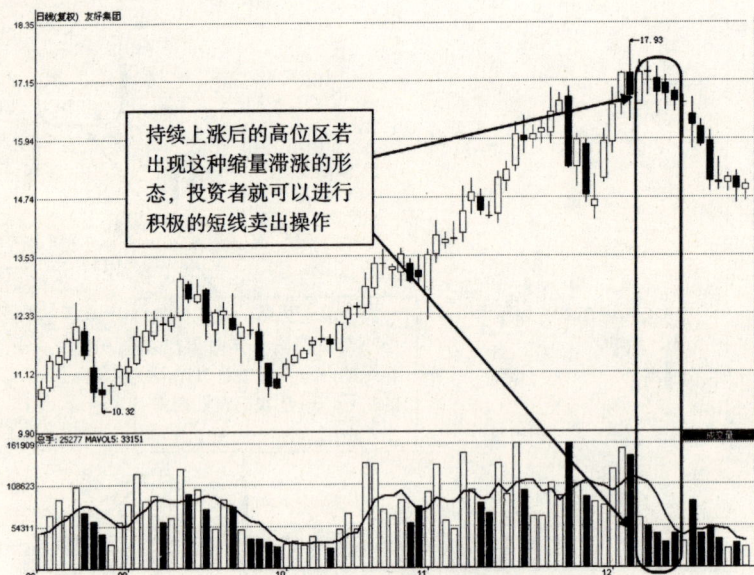

图 10-8　友好集团放量攀升缩量滞涨示意图

第八招 泰山压顶，独臂难支
——分时线水平放量是短线卖出信号

个股的盘中走势往往最能预示其短期内的走势，因为影响个股短期涨跌的主要因素就是个股在短期内的多空双方力量对比情况，而个股短期内多空双方力量对比情况往往就反映在它的盘中走势上。个股的分时线最常见的形态要属放量上涨或放量下跌等形态，这样的形态由于太过普通，往往不能准确地反映出个股短期内的多空力量对比情况，一只个股完全有可能今天出现放量上涨的盘中分时线走势，但是在下一个交易日却出现放量下跌的盘中分时线走势。可以说，一种分时线形态越是普通，它就越难以具有独特的预示作用。除了这些较为常见的放量上涨或放量下跌的分时线波动形态外，也有一些分时线形态并不常见，但它们却具有明确的市场含义，具有独特的预示股价走势的作用，而其中最为典型的一种就是"分时线水平运行且量能放大"这种形态。当这一形态出现在个股一波上涨之后的相对高位区时，它往往预示了个股阶段性下跌即将展开，据笔者统计的结果，这一预示结果的准确率是极高的，那么这种分时线水平运行且量能放大的盘中走势体现了什么样的市场含义呢？

首先，我们可以假设分时线上的水平放量来自于买盘的主动买入。但是这种买盘的主动买入却无法推高股价，这说明市场的抛压较为沉重，只要有大买盘出现，那么相应的大卖盘也会随之抛出；而股价此时又是处于一波上涨走势后的相对高位区，在买盘大力度主动性买入的情况下却无法有效推高股价，其随后展开一波回调下跌走势也就势在必行了。其次，假设分时线上的水平放量来自于卖盘的主动卖出。由于在分时线的水平运行中，其量能出现了较为明显的放大，因此这是市场抛压较为沉重的表现，而且这种分时线水平运行中的持续放量说明抛盘的持续性较强。一般来说，这种情况不可能是个别大户离场造成的，其最有可能的原因就是此股另有主力资金在积极做空（一只个股中往往隐藏了多个主力资金，只有当这些主力资金都有较强的做多意愿时，个股才可能出现大幅上涨走势）。考虑到此股正处于阶段性上涨后的相对高位区，相信是没有其他主力资金愿意高位接筹再继续拉升的，因此，这也预示了个股一波回调下跌走势即将展开。最后，分时线水平运行而量能放大的形态也可以源于主力对倒手法造成的。当这种对倒出现在个股一波上涨走势后，主力的目的只可能是通过对倒制造成交量并吸引一部分投资者关注，从而借机减仓。通过以上分析，我们可以得出结论：一旦个股处于一波上涨走势后的相对高位区，而分时图中又出现了分时线水平运行且量能明显放大的盘中运行形态，则是个股随后即将展开下跌回调的信号，也是我们短期内卖出此股的信号。

图 11-1　科士达 2013 年 3 月 12 日前走势图

图 11-1 为科士达（002518）2013 年 3 月 12 日前走势全景图。从这张图中可以看到，此股在 2009 年 2 月 20 日前正处于高位区的震荡走势中，此股前期累计涨幅巨大，且在 2009 年 2 月 20 日前出现了一波大幅反弹上涨走势，2009 年 2 月 20 日正处于这一波大幅上涨走势后的相对高位区。图 11-2 为此股 2013 年 3 月 12 日分时图。如图所示，此股当日的盘中走势极为异常，这不是市场自然交投的结果，盘中走势显示出了极强的人为操纵痕迹。此股在早盘的一波快速拉升后却突遇大单抛出，股价直线掉落近 5 个百分

点，随后于盘中低位区出现分时线水平运行形态且成交量也明显放大，在经
过了这一波的水平放量走势之后，股价在早盘的运行也是极弱的，股价节节
下跌、抛压沉重；早盘收盘前此股再次出现一波强势拉升，但随后又再度上
演了快速拉升后突遇大单抛出、股价直线掉落的走势，且在股价直线掉落后
又出现了水平放量走势。考虑到此股在 2009 年 2 月 20 日前的累计涨幅较
大，目前正处于阶段性上涨后的高位区，因此我们有理由认为这是大资金出
逃迹象。界龙实业是一只具备了正宗"迪士尼题材"的个股，也正是这个原
因，我们才看到了此股在市场游资的反复炒作下，出现了大起大落的走势。
可以说，介入此股的主力资金并不单一，而每一股主力资金的实力都不容小
觑，此股目前正处于历史高点附近，且股价远远脱离了其基本面，是处于明
显的泡沫区间，因此个别主力有极强的离场出局的意图也在情理之中。在这
种情况下，我们可以较有把握地预测，此股随后很有可能在个别主力大力出
货的背景下出现一波深幅下跌走势，因此此时即是我们进行高位区短线卖出
的好时机。

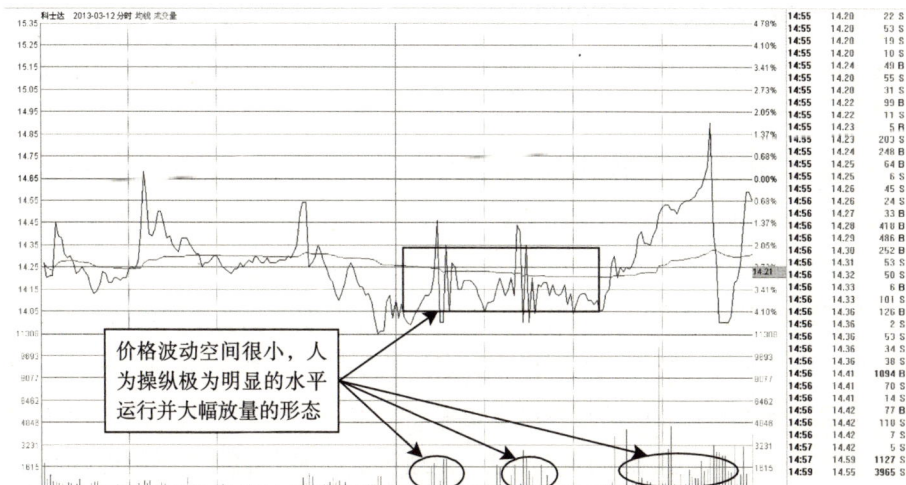

图 11-2　科士达 2013 年 3 月 12 日分时图

图 11-3　科士达 2013 年 3 月 12 日后走势图

　　图 11-3 标注了此股 2013 年 3 月 12 日后的走势图。如图所示，此股在 2013 年 3 月 12 日后出现了一波幅度近 30% 的下跌走势，而这种下跌走势我们是可以提前预知的。这一波下跌走势源于个别主力强烈的抛售意愿，而这种强烈的抛售意愿就体现在此股 2013 年 3 月 12 日所出现的分时线水平放量的盘中走势上。只有善于观察分析，我们才有可能更好地把握价格的走势，而关注个股盘中分时线的运行情况，则无疑要求我们做到更进一步的细致入微。

　　图 11-4 为赛马实业（600449）2009 年 11 月 24 日前走势图。如图所示，此股在 2009 年 11 月 24 日前出现了一波快速上涨走势，股价正处于阶段性上涨走势后的相对高位区。图 11-5 为此股 2009 年 11 月 24 日的分时图，从图中可以看到此股当日早盘出现了快速拉升的走势，但是在午盘后出现大幅跳水走势，并且在股价被大幅打低后出现了分时线水平波动且量能明显放大的形态。虽然当日此股的这种跳水走势与大盘同期暴跌有关（图 11-6 为上证指数 2009 年 11 月 24 日分时图），但通过对比两者的跳水时间可以看出，赛马实业的盘中跳水时间明显早于大盘的跳水时间，这说明已有主力资金预感到了大盘即将出现的下跌走势，从而提前做空此股。当此股的股价在盘中跳水之后，出现了水平波动且量能明显放大的形态，这说明买盘资金已无法再度向上推升股价，这是个股抛压较为沉重的表现。但此时是否就是我们短线卖出的时机呢？

图 11-4 赛马实业 2009 年 11 月 24 日前走势图

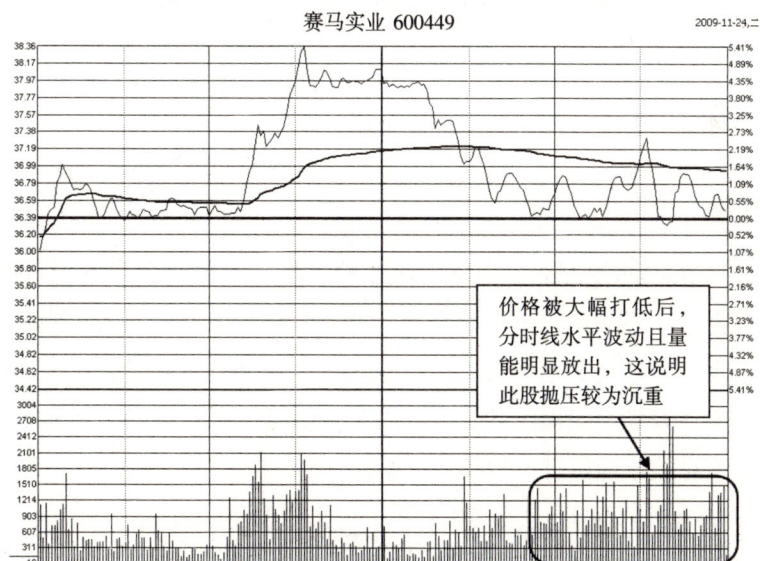

2009 年 11 月 24 日

完美的量价
齐升形态

赛马实业 600449   2009-11-24,二

价格被大幅打低后，
分时线水平波动且量
能明显放出，这说明
此股抛压较为沉重

图 11-5 赛马实业 2009 年 11 月 24 日分时图

没有两种走势完全相同的个股，在分析个股时，我们还要结合具体的情况来细致分析。当此股出现分时线水平波动且量能明显放大的运行形态时，正是大盘处于快速跳水的阶段，此股在大盘没跳水前开始提前跳水，但是在大盘跳水的时间段却能够逆势横盘，这也从另一个角度说明了此股的多方力

上证指数 1A0001

2009-11-24,二

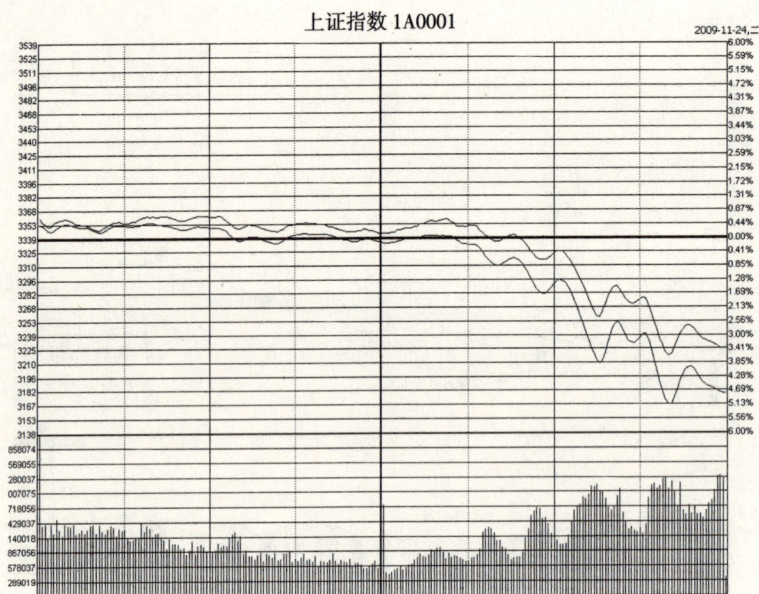

图 11-6　上证指数 2009 年 11 月 24 日分时图

量仍然较强。此股在 2009 年 11 月 24 日前几个交易日的上涨走势中呈现了良好的量价齐升形态，而且当日此股早盘的上涨势头较为强劲。通过以上的综合分析，我们可以发现，虽然此股由于阶段性的快速上涨及大盘的跳水走势这两点因素，导致了此股抛压显著增强，但此股的多方力量仍然较为充足，并没有在空方的突然涌出下而快速败下阵来。但一个不容置疑的事实是：此股由于"之前的快速上涨"及"当日抵抗大盘下跌时而出现的分时线水平放量走势"已过多地消耗了多方的动能，而分时线水平运行且量能明显放大又是空方开始大量涌出的标志，因此我们可以在随后一个交易日等最后的多方力量释放，随后进行短线卖出操作。

　　图 11-7 标示了赛马实业 2009 年 11 月 24 日后的走势。从图中可以看到，此股在 2009 年 11 月 25 日再次出现了大幅上涨，但这也是多方力量的最后一波释放。在此之后，此股就在空方的陆续涌出下开始震荡走低，短期内出现了一波 20% 的回调下跌走势。对于本例而言，最佳卖点是 2009 年 11 月 25 日，即多方能量的最后一次释放。然而在实际操盘中，投资者也许无法做到这样精确的卖出，但即使我们在 2009 年 11 月 24 日卖出而错过了 2009 年 11 月 25 日的几个百分点的利润，也不失为一次正确的卖出操作。依

笔者经验来说，在实盘操作中，当个股较为强势（对于本例而言是量价齐升的上涨走势），而短期内又出现了明确的卖出信号时（对于本例而言是分时线水平放量形态），如果我们认为个股短期内仍有最后一波上冲，则我们可以考虑用仓位调度的方法，即当个股发出卖出信号时，我们可以首先减掉一部分仓。若随后个股果真再次出现一波冲高，则我们即可清仓离场；反之，若个股下一个交易日或下两个交易日并没有如我们所预料的那样出现冲高走势，则短期内也应清仓出局。

图11-7　赛马实业2009年11月24日后走势图

图11-8为北人股份（600860）2010年1月11日前走势图。此股在2010年1月11日前处于震荡盘升走势中，在这张走势图中值得我们关注的是：在2010年1月11日前几个交易日中，虽然此股未见明显上涨，但是成交量却明显放大。如果仅从市场真实交易的角度来理解这些量能的话，它所包括的含义应是：当股价处于一波上涨后的相对高位区或是高位区的震荡走势中时，如果放大的量能无法有效地推升股价，则必然预示着个股的下跌，因为这是空方力量抛压较强、而多方又无力发动攻势的表现；当股价处于相对高位区时，这一市场含义自然而然就是个股阶段性下跌走势即将出现的信号。如果从主力的角度来出发，这种放大的量能出现在相对高位区多是主

力对倒造量的结果，而主力对倒造量的原因也很简单，就是通过量能的放大、再结合个股盘中的大幅波动形态，从而吸引短线客介入，而主力则借机减仓或出货。

图 11-8　北人股份 2010 年 1 月 11 日前走势图

对于本例而言，由于此股在 2010 年 1 月 4 日出现了一个尾盘强势拉升涨停板的走势（如图 11-9 所示），因此其主力运行的迹象还是较为明显的，通过对比分析，我们暂且可以把此股 2010 年 1 月 11 日之前几个交易日出现的大幅放量形态看作是主力对倒的结果。

图 11-10 为此股 2010 年 1 月 11 日的盘中分时图。从图中可以看到，此股的盘中分时线走势与上面我们所讲的界龙实业 2009 年 2 月 20 日分时图走势极为相似，都是盘中出现了水平运行且量能明显放大的形态。由于此股在分时线的水平运行阶段，其分时线几乎没有任何波动出现，而且在水平运行过程中其量能又出现了明显的放大，很明显这并不是市场真实交投的结果，这种形态出现在个股上涨走势中的相对高位区，多是主力盘中对倒的表现，而主力对倒的目的只有一个：借对倒之机的放量进行减仓。因此这种盘中走势预示了个股阶段性下跌走势即将展开，是我们短线卖出的信号。本例与上一例子赛马实业并不相同，赛马实业走势中的主力对倒因素较弱，它的分时

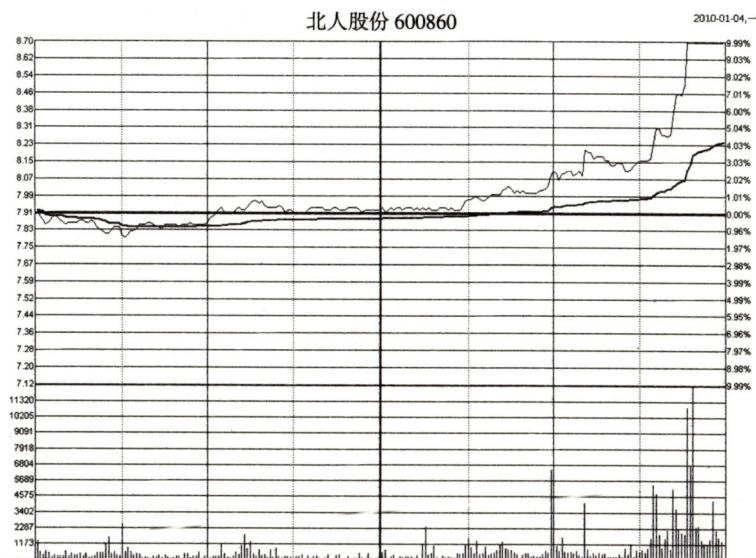

图 11-9 北人股份 2010 年 1 月 4 日分时图

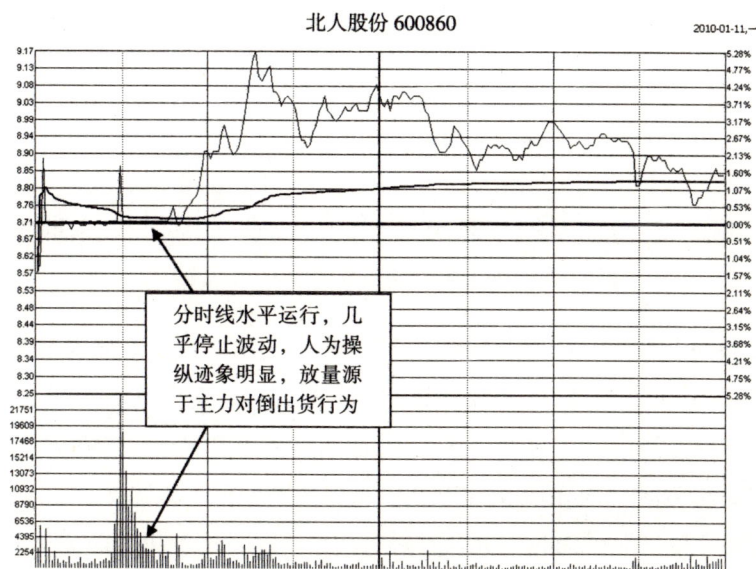

分时线水平运行，几乎停止波动，人为操纵迹象明显，放量源于主力对倒出货行为

图 11-10 北人股份 2010 年 1 月 11 日分时图

线水平波动并放量形态更是一种市场真实交投的表现，因此我们可以从多空双方力量转化的角度去把握赛马实业的短线卖点。但是界龙实业与本例中的北人股份所出现的分时线水平放量则是源于主力对倒的结果，当主力于一波

上涨后的相对高位区开始大量对倒时，其个股的涨势往往就已宣告结束。一般来说，当日就是最好的短线卖出时机。图 11-11 标示了此股 2010 年 1 月 11 日后的走势，从图中走势可以看到，此股随后出现了一波深幅下跌走势，短期的下跌幅度达 20%，而 2010 年 1 月 11 日所出现的分时线水平放量形态已提前向我们预示了这一波的下跌回调走势，并提前向我们发出了明确的卖出信号。

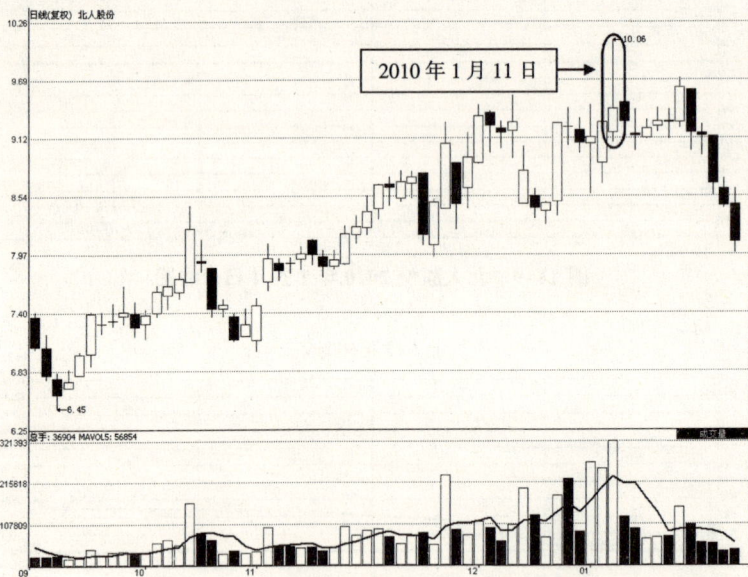

图 11-11　北人股份 2010 年 1 月 11 日后走势图

图 11-12 为三一重工（600031）走势图，图中标示了此股 2008 年 2 月 5 日及 2008 年 5 月 14 日两个时间点。如图所示，此股在 2008 年 2 月 5 日前正处于高位区的震荡走势中，且在 2008 年 2 月 5 日处于一波震荡上涨走势中的相对高位区；而在 2008 年 5 月 14 日前则处于下跌途中一波反弹上涨后的相对高位区。下面我们分别看看这两个交易日的盘中分时图运行情况。

图 11-13、图 11-14 分别为此股 2008 年 2 月 5 日和 2008 年 5 月 14 日两个交易日的分时图。从图中标注可以看到，在这两个交易日的盘中运行过程中，都出现了分时线水平放量且成交量明显放出的情况，而这两个交易日又都是处于一波上涨走势后的相对高位区，因此在结合个股的阶段性上涨走势及盘中分时线水平放量这两点因素后，我们可以较为准确地把握短线卖

出的时机。

图 11-12　三一重工走势图

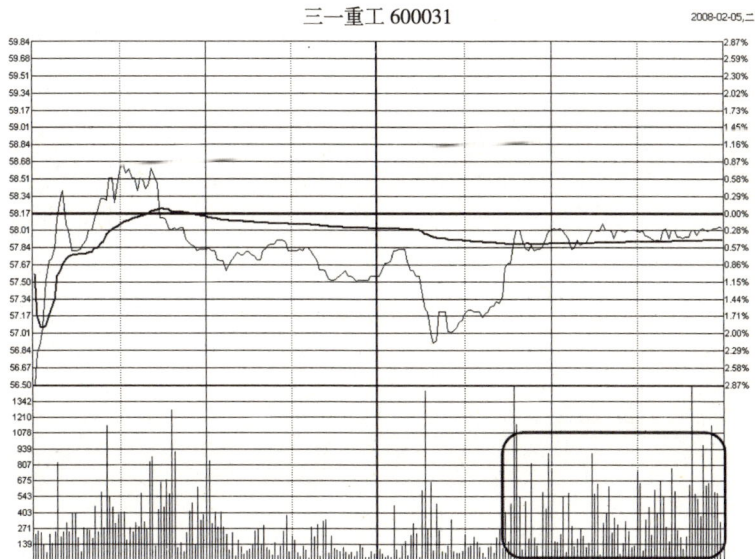

图 11-13　三一重工 2008 年 2 月 5 日分时图

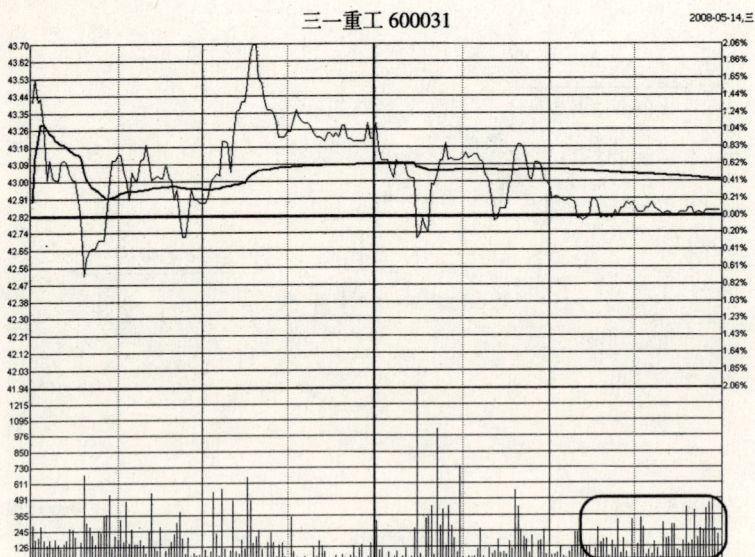

图 11-14　三一重工 2008 年 5 月 14 日分时图

第九招 一鼓作气，力衰势竭
——利用递增放量形态把握短线卖点

　　递增放量是指成交量在某一段时间内出现逐级递增、持续变大的情况，有一个明显的持续增大的效果。本招式中，我们主要关注出现在个股短短的数个交易日之中的递增放量形态，这一递增放量形态也可以称为"短期递增放量形态"。当递增放量形态出现在数个交易日之中时，往往体现为后一个交易日的成交量都比前一交易日放大一些，这几个交易日内的成交量出现逐级递增的形态。当然，这种递增并非严格要求当日成交量一定要大于前一交易日的成交量，只要当5日均量线出现明显的上行态势且这数日的成交量又具有前后连续性（非脉冲式放大），则可以说这是短期递增放量形态。

　　无论是价格的长期上涨走势，还是价格的短期上涨走势，成交量都是其运行的动力。一般来说，在价格的短期快速上涨走势中很可能出现递增放量形态，递增的成交量是此股短期内快速上涨的动力，同时也说明此股在短期的上涨走势面临着越来越多的抛压，成交量的递增是一个大众活动规模递增的过程，也是一个大众情绪逐渐狂热化的过程。短期递增放量形态一般只能持续5日左右，它是一个市场情绪被持续激发的过程。当短期内的量能达到峰值时也意味着市场情绪达到了顶点、短期内的买盘力量达到了顶点，因此是价格走势即将反向运动的信号。在实盘操作中，若个股在一波快速上涨走势中出现了递增放量形态，随后当量能无法再继续放大时，此时往往也就是我们短线高抛的时机。

　　图12-1为厦门信达（000701）2013年1月28日至2013年6月18日期间走势图。如图所示，此股在一波持续的快速上涨走势中出现了递增放量形态，成交量随着短期内价格快速走高也持续增加，这说明是快速涌入的买盘推动了股价的上涨。交易是双向的，持续递增的成交量一方面说明买盘的

介入规模越来越大，另一方面也说明获利出局的投资者越来越多，快速递增的量能也说明了多方的力量正处于快速消耗之中。毕竟场外的买盘是有限的，这种递增放量上涨的形态不可能一直持续下去，当买盘无法快速跟进时，在获利盘的涌出下，个股是难以站稳于快速上涨后的相对高位区的，因此当递增放量形态无法继续下去时，也就是我们短期内进行高抛的最好时机。个股随后多会在卖盘的打压下出现一波回调，如果我们进行高抛低吸的短线波段操作，那么完全可以在随后一波回调走势后再择机进行相对低位的吸筹。

图 12-1　厦门信达递增放量示意图

从图中走势可以看到，此股在一波上涨后，由于递增放量形态无法维持下去、量能无法再继续放大，这时个股的上涨走势出现了止步，此时就是我们最好的短线卖出时机。利用递增放量形态可以让我们准确地把握个股短期内出现的高点，当个股在递增放量的形态下出现快速上涨走势后，若量能无法再继续放大，则此时往往就是个股短期内的高点，也是我们短线抛出的最好时机。

图 12-2 为东睦股份（600114）2008 年 8 月 28 日至 11 月 28 日期间走势图。如图所示，此股在此期间出现了一波成交量逐渐放大的递增放量上涨走势，随着成交量的逐渐放大，股价也逐步上升，这说明此股的上涨得到了不断加速涌入的买盘的支撑，是多方力量加速释放的体现。从另一个角度来

说，持续递增的成交量也是空方抛压越来越大的体现。多方的力量毕竟是有限的，个股也不可能一直维持这种递增效果，一旦递增效果无法持续，则意味着个股中的多方力量在短期内开始由强转弱，而此时个股又身处一波快速上涨走势的相对高位区，市场势必积累了大量的获利盘，这些获利盘一旦发现个股滞涨就会有较强的抛售意愿，因此当递增放量上涨形态无法有效得以维持时，这就意味着此股的阶段性上涨告一段落。递增放量形态下成交量的最高点处往往是个股在一波上涨时的股价最高点处。此股经这一波递增放量上涨走势之后，随着量能的无法再度放大，其阶段性的上涨也宣告结束，随之而来的就是一波幅度较深的短期回调走势，而递增放量形态下所出现的量能无法再继续放大时就是我们短线抛空此股的最好时机。

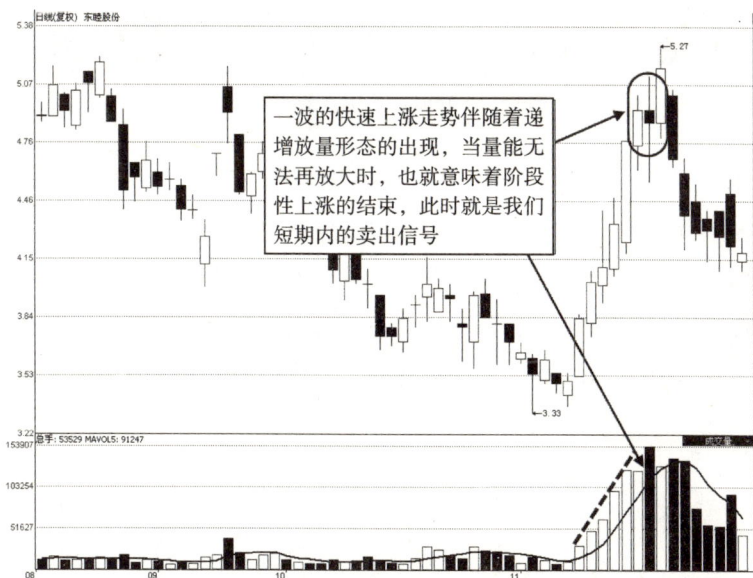

图 12-2　东睦股份递增放量示意图（1）

　　图 12-3 为东睦股份（600114）2008 年 12 月 9 日至 2009 年 3 月 4 日期间走势图。如图所示，此股在此期间的一波快速上涨走势中再度出现了递增放量上涨的形态，正是量能的持续递增才促使此股短期内持续上涨，当成交量无法再次递增放大时，也就是我们短线抛售此股的最好时机。此股在经历了这一波递增放量上涨之后，于相对高位区出现了一个放量大阴线，且当日的量能及随后一个交易日的成交量已无法再度放大，此时就是我们的短线卖出时机。

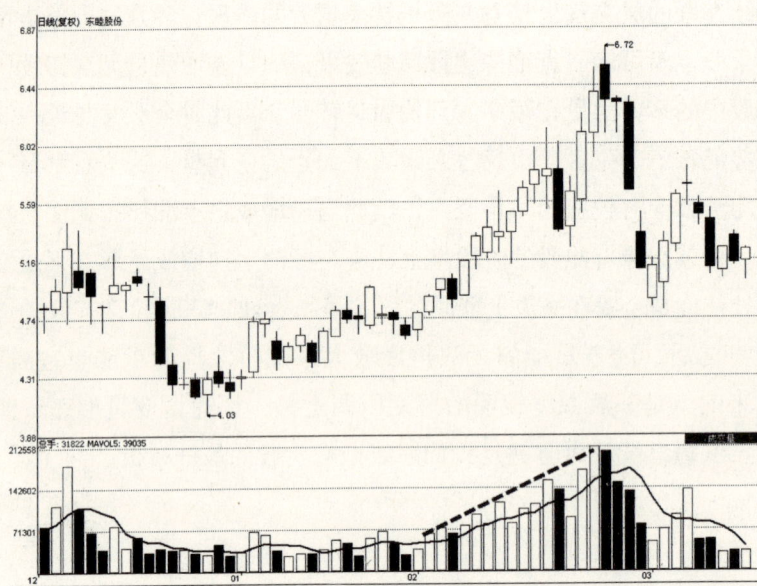

图 12-3　东睦股份递增放量示意图（2）

图 12-4 为远兴能源（600683）2012 年 7 月 30 日至 2013 年 3 月 19 日期间走势图。此股在一波反弹上涨走势中，随着价格的快速反转向上，成交量也呈逐级放大的递增形态，这说明是快速涌入的买盘推动了股价的上涨。交易是双向的，持续递增的成交量一方面说明买盘的介入规模越来越大，另一方面也说明获利出局的投资者越来越多，快速递增的量能也说明了多方的力

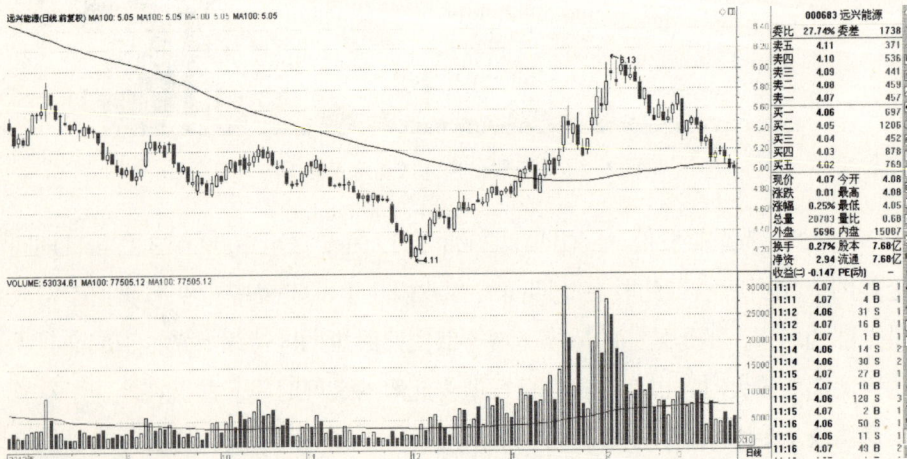

图 12-4　远兴能源递增放量示意图

量正处于快速消耗之中。毕竟场外的买盘是有限的，这种递增放量上涨的形态不可能一直持续下去，当买盘无法快速跟进时，在获利抛盘的涌出下，个股是难以站稳于快速上涨后的相对高位区的，因此当递增放量形态无法继续下去时，也就是我们短期内进行高抛的最好时机。如图标注所示，当个股经历了这一波的递增放量上涨走势之后，于上涨后的相对高位区出现了成交量无法继续放大、股价相对滞涨的形态，此时即是我们短线卖出此股的好时机。

图 12-5 为易食股份（000796）2012 年 11 月 22 日至 2013 年 4 月 18 日期间走势图。如图标注所示，此股在横盘震荡后的一波快速上涨中，成交量呈现出明显的递增效果，这是买盘加速涌入的标志，正是逐渐加强的买盘力度促使股价在短期内急速飙升，当量能无法再递增下去时，也意味着买盘的跟进速度开始降低，随着获利抛压盘的涌出，价格出现一波回调也就在所难免。可以说，短期递增放量形态下的量能峰值处往往也就是短期内的股价最高点。

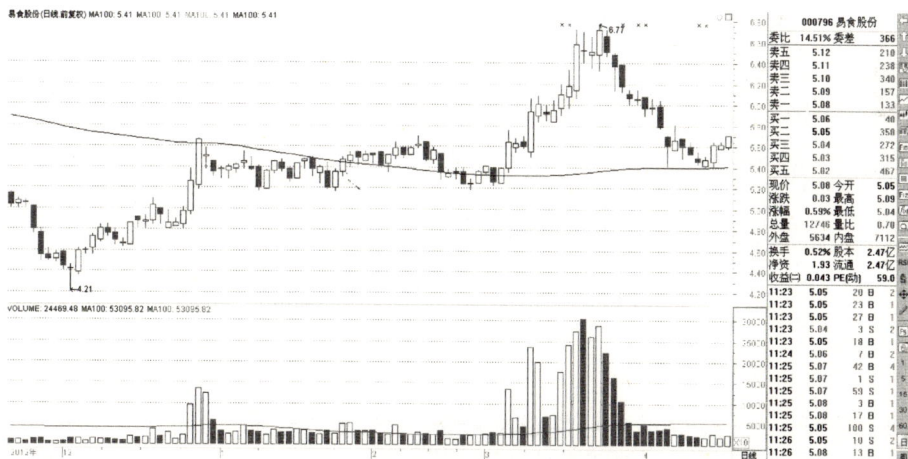

图 12-5　易食股份递增放量示意图

图 12-6 为吉电股份（000875）2008 年 10 月 24 日至 2009 年 3 月 3 日期间走势图。如图所示，此股在此期间出现了一波成交量逐级放大的递增放量上涨走势，随着成交量的逐渐放大，股价也是逐步上升，这说明此股的上涨得到了不断加速涌入的买盘的支撑，是多方力量加速释放的体现。从另一个

角度来说，持续递增的成交量也是空方抛压越来越大的体现。多方的力量毕竟是有限的，个股也不可能一直维持这种递增效果，一旦递增效果无法持续，多意味着个股中的多方力量在短期内开始由强转弱，而此时个股又身处一波快速上涨走势的相对高位区，市场势必积累了大量的获利盘，这些获利盘一旦发现个股滞涨就会有较强的抛售意愿。因此当递增放量上涨形态无法有效得以维持时，这就意味着此股的阶段性上涨告一段落。一般来说，当成交量无法再继续放大时，个股会在这波上涨后的相对高点出现两至三日的滞涨走势，此时就是我们短期抛空此股的最好时机。

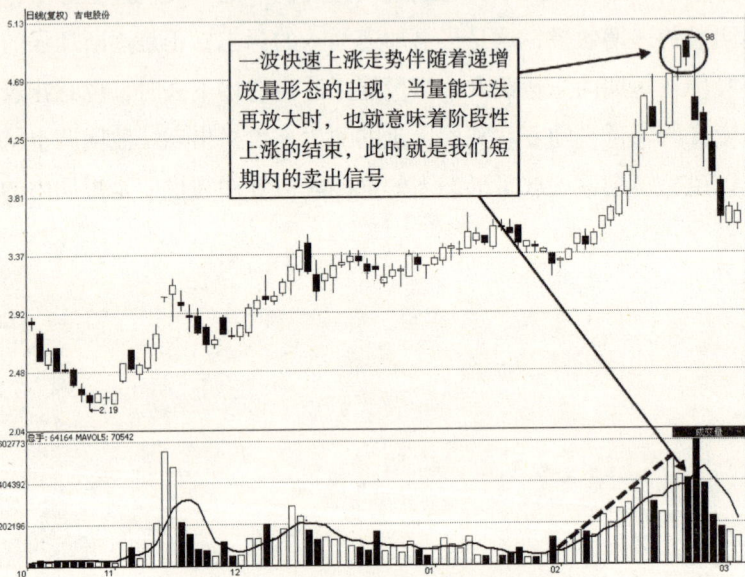

图12-6 吉电股份递增放量示意图（1）

在分析递增放量的时候，我们应注意以下几点：一是股价上涨得越明显，持股者获利了结的愿望也越为强烈，这对股价后期上涨起到阻碍作用。交易是双向的，逐级放大的成交量也从另一个侧面说明市场抛压正随着价格的快速上涨而日益沉重。二是大众规模的聚集程度和买卖行动是否已到了白热化阶段。递增放量形态中的量能最大点处，是买卖双方交锋最激烈的时候，也是多空双方的力量对比开始转变的时候。三是递增放大的成交量在短期内无疑过度消耗了潜在的买盘，而此时个股已身处一波上涨后的相对的高位区，因此后续买盘短期内难以持续跟进是个股随即回调的信号。

图 12-7 为吉电股份（000875）2009 年 8 月 21 日至 2009 年 12 月 18 日期间走势图。如图所示，此股在此期间的一波快速上涨走势中再度出现了递增放量上涨的形态，正是量能的持续递增才促使此股短期内持续上涨。当成交量无法再次递增放大时，也就是我们短线抛售此股的最好时机。

图 12-7　吉电股份递增放量示意图（2）

在把握递增放量形态下的卖出时机时，我们也应具体个股具体分析。前几个例子中，由于递增放量过程中的量能逐级攀升的效果较为理想，因此我们可以选择在量能无法再度放大的交易日或下一个交易日进行卖出，因为个股多会在相对高位区出现几个交易日滞涨走势，因此早卖一天或迟卖一天并不影响我们的操作。但有时情况并非如此，有时个股在前几个交易日保持了良好的递增放量上涨形态，但是随后却于高位区出现单日量能明显放大的形态，由于这一交易日的量能放大效果过于明显，我们可以很明确地判断出它随后交易日的量能是难以达到这种效果的，于是，我们就应在当日选择卖出。

图 12-8 为日照港（600017）2008 年 11 月 19 日至 2009 年 3 月 2 日期间走势图。如图所示，此股在一波上涨走势中呈现出一较为理想的递增放量形态，但是随后在这一波上涨后高点却出现了单日量能巨幅放大的形态，明显

与前几个交易日的温和递增放量形态相脱节。这种单日巨幅的放量蕴涵了两方面的市场含义：一方面是个股处于一波快速上涨走势后的高位区，由于个股面临着较多的获利抛压、解套抛压，是卖盘急速涌出的标志；另一方面是这种快速上涨后的高位区所出现的单日巨量也是多方力量大规模集中释放的表现。由于在此之前个股已出现了一波明显的递增放量上涨走势，因此此时的这种大幅放量往往是多方力量的最后宣泄，是多方力量的最后一次集中释放。它说明个股在短期内多空力量对比情况已开始转变，而空方能量却是才开始大量释放，预示了随即展开的下跌走势。

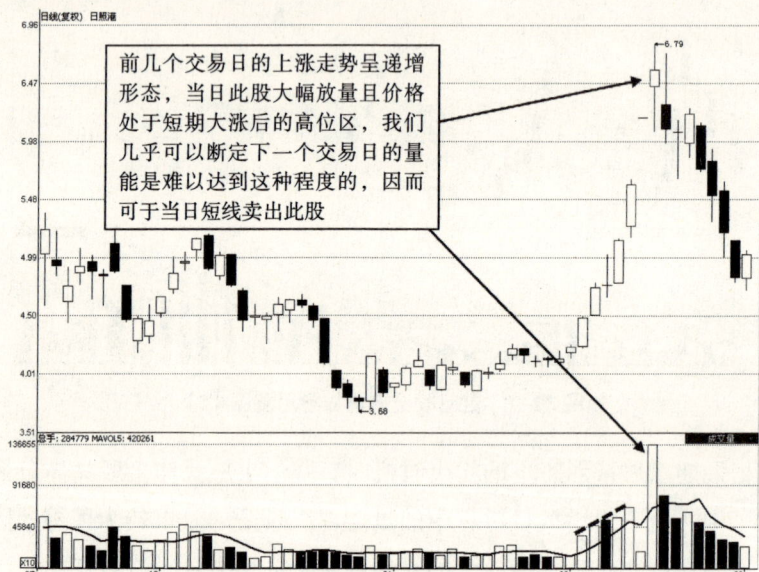

图 12-8　日照港递增放量示意图

如图标注所示，我们可以看到在这一单日巨幅放量形态之后，此股随后量能明显萎缩，并随即展开了一波深幅下跌走势。而巨幅放量的当日即是我们短线卖出此股的最好时机。

图 12-9 为中原高速（600020）2008 年 11 月 17 日至 2009 年 3 月 13 日期间走势图。如图所示，此股在相对低位区的短暂横盘震荡整理之后出现了一波上涨走势，随着价格的快速向上运行，成交量也呈逐渐放大的递增形态，这说明是快速涌入的买盘推动了股价的上涨。交易是双向的，持续递增的成交量一方面说明买盘的介入规模越来越大，另一方面也说明获利出局的

投资者越来越多，快速递增的量能也说明了多方的力量正处于快速消耗之中。毕竟场外的买盘是有限的，这种递增放量上涨的形态不可能一直持续下去，当买盘无法快速跟进时，在获利抛盘的涌出下，个股是难以站稳于快速上涨后的相对高位区的，因此当递增放量形态无法继续下去时，也就是我们短期内进行高抛的最好时机。如图标注所示，当个股经历了这一波的递增放量上涨走势之后，当量能无法再度放大、而价格又处于这一波上涨走势的相对高点时，即是我们短线卖出此股的最好时机。

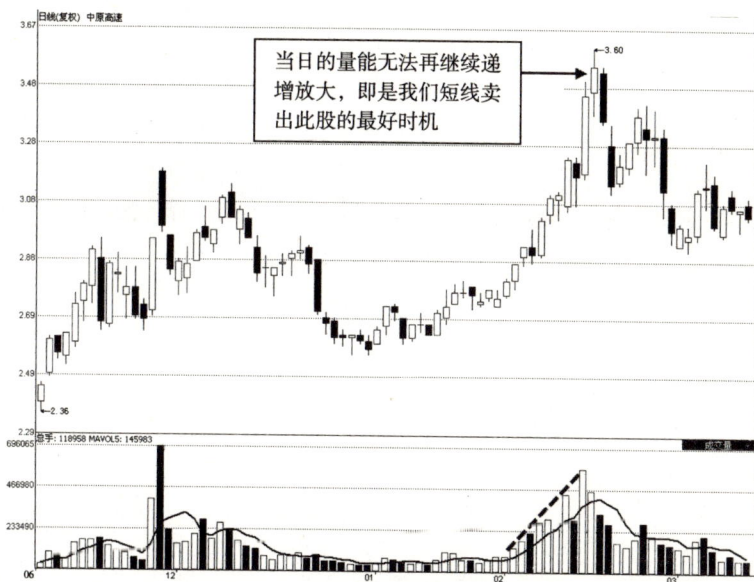

图 12-9　中原高速递增放量示意图（1）

图 12-10 为中原高速（600020）2009 年 9 月 1 日至 12 月 25 日期间走势图。此股在此期间的一波快速上涨走势中再度出现了递增放量上涨的形态，正是量能的持续递增才促使此股短期内持续上涨。如图所示，当成交量无法再次递增放大时，也就是我们短线抛售此股的最好时机。

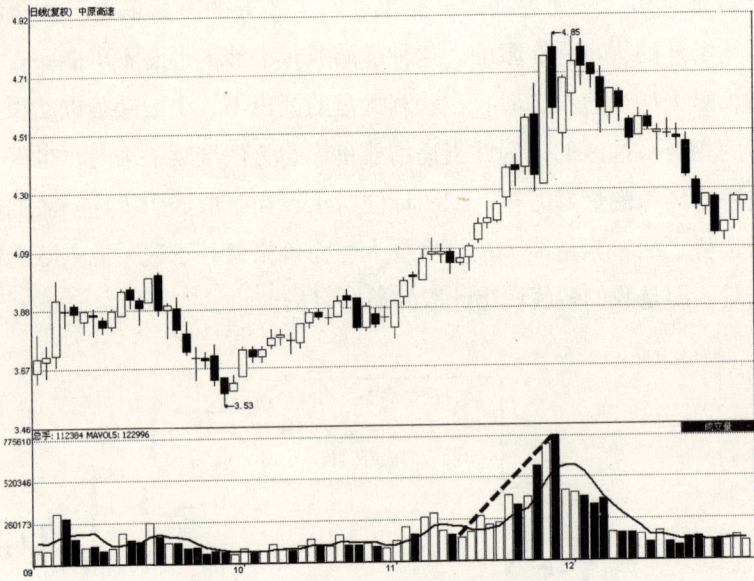

图 12-10　中原高速递增放量示意图（2）

第十招　声东击西，南辕北辙
——利用脉冲放量形态把握短线卖点

脉冲放量又称为间歇性放量，是指成交量在一两个交易日内出现了突然的暴增，其放量效果往往可以达到正常水平的四倍以上。随后，成交量的大小再度突然恢复如初，在成交量图形表中，这一形态就如同心电图中的脉冲式跳动一样，"快速向上跳动之后又快速恢复如初"。股市中的投资者往往有一种"放量要涨"的固定思维方式，当个股出现成交量骤然放大的形态而又伴以当日股价大幅飙升的形态时，多会认为此股会继续强势上涨，从而追涨买入，然而事实果真如此吗？其实这种脉冲放量往往是主力声东击西的手法。据笔者统计，脉冲放量出现后，个股的涨停往往是难以为继的，多会在短期内出现快速下跌走势。为何脉冲放量后的股价走势会这般软弱无力呢？只要我们了解了脉冲放量所包含的市场含义就不难理解了。

与连续放量和递增放量不同，递增放量有一个成交量由小到大持续转变的过程，而连续放量则往往能在一段相当长的时间内较好地保持住放量的效果，脉冲放量体现了成交量的突然放大又突然复原，这种单日异动情况无法反映出市场的连续状态，这一形态出现的原因是什么呢？一般来说，这多是源于主力操纵的结果或上市公司重大利好的突然发布以及重大、意外事件的影响所导致的。只有了解了一种形态背后所蕴涵的市场含义，我们才能对它所反映的价格走势有一个更为清晰的认识。下面我们就来分别看看这两种不同情况下的脉冲放量所蕴涵的市场含义。

若个股的脉冲放量源于消息面所致，那么它体现了什么市场含义呢？脉冲放量是成交量的激增，它说明当日的买卖盘分歧极大，既是一种做多动能的快速释放，也是一种做空动能的快速释放。当脉冲放量是源于利好消息所致时，多会呈现出脉冲放量并伴以价格上涨的走势，这说明买盘的力量要强于卖盘的力量。但我们前面讲过，若价格的上涨是由于充足的市场买盘来推动完成的，则只有买盘的力度不断增加下去，其价格的上涨走势才更有可能一直持续下去，而脉冲放量形态无疑无法满足这个条件，因此利好消息下的脉冲上涨行情多是较为短暂的，当量能恢复如初时，也多是价格回调之时。若脉冲放量是源于利空消息所致，多会呈现出脉冲放量并伴以价格下跌的走势，这说明卖盘的力量要显著强于买盘的力量，而价格下跌一般并不需要量能放大来维持，因此在脉冲放量下跌形态之后，量能恢复如初时，价格往往仍会沿原有的下跌走势运行。

图 13-1 为上证指数 2008 年 1 月 30 日至 11 月 5 日期间走势图。指数在下跌途中出现了两次明显的脉冲放量形态，这两个脉冲放量形态的出现均是由利好消息的刺激所致，在脉冲放量当日，指数都出现了大幅上涨走势。第一次脉冲放量形态出现在 2008 年 4 月 24 日，2008 年 4 月 24 日的利好消息是由调低印花税的重大利好消息所致："证券交易印花税率下调至 1‰，经国务院批准，财政部、国家税务总局决定从 2008 年 4 月 24 日起，调整证券（股票）交易印花税税率，由现行 3‰调整为 1‰，即对买卖、继承、赠予所书立的 A 股、B 股股权转让书据，由立据双方当事人分别按 1‰的税率缴纳

图 13-1　上证指数受消息刺激出现脉冲放量示意图

证券（股票）交易印花税。"对于股市来说，下调印花税无疑是其最直接的重大利好。但由于量能在 2008 年 4 月 24 日随后的几个交易日并没有得到有效维持，因此这种脉冲放量形态无法促使股市走出反转走势，当脉冲放量形态结束后，股市的走势再次呈软弱无力状。

第二次脉冲放量出现在 2008 年 9 月 19 日，也是受利好消息所致："2008 年 9 月 19 日起，证券交易印花税只向出让方征收，国资委支持央企增持或回购上市公司股份，汇金公司将在二级市场自主购入工、中、建三行股票，并从昨日起开始有关市场操作。"这三个重大利好消息的组合使得当日及随后一个交易日的股指大涨，但量能却出现了脉冲形态，这说明追涨的买盘持续介入力度不够，而股指前期又处于持续下跌途中，脉冲放量形态说明追涨买盘在短期内处于过度消耗状态。从图中走势可以看到，在脉冲放量结束后，股指再度出现了一波快速下跌走势，而脉冲放量的当日及随后几个相对高位区滞涨走势的交易日就是我们短线抛出股票的最好时机。

值得注意的是：对于本例而言，由于我们讨论的是大盘，大盘的量能是全体个股的总和，其量能的波动性是由于买盘与卖盘的分歧程度所致，因此其脉冲放量的效果往往不如个股那般鲜明，而且大盘的脉冲放量形态一般也只出现在股市有重大利好或利空消息时。一般来说，如果大盘单日量能达到近期平均值的 2 倍左右，而且在经这短短一两日的放量之后，其成交量再度恢复如初，则我们就可以认为这是脉冲式放量形态。

图 13-2 为海信电器（600060）2009 年 2 月 23 日至 2009 年 7 月 28 日期间走势图。如图所示，此股在上升途中出现了横盘震荡走势，随后在横盘走势的一波上涨走势中出现了一个明显的单日脉冲放量形态，当日此股的这种脉冲放量上涨走势是由此股所发的业绩公告利好消息所致："海信电器：预计 2009 年 1~6 月份净利润同比增长 50% 以上，上年同期业绩为每股收益 0.18 元，业绩增长的主要原因是 2009 年上半年，国内平板电视市场销量快速增长，呈现出加速替代传统 CRT 电视的态势，公司的平板电视销量大幅增长，市场占有率持续提高，且继续稳居第一位；同时公司坚持实施技术产品差异化战略，推出了系列化的 LED 背光液晶电视等产品，已建成的 3 条电视液晶模组生产线全部投产，生产良好率高达 99% 以上，在保障公司上游资源的稳定供应、实现技术和产品差异化、降低成本等方面已显现出良好的

图13-2 海信电器利好消息所致脉冲放量示意图

效果，提升了公司整体盈利能力与核心竞争力。"这一利好消息使得个股前期的上涨得到了上市公司业绩增长的支撑，其业绩增速也超乎市场预期，因此当日此股大幅上涨。但由于当日此股的量能形态呈脉冲放量，这说明市场短期内的潜在买盘于当日快速释放，考虑到股价正处于阶段性上涨的相对高位区。因此虽然业绩高速增长对于个股的中长期走势构成了有力支撑，但短期内由于买盘力量被过度透支，其短期内的一波回调走势也就势在必行。我们可以在随后几个交易日此股呈现滞涨走势时，于这一相对高位区积极地短线抛出此股。

图13-3为此股脉冲放量后的走势图，图中标示了此股脉冲放量的当日所在位置。如图所示，虽然此股由于业绩的高速增长，其中长线股价走势再度走牛，但在脉冲放量随后的短期内却出现了一波幅度较大的回调下跌走势，利用脉冲放量结合个股的中长线走势，可以让我们很好地进行高抛低吸的短线操作，从而在个股升势中获得超乎其累计升幅的利润。

图13-4为中国石油（601857）2007年12月10日至2008年3月24日期间走势图。如图所示，此股在下跌途中由于限售股解禁而出现了脉冲放量下跌的走势，由于当日的价格走势下跌，这说明买盘的承接力度明显不如卖

图 13-3　海信电器利好消息所致脉冲放量后示意图

图 13-4　中国石油限售股解禁脉冲放量示意图

盘的抛售力度；脉冲放量形态的出现也说明买盘介入的持续性不强，而个股的下跌走势往往又并不需要放量，只要是少量的抛盘打压，买盘介入力度不够就足以使股价持续走低。考虑到此股正处于快速下跌通道之中，因此这对此股的后期走势无疑是具有利空性质的消息。如图所示，此股在脉冲放量后的股价走势也是一路下跌。

　　图 13-5 为海泰发展（600082）2009 年 3 月 16 日至 2009 年 9 月 29 日期间走势图。此股在一波快速上涨后，上市公司公布利好消息："海泰发展：拟以 7.42 元/股向海泰集团发行 12924.51 万股。"定向增发注入优质资产属于重大利好消息，但由于此股前期涨幅巨大且股价在定向增发方案公布之前的数个交易日又出现了连续大涨，因此在这种利好的刺激下，此股仅出现了一个无量涨停板。随后于第二个交易日打开涨停板，并且出现了脉冲放量形态，这种形态也属于利好刺激下的脉冲放量形态。由于此时的股价无论是从中长线角度的累计涨幅来看，还是从阶段性的局部走势来看都处于高位区，而脉冲放量形态出现在相对高位区或是高位区，往往是明确的市场抛压沉重且主力借机出逃的信号，因此这种量能预示了个股随即出现的一波深幅下跌走势。在这种情况下的脉冲放量形态出现后，我们就应积极地短线卖出此股。

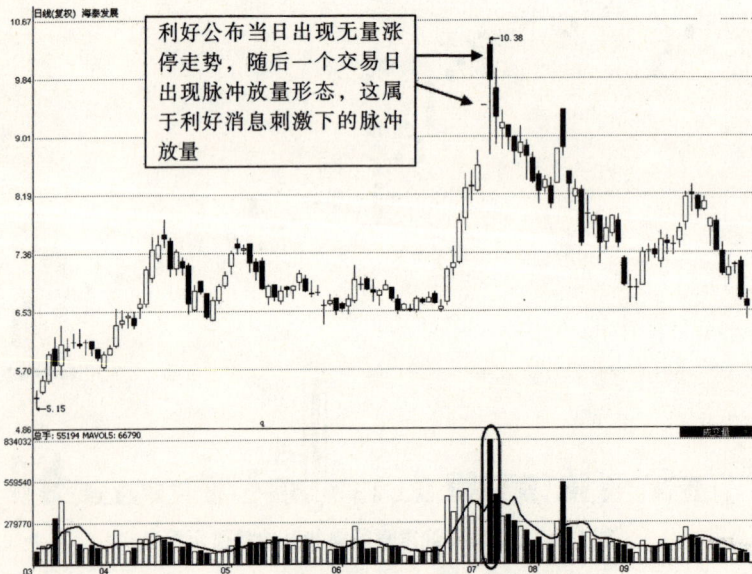

图 13-5　海泰发展利好消息刺激下脉冲放量示意图

　　上面我们结合实例分析了消息刺激下的脉冲放量形态，除了这种因素是导致脉冲放量的一种原因之外，主力的异动往往也是导致个股出现脉冲放量的原因。若个股的脉冲放量源于主力所致，它又体现了什么市场含义呢？由于散户的交投情况呈现出一种"散"的特性，无法形成合力，在个股没有消息诱导的时候，散户投资者的交投情况会呈现出较为连续的状态，因此这时的脉冲放量可以说是由于主力的异动所导致的。一个主力在介入某只个股后的一段时间内，其控盘行为往往会处于某一阶段之下（建仓、拉升、洗盘或是出货），如果是建仓，主力为拿到低筹码要想方设法地隐藏自身踪迹，不会刻意地暴露自身的行踪；如果是拉升阶段，成交量若不出现持续的放大既无法有效吸引追涨盘，也难以实现持续的拉升并保住拉升效果；如果是洗盘，脉冲放量的前后几日内股价并无多大变动，这是无法洗出短线获利盘的。最后，我们能得出的唯一结论是：主力有出货的意图。出现这种脉冲放量很可能是因为近期的股价上涨速度较快，主力有了在相对高点出货的意图；也可能是因为此股的最近成交较为低迷，主力无法出掉手中的筹码，为了制造些放量上涨的良好市场氛围以吸引跟风盘或投机盘介入，主力不惜采用对倒放量拉升的手法。

图 13-6 为长城电工（600192）2012 年 11 月 15 日至 2013 年 8 月 22 日期间走势图。此股在上升途中出现了一个明显的脉冲放量形态，这是个股在上升途中遇到较强抛压的表现形式。一般来说，多是主力结合大盘震荡而采取了阶段性高抛低吸所致，由于此时股价仍处较低的位置，因此这种阶段性的抛售不会使其上升趋势发生反转，但却会使个股出现一波短期深幅的回调

图 13-6　长城电工上升途中脉冲放量示意图

走势。它也是我们在阶段性高点进行抛出的信号之一。

图13-7为大杨创世（600233）2012年11月23日至2013年7月25日期间走势图。此股在上升途中的一波快速上涨之后，于相对高位区出现了一个明显的脉冲放量形态，这是个股在上升途中遇到较强抛压的表现形式。一般来说，这多是主力结合大盘震荡而采取了阶段性高抛低吸所致，由于此时股价仍处于较低的位置，这种阶段性的抛售不会使其上升趋势发生反转，但却会使个股出现一波短期深幅的回调走势。它也是我们在阶段性高点进行抛出的信号之一。

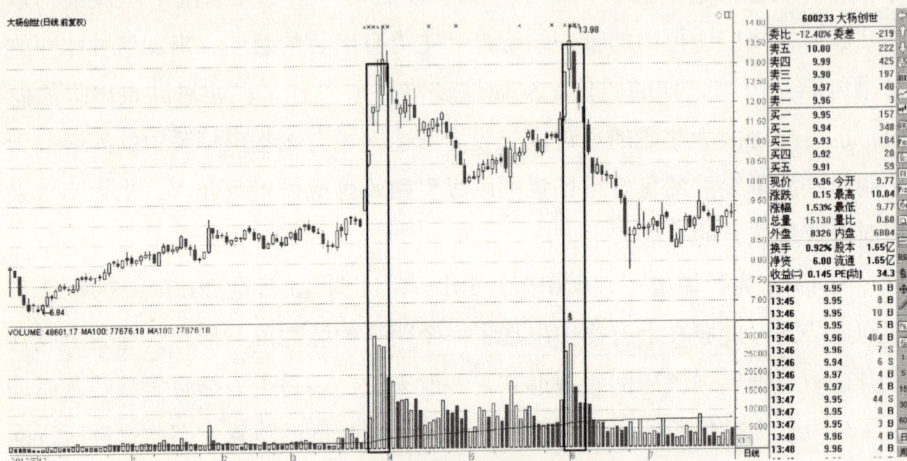

图13-7　大杨创世上升途中脉冲放量示意图

图13-8为罗牛山（000735）2012年10月18日至2013年6月19日期间走势图。此股在此期间及前期一直处于横盘震荡走势之中，此股之所以会出现长时间的横盘震荡走势是与主力的阶段性的高抛低吸行为密切相关的，每当股价经一波上涨达到箱体震荡的上沿处时，主力就会大肆做空此股，从而使得它难以向上突破运行，而这种做空行为就完整地体现在一波上涨后的脉冲放量形态上（如图标注所示）。当个股盘整过程中的一波上涨走势中出现脉冲放量形态时，若此时正好是个股处于盘整区的相对高点，则这种脉冲放量形态往往就预示着随后即将出现一波回调，是我们在盘整中相对高点卖出此股的信号。

图 13-8 罗牛山横盘震荡中脉冲放量示意图

图 13-9 为抚顺特钢（600399）2009 年 7 月 23 日至 2010 年 2 月 5 日期间走势图。此股在此期间处于上升途中的横盘震荡走势之中，每当股价经一波上涨达到箱体震荡的上沿处时，主力就会大肆做空此股，从而使得它难以向上突破运行，而这种做空行为就完整地体现在一波上涨后的脉冲放量形态上（如图标注所示）。当个股盘整过程中的一波上涨走势中出现脉冲放量形态时，若此时正好是个股处于盘整区的相对高点，则这种脉冲放量形态往往

图 13-9 抚顺特钢横盘震荡中脉冲放量示意图

就预示着随后即将出现一波回调，是我们在盘整中相对高点卖出此股的信号。

图 13-10 为深鸿基（000040）2007 年 1 月 16 日至 2007 年 7 月 15 日期间走势图。此股在经历了长时间且累计涨幅巨大的情况下，出现了一个单日明显的脉冲放量形态，而在此之前，此股并没有出现过这种量能形态。结合前面我们对脉冲放量形态所具有的市场含义的讲解，我们有理由认为：在前期涨幅较大且几乎没有出现过这种量能异动的背景下，这时出现的过于明显的单日脉冲放量就是主力开始离场的标志，它预示着顶部的出现，无论是从中长线的角度还是从短线的角度它都是我们应尽快卖股的信号。

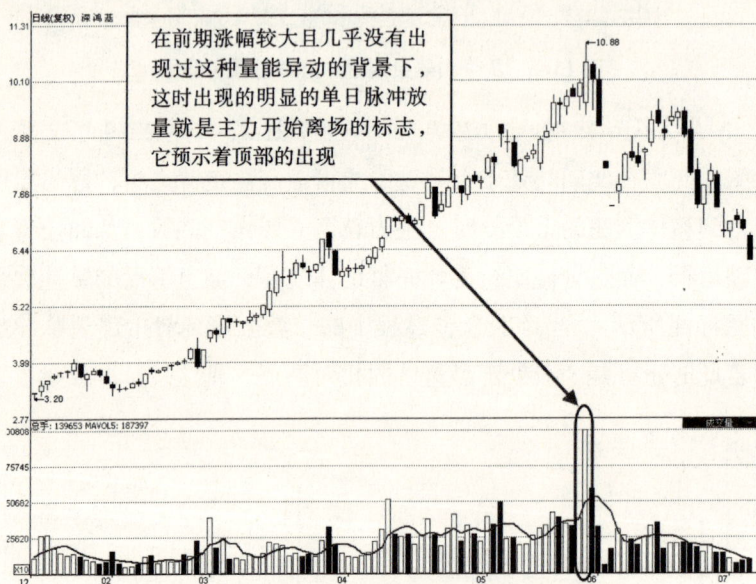

图 13-10　深鸿基大幅上涨后脉冲放量示意图

图 13-11 为振华重工（600320）2008 年 11 月 21 日至 2009 年 9 月 2 日期间走势图。此股在大幅上涨后于高位区出现了明显的脉冲放量形态，由于此股前期累计涨幅巨大，目前正处于大幅上涨后的高位区，并且在脉冲放量过后，此股出现了高位区的明显滞涨形态。一般来说，在个股上升途中累计涨幅并不是很大的时候，我们可以把此时出现的脉冲放量看作是个股阶段性回调的信号，它的出现往往是主力阶段性高抛所造成的。这种阶段性的出货并不会使得个股的上升趋势出现逆转，但却会打断个股的上升势头，此时是我们短线卖出个股的时机。但若是当个股出现较大的累计涨幅

后，则此时的脉冲放量往往还是个股顶部出现的标志，是主力大规模离场的标志，此时的脉冲放量既是我们短线卖出此股的信号，也是我们中长线卖出此股的信号。

图 13-11　振华重工大幅上涨后脉冲放量示意图

图 13-12 为好当家（600467）2008 年 2 月 25 日至 2008 年 9 月 19 日期间走势图。如图所示，此股在此期间处于下跌通道中，在下跌途中的一波反弹走势中，此股出现了明显的脉冲放量上涨形态。一般来说，出现在这种情况下的脉冲放量形态多是源于主力对倒出货的手法，往往预示着一波反弹走势的结束。这种反弹走势中的脉冲放量形态是我们在博取反弹行情时的较为可靠的卖出信号。

图 13-13 为华光股份（600475）2008 年 3 月 10 日至 2008 年 9 月 19 日期间走势图。此股在此期间处于下跌通道中，在下跌途中的一波反弹走势中，此股出现了明显的脉冲放量上涨形态。一般来说，出现在这种情况下的脉冲放量形态多是源于主力对倒出货的手法，往往预示着一波反弹走势的结束。这种反弹走势中的脉冲放量形态是我们在博取反弹行情时的较为可靠的卖出信号。

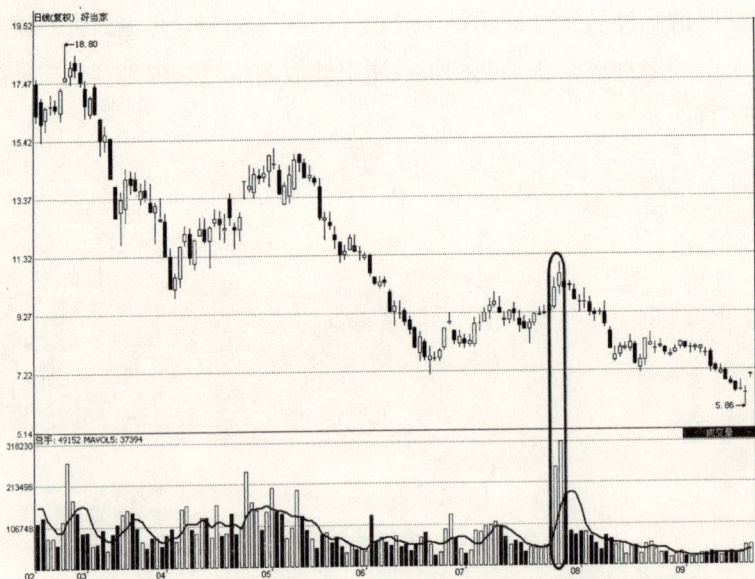

图 13-12　好当家下跌途中反弹走势中的脉冲放量示意图

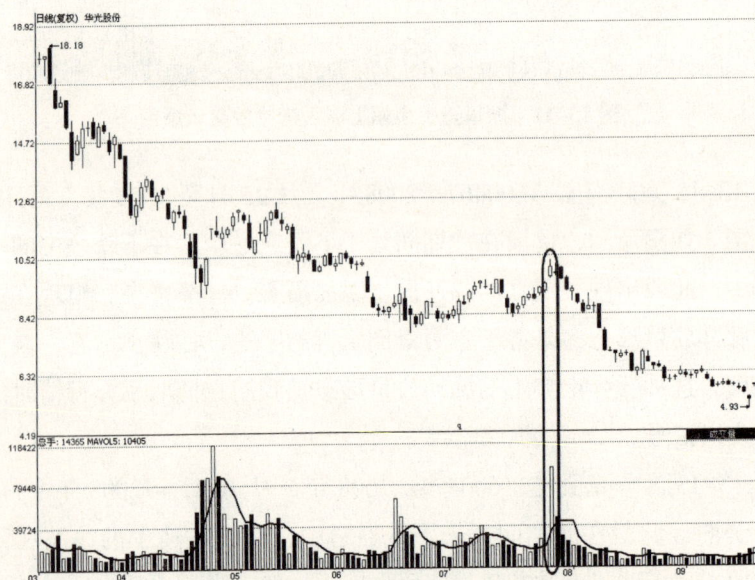

图 13-13　华光股份下跌途中反弹走势中的脉冲放量示意图

　　图 13-14 为豫园商城（600655）2008 年 1 月 24 日至 2008 年 9 月 12 日期间走势图。此股在下跌途中出现了明显的脉冲放量形态，这种出现在下跌途中的脉冲放量形态是主力大规模离场的标志，也是下跌趋势将加速进行的

标志，投资者在实盘操作中切不可因量能放大这种成交量异动形态而盲目抄底，否则可能亏损惨重。

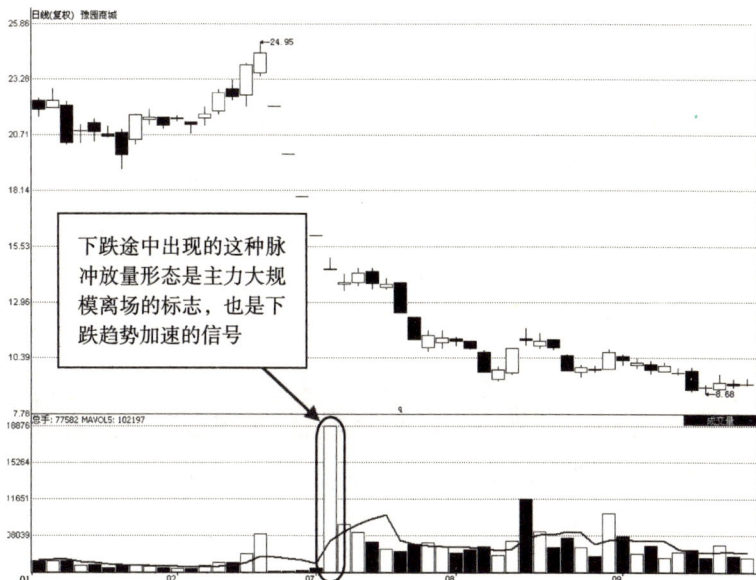

图 13-14 豫园商城下跌途中脉冲放量示意图

图 13-15 为鲁信高新（600783）2007 年 12 月 21 日至 2008 年 11 月 6 日期间走势图。此股在下跌途中出现了明显的脉冲放量形态，这种出现在下跌途中的脉冲放量形态是主力大规模离场的标志，也是下跌趋势将加速进行的标志，投资者在实盘操作中切不可因量能放大这种成交量异动形态而盲目抄底，否则可能亏损惨重。

图 13-16 为浙江东日（600113）2012 年 1 月 20 日至 2012 年 12 月 3 日期间走势图。此股在经历了长期的大幅上涨后，于高位区出现了时间较长的横盘滞涨走势，这种长期的盘整走势打破了此股前期保持良好的上升形态，而且盘整时间较长、个股前期累计涨幅较大，因此我们应意识到这一区间即是个股的顶部区。如图标注所示，此股在长期盘整后，出现了脉冲放量上涨的走势，不仅成交量放得极大，而且给人一种此股要突破上行的感觉，但是这种上涨势头、这种大幅放量的形态仅维持了两天，随后量能快速萎缩，股价也滞涨无力，从而呈现出一种脉冲放量上涨的形态。一般来说，这种出现在高位区盘整走势中的脉冲放量上涨形态多是主力运用对倒出货手法所致，

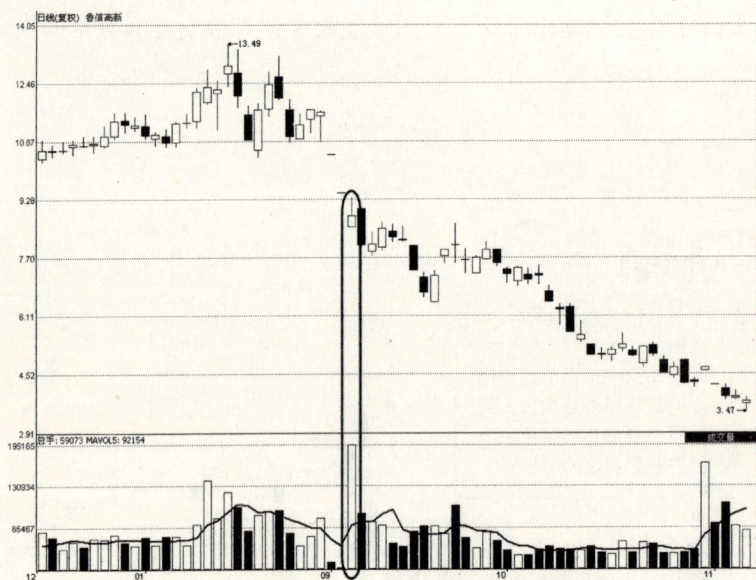

图 13-15 鲁信高新下跌途中脉冲放量示意图

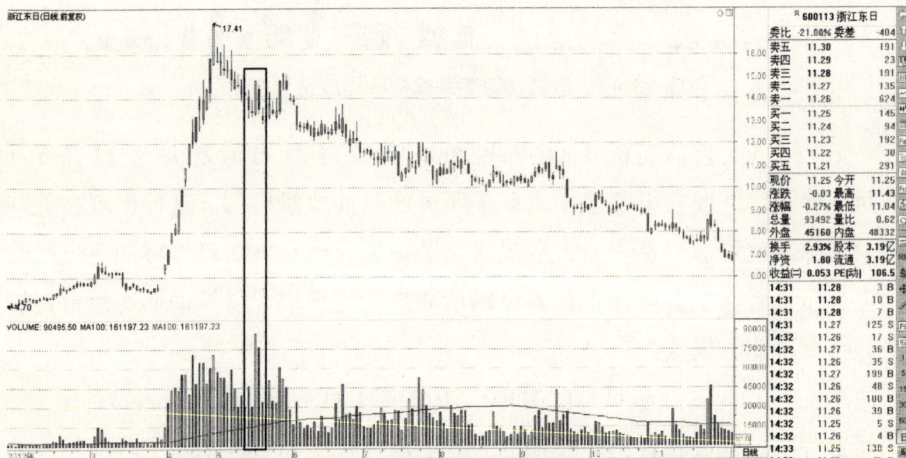

图 13-16 浙江东日高位区调整走势中脉冲放量示意图

是主力出货意愿显著增强的表现，主力之所以采用这种对倒放量出货的手法，往往是由于此股在高位区盘整走势中的交投较为清淡，市场买盘无法满足主力的出货需要。散户投资者在实盘操作中有一种习惯，这就是"追涨不杀跌"，主力为了制造出一种"放量上涨"的形态吸引追涨介入，就采用了这种对倒放量拉升的手法，一旦主力停止对倒，其成交量往往就会快速恢复如初，从而形成了个股在高位区出现脉冲放量上涨形态。一般来说，当个股于明显的高位盘整走势出现这种脉冲放量上涨的形态时，往往预示着主力有加大出货力度的意愿，是个股随后跌破盘整区的信号，因此，此时的脉冲放量不仅不是我们追涨买入的信号，反而是我们高位区逃顶的信号。

图13-17为重庆啤酒（600132）2008年10月15日至2009年8月20日期间走势图。此股在经历了长期的大幅上涨后，于高位区出现了时间较长的横盘滞涨走势，并在长期盘整后出现了脉冲放量上涨的走势，不仅成交量放得极大，而且给人一种此股要突破上行的感觉，但是这种上涨势头、这种大幅放量的形态仅维持了两天，随后量能快速萎缩，股价也滞涨无力，从而呈现出一种脉冲放量上涨的形态。一般来说，这种出现在高位区盘整走势中的脉冲放量上涨形态多是主力运用对倒出货手法所致，是主力出货意愿显著增强的表现，主力之所以采用这种对倒放量出货的手法，往往是由于此股在高位区盘整走势中的交投较为清淡，市场买盘无法满足主力的出货需要。散户投资者在实盘操作中有一种习惯，这就是"追涨不杀跌"，主力为了制造出一种"放量上涨"的形态吸引追涨介入，就采用了这种对倒放量拉升的手法，一旦主力停止对倒，其成交量往往就会快速恢复如初，从而形成了个股

图13-17 重庆啤酒高位区长期盘整走势中脉冲放量示意图

在高位区出现脉冲放量上涨形态。一般来说，当个股于明显的高位盘整走势出现这种脉冲放量上涨的形态时，往往预示着主力有加大出货力度的意愿，是个股随后跌破盘整区的信号，因此，此时的脉冲放量不仅不是我们追涨买入的信号，反而是我们高位区逃顶的信号。

通过以上分析我们可以看出，当脉冲放量形态出现时，无论其脉冲的方向是向上还是向下，无论脉冲放量是由消息刺激所致还是由于主力异动所致，这种量能形态多预示着个股在短期内即将出现下跌走势。当脉冲放量形态出现在个股上升途中时，它多是阶段性高点出现的标志；而当脉冲放量形态出现在持续上涨后的高位区时，它多是顶部出现的标志。可以说，这一形态是我们在相对高点进行抛出的信号。

第十一招　祥龙摆尾，反戈一击
——把握尾盘异动下的短线卖出信号

尾盘是指每个交易日的 14：30~15：00 这半小时，并且当日收盘前 15分钟内的走势往往更重要。从个股及大盘走势的分时图中，我们可以发现尾盘多会出现较为明显的放量情况，且分时线也多会出现较为明显的异动，这直观地说明了尾盘是多空双方交锋最为激烈的一段时间。尾盘既是一天交投情况的总结，也影响着次日的开盘，是多空双方必争的时间段，投资者在对盘面进行了一天的观察后，往往在尾盘采取操作。如果看淡后市，往往在尾盘进行抛出，如果看好后市，多会选择在尾盘买入，因此可以说，尾盘在价格运行过程中起着至关重要的作用。通过研读个股在尾盘时间段的走势，我们可以了解主力的控盘行为及控盘意图（很多个股的尾盘异动就体现了主力控盘行为）、可以了解市场多空双方力量的对比情况、可以了解价格走势是否出现了反转迹象等重要信息。

一般来说，个股在尾盘的异动方式无非是尾盘的快速上涨或下跌两种形态，尾盘的上涨与下跌都有可能成为我们短期内的卖出信号。在实盘操作中，我们还应结合具体情况来进行分析。

首先，我们来看看如何利用尾盘拉升形态把握短线卖出时机。一般来说，在个股的一波反弹上涨走势或箱体震荡走势中，若尾盘拉升形态出现在个股的一波阶段性上涨之后，则往往是主力阶段性高抛的表现形态，主力在前几个交易日采取了相对低位吸筹的策略。当个股随着大盘出现一波明显的上涨之后，由于解套盘、短期获利盘等抛压在加重，当日主力在收盘前利用尾盘大幅拉高股价，从而使得股价处于阶段性上涨后的高位区，往往既能吸引市场关注，又能为第二天的出货寻找一个好的价位。在尾盘时，突然将股价打高并不需要太多的控盘资金，而第二天则有大把的时间在高位进行出货。

此时的尾盘拉升并非是主力随后继续强势做多的体现，反而是个股即将再次回调下跌走势的信号，因此也是我们短期内卖出此股的信号。

图 14-1 为首商股份（600723） 2013 年 4 月 3 日至 6 月 13 日期间走势图。图中左侧为此股 2013 年 5 月 22 日分时图，如图所示，此股在 2013 年 5 月 22 日前出现了一波快速的反弹上涨走势，并于 2013 年 5 月 22 日当日的尾盘出现了大幅拉升形态。这一形态出现在个股一波快速反弹上涨走势后，往往是主力有意利用尾盘制造一定的上涨空间，从而在下一个交易日于相对高位进行"高抛"所致。因此当日收盘时或者是在下一个交易日所出现的相对高点就是我们短期抛售此股的最好时机。

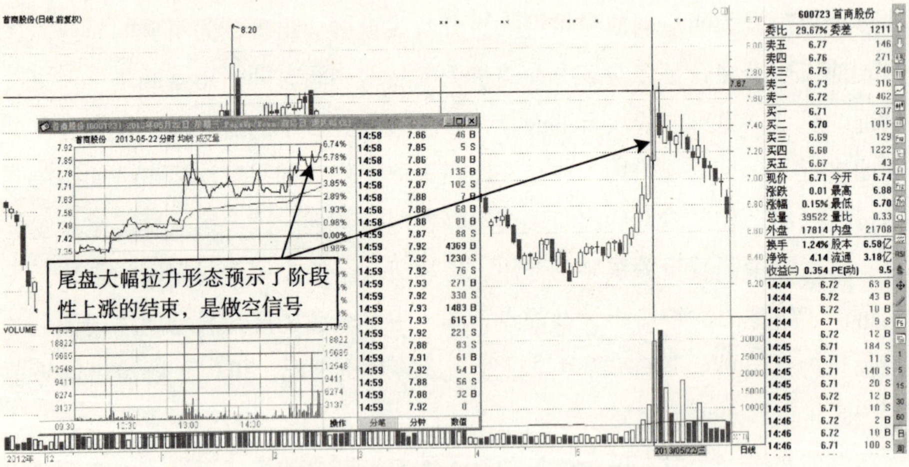

图 14-1 首商股份反弹上涨走势中的尾盘拉升示意图（1）

一般来说，若个股出现了一波深幅回调走势，若想要在随后的一波反弹上涨走势中达到突破上行的效果是极为艰难的。因为此时推动股价上涨的多方力量面临着短期抄底获利盘及前期解套盘的双重抛压，因此股价走势多会在一波反弹后再度出现回落。主力深谙这一市场规律，多会随波逐流、顺势操作，利用自己的控盘实力在一波反弹走势中的相对高点采取尾盘突袭的方法将股价顺势打高，这并不需要太多的控盘资金。而第二天主力则有大把的时间在高位进行出货。在主力阶段性出货的带动下，短期抄底获利盘与一部分解套盘也纷纷抛出，从而促使股价再度出现回落，主力则可以于回落后的相对低点把那些卖出的筹码再次买回，从而实现"低吸高抛"的波段获利。

图 14-2 为首商股份（600723）2013 年 6 月 24 日前走势图，图中左侧为此股 2013 年 6 月 17 日分时图。如图所示，此股在经历了 2013 年 5 月 22 日后的一波下跌回调走势后，再度出现了一波反弹上涨走势，并于 2013 年 6 月 17 日达到前期反弹时的高点。值得注意的是此股在 2013 年 6 月 17 日当日再度出现了尾盘快速拉升的形态，考虑到此股的主力在前期曾经使用过这种尾盘拉升的方式进行阶段性的出货，而且此股近期的上涨幅度较大，因此我们可以根据这一尾盘拉升信号进行短线卖出操作。从图中可以看到，在 2013 年 6 月 17 日随后的几个交易日中，此股再次出现了一波明显的快速下跌走势，而 2013 年 6 月 17 日的尾盘拉升形态已提前向我们发出了此股即将回调下跌的信号。

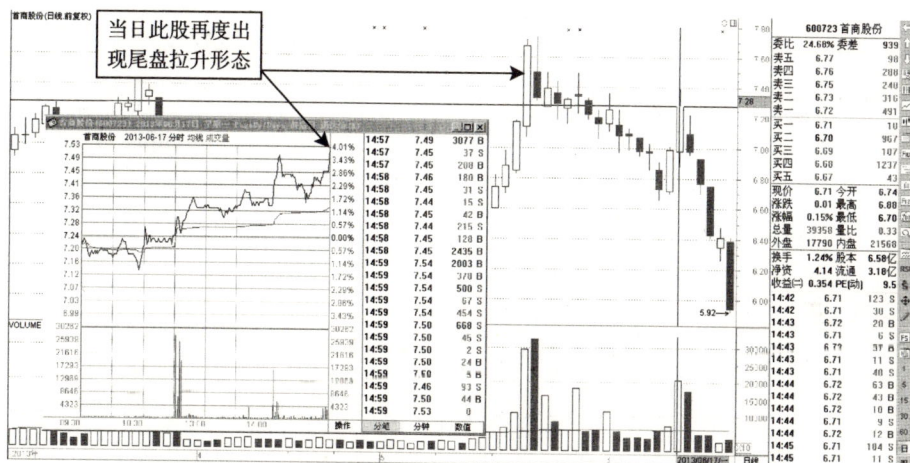

图 14-2　首商股份反弹上涨走势中的尾盘拉升示意图（2）

图 14-3 为安徽合力 2013 年 5 月 30 日前走势图，图中左侧为此股 2013 年 5 月 30 日分时图。此股于 2013 年 5 月 30 日达到前期反弹时的高点，股价以脉冲放量大涨的形式收盘。虽然盘中该股表现不佳，但尾盘一个小时内股价疯狂飙升，当日收盘涨幅高达 9.35% 的情况下，成为难得的牛股。尾盘股价疯狂上涨的情况，不知道投资者追涨买入。因为这个时候，多数投资者的关注点不在于此，而主力恰好利用尾盘投资者不关注的情况来拉升股价。第二天抛售压力必然会很大，是投资者考虑高位做空的信号，而不是买涨的机会。股价短时间内脉冲放量涨停后，投资者必须关注价格回落风险。

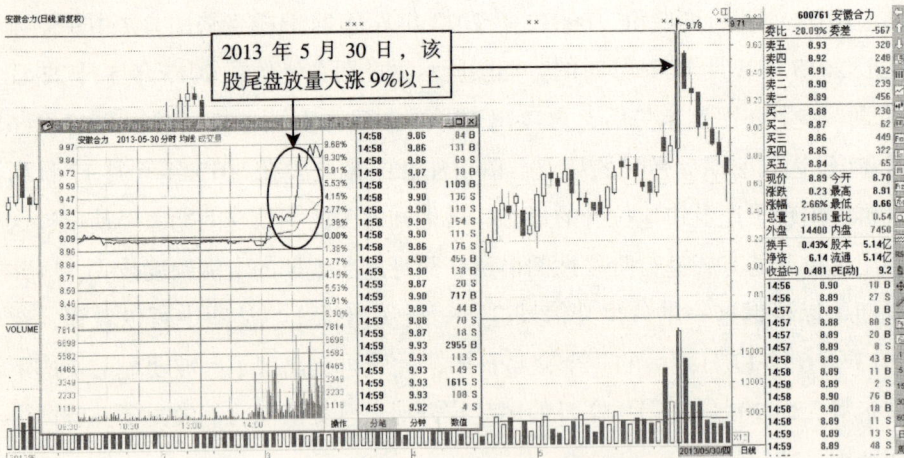

图 14-3　安徽合力反弹上涨走势中的尾盘拉升示意图

图 14-4 标注了此股 2013 年 5 月 30 日后的走势图。该股短线冲高以后，价格尾盘涨停显然是短线高位了，从该股回落空间看来，跳空下跌以后股价最低探底到 7.35 元，相对于高位收盘价 9.71 元大跌 76%。如此高的下跌空间，真是主力短线拉升以后出现的。可见，尾盘拉升的个股追涨风险之大令投资者难以想象。股价快速冲击涨停恰恰是做空的信号。把握卖点可获利。

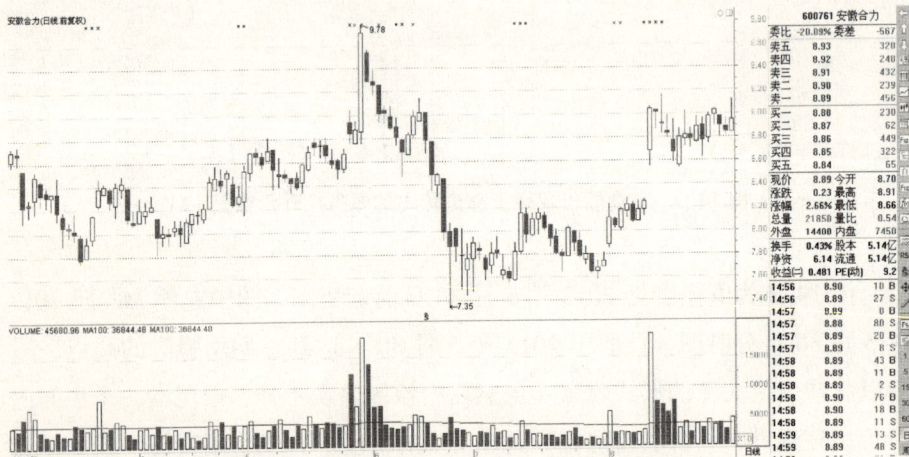

图 14-4　安徽合力 2013 年 5 月 30 日后走势图

图 14-5 为金山开发（600679）2009 年 10 月 13 日至 12 月 18 日期间走势图。此股在持续上涨后的相对高位区于 2009 年 12 月 3 日出现了尾盘大幅拉升形态，这种快速的尾盘拉升走势使得此股创出了上涨走势中的新高，但

这是主力短期内继续强势做多此股的表现吗？如果查看当日的成交量，我们就可以发现，此股当日的量能明显缩小，而个股的持续上涨源于充足的买盘支撑，只有量能的大幅放大才是此股买盘充足的表现，才能成为推动此股继续强势上涨的动力。经过这种综合的分析，我们可以认为此股当日的这种尾盘大幅拉升形态仅仅是主力的一次偷袭，它不是主力强势做多此股的体现，反而更有可能是主力随后在这一相对高位区进行阶段性减仓的表现，因此是我们短线卖出此股的信号。

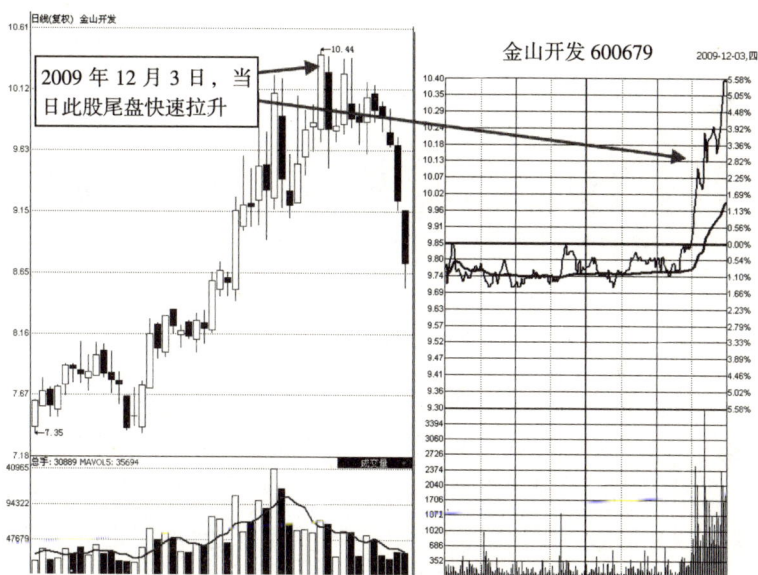

图 14-5　金山开发 2009 年 12 月 3 日尾盘拉升示意图

图 14-6 为西单商场（600723）2009 年 6 月 10 日至 9 月 2 日期间走势图，图中右侧为此股 2009 年 8 月 26 日分时图。此股在 2009 年 8 月 26 日前出现了一波快速的反弹上涨走势，并于 2009 年 8 月 26 日当日的尾盘出现了大幅拉升形态。

对于此股来说，由于它之前出现了一波幅度较大的下跌走势，因此其随后展开的反弹上涨走势很难再次突破上行，由于推动股价上涨的多方力量会面临着短期抄底获利盘及前期解套盘的双重抛压，因此多会在一波反弹后再度出现回落。主力深谙这一市场规律，多会利用自己的控盘实力在一波反弹走势中的相对高点采取尾盘突袭的方法将股价顺势打高，这并不需要太多控

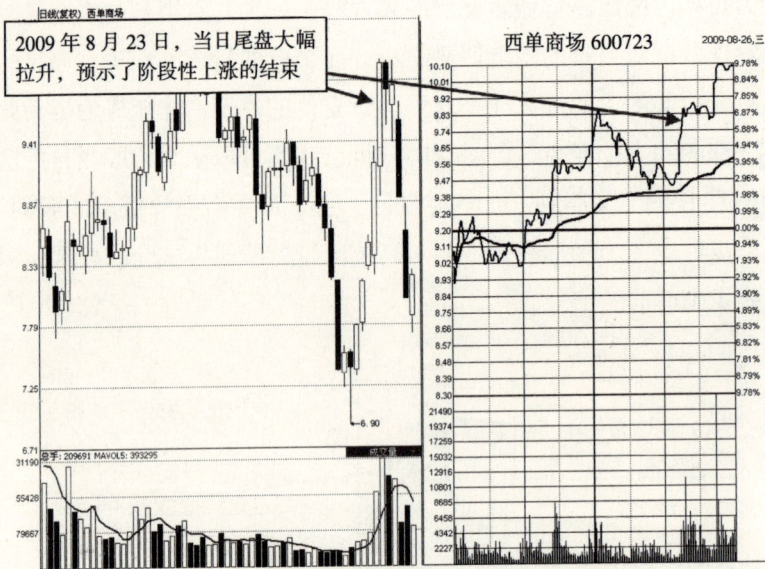

2009 年 8 月 23 日，当日尾盘大幅
拉升，预示了阶段性上涨的结束

西单商场 600723   2009-08-26，三

图 14-6   西单商场 2009 年 8 月 26 日尾盘拉升示意图

盘资金，而第二天主力则有大把的时间在相对高位进行阶段性的高抛操作。在主力阶段性出货的带动下，短期抄底获利盘与一部分解套盘也纷纷抛出，从而促使股价再度出现回落，主力则可以在回落后的相对低点把那些卖出的筹码再次买回，从而实现"低吸高抛"的波段获利。此股 2009 年 8 月 26 日的尾盘大幅拉升形态正好出现在一波快速反弹上涨走势后，因而它多是主力有意利用尾盘制造一定的上涨空间，从而在下一个交易日于相对高位进行"高抛"。可以说，当日收盘前或者是在下一个交易日所出现的相对高点就是我们短期抛售此股的最好时机。

图 14-7 为西单商场 2009 年 9 月 30 日前走势图，图中右侧为此股 2009 年 9 月 21 日分时图。此股在经历了 2009 年 8 月 26 日后的一波下跌回调走势后，再度出现了一波反弹上涨走势，并于 2009 年 9 月 21 日达到前期反弹时（2009 年 8 月 26 日）的高点。值得注意的是，此股在 2009 年 9 月 21 日当日再度出现的尾盘快速拉升的形态且强势封于涨停板之上，考虑到此股的主力在前期曾经使用过这种尾盘拉升的方式进行阶段性的出货，且此股近期的上涨幅度较大。但由于此股当日在尾盘强势封于涨停板，我们可以选择在下一个交易日的相对高点进行卖出。从图中可以看到，在 2009

年 9 月 21 日随后的几个交易日中，此股再次出现了一波明显的快速下跌走势。

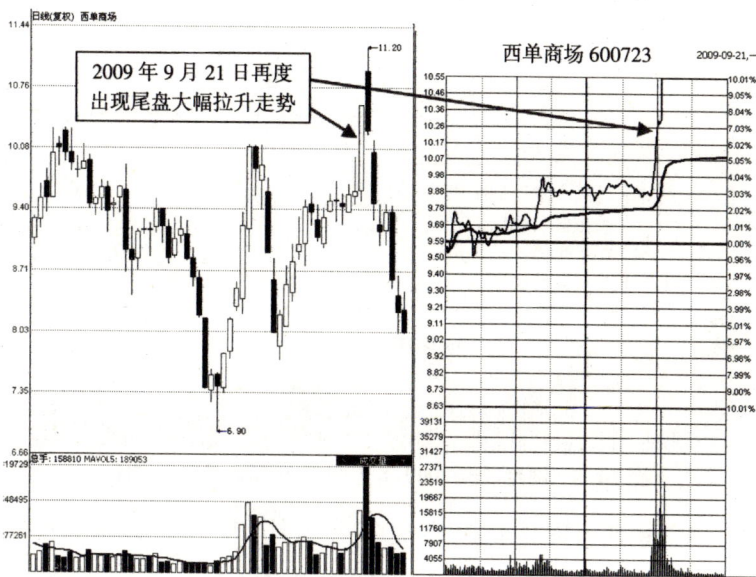

图 14-7　西单商场 2009 年 9 月 21 日尾盘拉升示意图

我们再来看看如何把握尾盘打压下的短线卖出时机。当个股处于一波快速上涨后的相对高位区，或是处于高位区的震荡走势中时，市场累积了较多的获利盘，而且主力有较强的出货意愿。若此时个股在尾盘呈现出放量快速下跌的走势，则往往是空方力量开始集中释放、主力资金借尾盘打压进行出逃的明确信号，空方力量一旦有了明确的出场意愿，其释放过程就要持续一段时间，因此个股随后的走势并不乐观，往往还会在空方的继续抛售下而出现快速下跌，在结合个股股价前期走势的基础上，我们可以利用这种尾盘打压形态清晰地看到多空双方力量的快速转变，从而在第一时间内进行短线卖出。

图 14-8 为国金证券（600109）2009 年 7 月 29 日尾盘跳水示意图。此股在 2009 年 7 月 29 日前出现了持续的快速上涨走势，此时股价正处于持续上涨后的高位区，当日此股在尾盘出现的放量大幅跳水走势无疑说明做空动能充足，预示了价格即将出现反转下跌的走势。透过尾盘走势，我们可以更好地把握多空双方实力已经转变这一情况，从而把握此股的卖出时机。

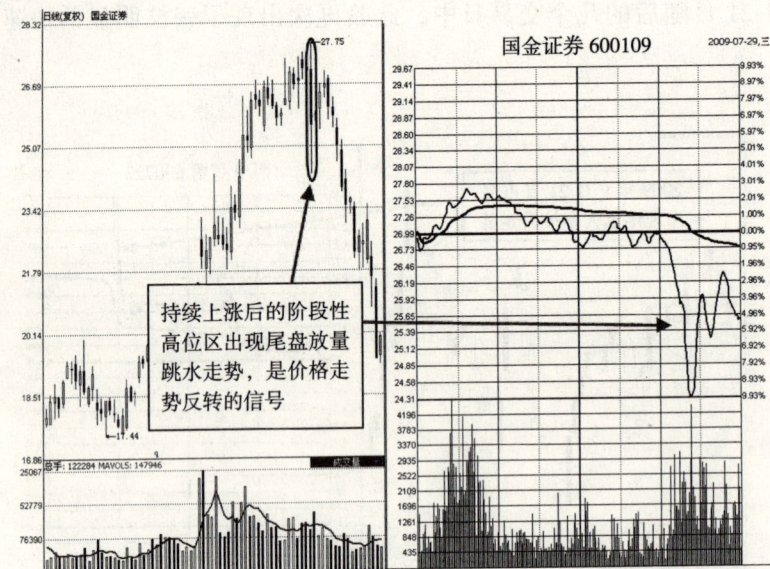

图 14-8　国金证券 2009 年 7 月 29 日尾盘跳水示意图

图 14-9 为银鸽投资（600069）2009 年 2 月 17 日尾盘跳水示意图。从图中可以看到此股在 2009 年 2 月 17 日之前出现了一波快速上涨走势，当日此股正处于阶段上涨后的相对高位区，市场在短期内累积了大量的获利盘，个股是否仍能持续上涨既取决于多方的做多意愿是否坚决，也取决于空方的抛

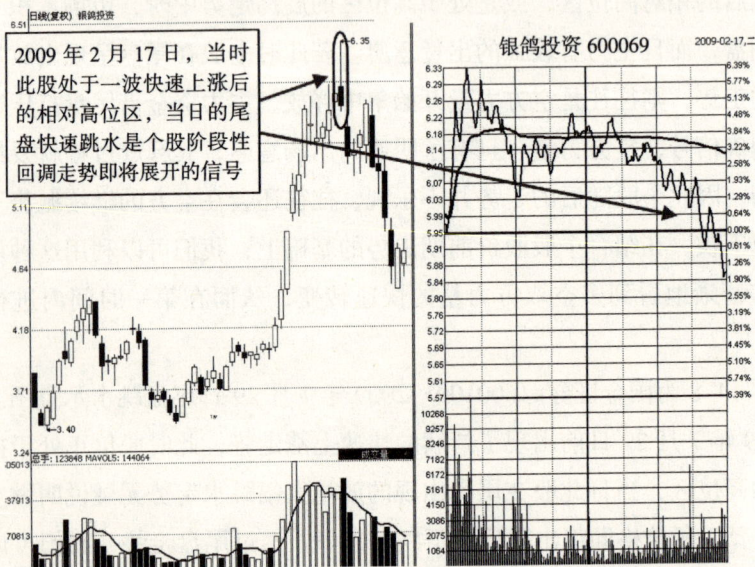

图 14-9　银鸽投资 2009 年 2 月 17 日尾盘跳水示意图

压是否沉重。尾盘是一个交易日的最后一段交投时间，它往往也是多空双方交锋最为激烈的一个时间段，当个股前期涨幅较大且又出现了尾盘跳水走势，这一形态多说明空方已有了明确的打压意图，这种形态同时也说明多方的承接能力不强，是个股随后即将出现一波下跌走势的明确信号，是我们短线卖出的信号。

图 14-10 为通葡股份（600365）2009 年 8 月 13 日尾盘跳水示意图。此股在 2009 年 8 月 13 日前出现了持续的快速上涨走势，此时股价正处于持续上涨后的高位区，当日此股在尾盘出现的放量大幅跳水走势无疑说明做空动能充足。尾盘是一个交易日的最后一段交投时间，它往往也是多空双方交锋最为激烈的一个时间段，当个股前期涨幅较大且又出现了尾盘跳水走势，这一形态多说明空方已有了明确的打压意图，因此这预示了价格即将出现反转下跌的走势。透过尾盘走势，我们可以更好地把握多空双方实力已经转变这一情况，从而把握此股的卖出时机。

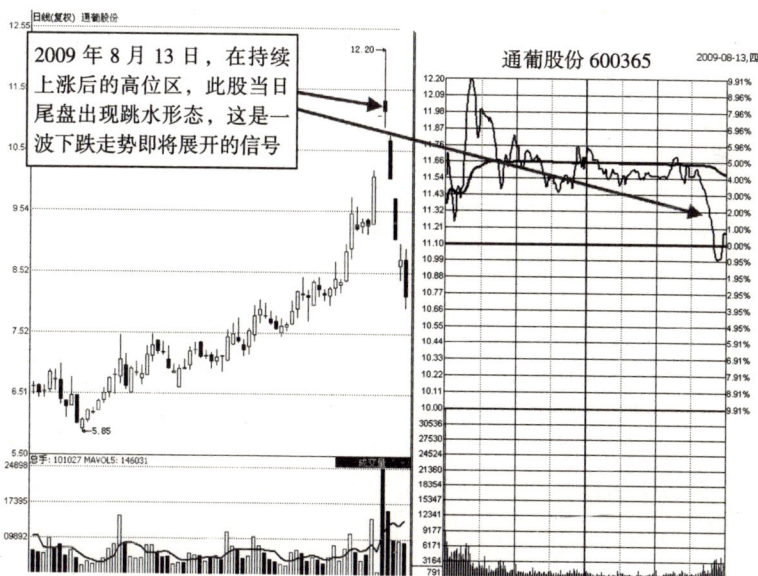

图 14-10　通葡股份 2009 年 8 月 13 日尾盘跳水示意图

第十二招　紫铜巨鼎，力沉千斤
——利用跌停板把握出逃时机

涨停板与跌停板无疑是当日价格走势的一种极端表现，涨停板与跌停板的出现源于我国股市中的涨跌幅限制的交易制度。涨跌幅限制是指证券的交易价格相对于上一交易日收市价格的涨跌幅度不得超过 10%，超过涨跌限价的委托为无效委托。由于我国股市仍属于新兴的证券市场，因此可能更容易出现过度投机的情况，涨跌幅限制的本意是为了防止交易价格的暴涨暴跌、抑制过度投机现象的出现。涨停板是指个股在上涨到当日最高限价后，由于涨幅限制将停止继续上涨，若随后买盘的力量仍持续大于卖盘的力量，就会使得股价不再回落，从而在这一上限价位进行交易，由此形成了涨停板；跌停板是指个股在下跌到当日最低限价后，由于跌幅限制将停止继续下跌，若随后卖盘的力量仍持续大于买盘的力量，就会使得股价不再回升，从而在这一下限价位进行交易，由此形成了跌停板。

虽然涨跌停板的本意是为了维护证券市场的稳定，避免投资者因股价短时间内的巨幅波动而导致情绪失控从而做出非理智的决定，但在个股的实际走势中，涨跌停板往往有很强的"促涨助跌"的作用。涨停板反映出个股当日有强烈的上涨需求，跌停板反映出个股当日有强烈的下跌意愿，若个股当日出现了强势涨停，这种强劲的上涨势头往往会提高持股者的心理预期，从而期望在随后更高的价位进行抛售，对于那些场外投资者而言，在看到个股买盘如此强劲这一状况后，也会出于追涨杀跌的习惯，从而选择追涨买入，这也是为什么个股在涨停板出现后往往仍能在短时间内强势上涨的原因所在；反之，若个股当日出现了弱势跌停，这种快速的下跌势头往往会使持股者产生恐慌心态，从而急于进行抛售，对于那些场外投资者而言，在看到个股卖盘如此汹涌之后，也会出于追涨杀跌的习惯，从而降低对个股的期望值，多会选择在随后的更低点介入，这也是为什么个股在跌停板出现后往往仍能在短时间内继续下跌的原因所在。

跌停板往往是个股明确的下跌信号，它既有可能出现在个股高位区的盘整之后，也有可能出现在个股的下跌途中。当跌停板出现在个股高位区的盘整走势之后，此时的跌停板是空方开始大量出逃的信号，由于空方力量需要较长的时间才能释放完，因此它往往预示着下跌趋势的出现，是我们高位区的逃顶信号；当跌停板出现在个股的下跌途中时，此时的跌停板说明市场空方力量仍很强大，且空方的离场意愿坚决，是个股在短期内仍将加速下跌信号。下面我们结合实例来看看如何把握跌停板下的卖出时机。

图15-1为风帆股份（600482）2010年12月15日至2011年9月5日期间走势图。此股在大幅上涨后，于2011年2月份开始于高位区出现横盘震荡走势。在经历了高位区长时间的横盘震荡之后，此股于2011年9月5日出现了一个放量跌停板，这是空方开始大量抛售的标志，也是个股顶部构筑完毕的信号。一般来说，跌停板是空方抛压极为沉重的表现，如果跌停板出现在个股大幅上涨后高位滞涨区，则往往是顶部构筑完毕的信号，它预示了个股随后将步入下跌趋势中，是我们明确的逃顶信号之一。

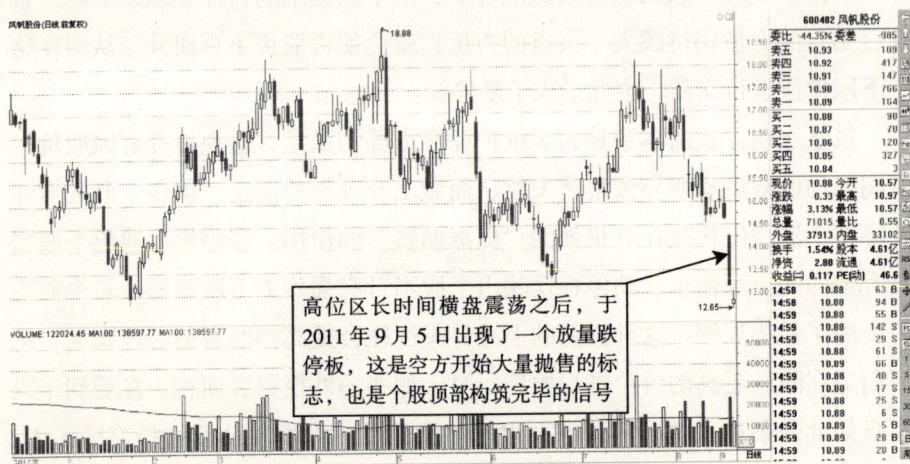

高位区长时间横盘震荡之后，于2011年9月5日出现了一个放量跌停板，这是空方开始大量抛售的标志，也是个股顶部构筑完毕的信号

图15-1 风帆股份顶部震荡后跌停板示意图

图15-2标示了此股在2011年9月5日跌停板之后的走势图。此股随后在空方的强大抛压下开始破位下行，而2011年9月5日的跌停板正是此股

顶部构筑结束、开始破位下行的强烈信号。从后市长期价格运行情况看来，该股显然步入漫长熊市中。价格缩量下挫成为一道风景。

图 15-2 风帆股份 2011 年 9 月 5 日跌停后走势图

图 15-3 为海鸟发展（600634）2006 年 12 月 29 日至 2007 年 5 月 30 日期间走势图。此股在经历了 2007 年 5 月 30 日前的持续大幅上涨后，于 2007 年 5 月 30 日突然出现了一个跌停板走势，当日此股的跌停板源于上调印花

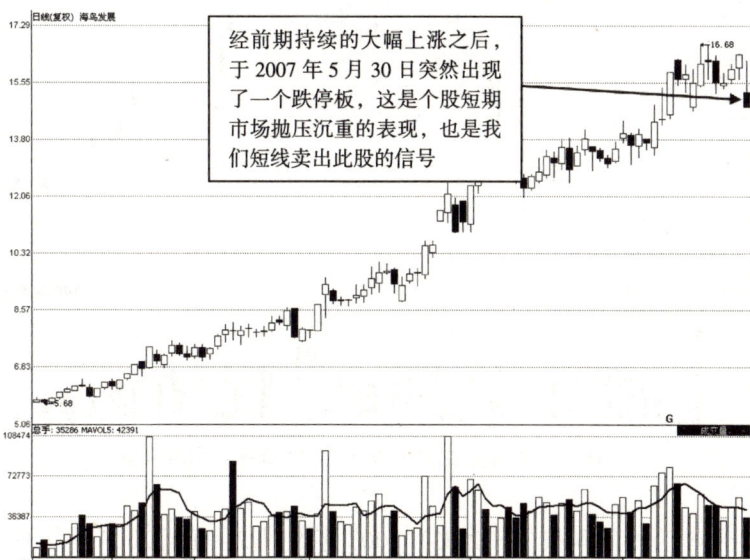

图 15-3 海鸟发展持续大幅上涨后跌停板示意图

税的重大利空消息所致，利空消息是否能转化为空方强大的抛压会在盘面走势中充分表现出来。此股由于前期的持股大涨使得市场获利盘数量众多，而当日出现的跌停板走势也充分说明了获利盘抛售愿望强烈，这是空方力量突然转强的显著标志，跌停板仅是空方最初发动的进攻，而且空方力量的释放也有一个过程，因此通过这一个跌停板走势，我们可以预料此股随后仍会在空方的强抛压下而出现快速下跌。可以说，持续大幅上涨后、于上升途中突然出现的跌停板是市场多空双方力量快速发生实质性转变的表现，预示了个股随后仍将在空方力量的打压下而快速下跌，因此是我们短线卖出此股的明确信号。

图 15-4 标示了此股 2007 年 5 月 30 日跌停后的走势图。从图中走势可以看出此股随后在空方的继续打压下出现了短期快速下跌走势，如果我们能明晰此股在 2007 年 5 月 30 日出现的第一个跌停板所蕴涵的市场含义，则完全可以果断出局，避免随后因股价快速下跌而造成账户资金快速缩水的尴尬局面。

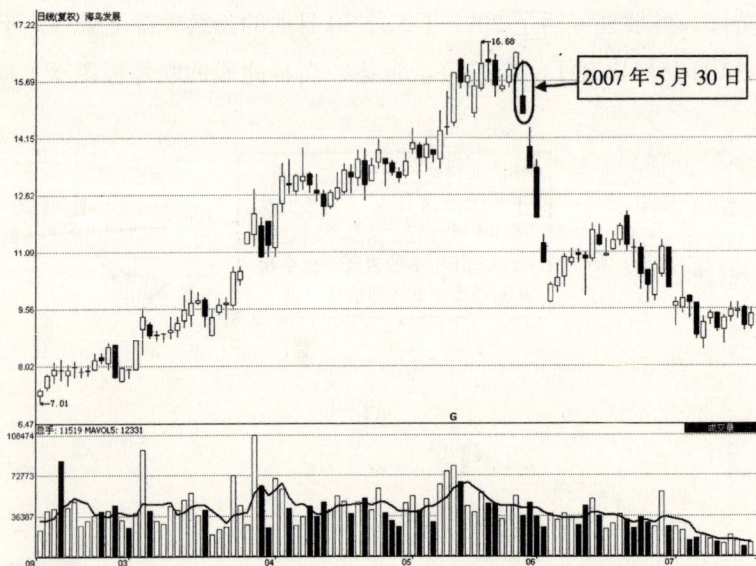

图 15-4　海鸟发展 2007 年 5 月 30 日跌停后走势图

图 15-5 为博闻科技（600883）2007 年 8 月 21 日至 2008 年 4 月 1 日期间走势图。此股在经历了持续的大幅上涨走势后，于高位区出现了震荡滞涨

的走势。在震荡滞涨走势中，于 2008 年 4 月 1 日出现了一个跌停板走势，当跌停板出现在个股高位区的盘整走势之后，此时的跌停板是空方开始大量出逃的信号，由于空方力量需要较长的时间才能释放完，因此它往往预示着下跌趋势的出现，是我们高位区的逃顶信号。

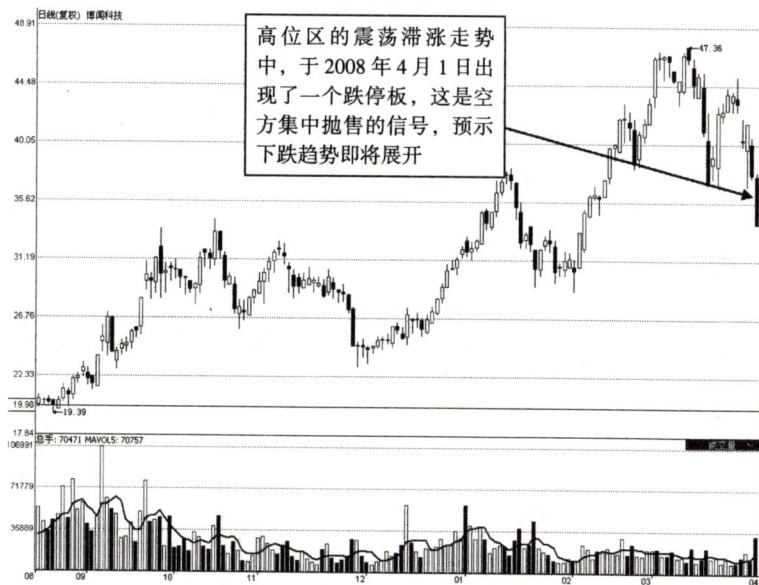

图 15-5　博闻科技顶部震荡区跌停板示意图

图 15-6 标示了此股 2008 年 4 月 1 日跌停后的走势图，从图中可以看到，此股随后快速步入到了下跌通道之中。

图 15-7 为中国平安（601318）2007 年 5 月 16 日至 2008 年 1 月 21 日期间走势图。如图所示，此股在 2007 年 10 月前一直保持着良好的上涨形态，此股在这之前是处于较为明确的上升趋势中，但在 2007 年 10 月之后，此股却开始震荡下行，股价重心逐渐下移，在经历了从最高点开始的一波深幅下跌后，于下跌途中出现了盘整走势。由于此股在 2007 年 10 月前出现的长牛走势，这会使得很多投资者此时仍然以牛市的操作方式进行买卖，会于这一盘整区间实施买入操作，并期待此股随后再度恢复到原有的上升通道之中，但这只能是投资者的主观愿望，股市的走向是不以投资者个人意志为转移的，没有人可以百分之百地准确把握住股市的脉搏，我们所要做的就是跟随市场，一旦发现自己的前期操作出错时，就应及时地纠正。

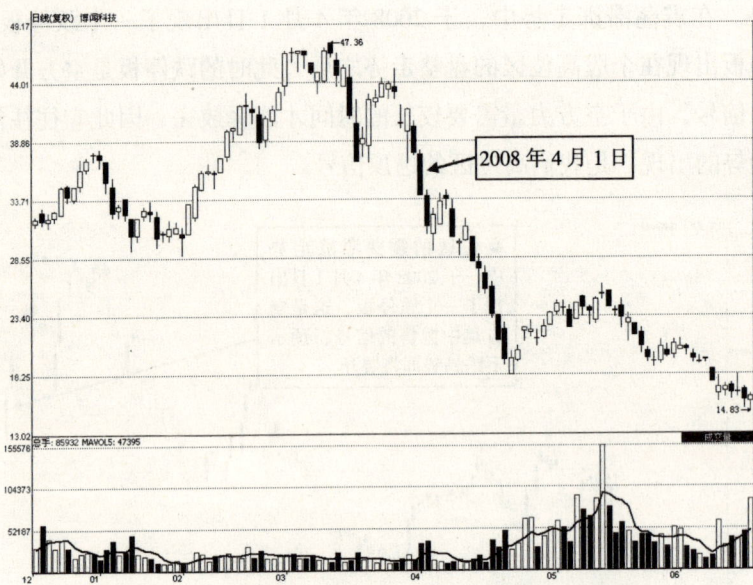

图 15-6　博闻科技 2008 年 4 月 1 日跌停后走势图

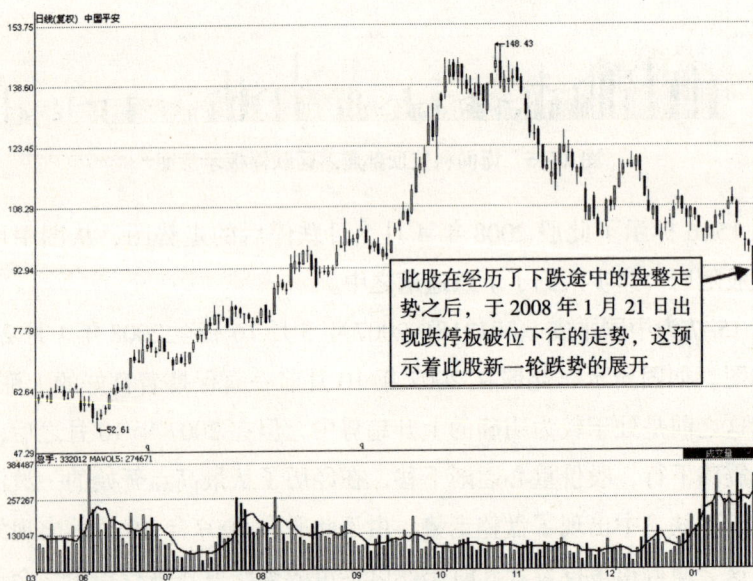

图 15-7　中国平安下跌途中跌停板破位下行示意图

　　对于本例而言，此股在盘整走势后出现的放量跌停板形态无疑是市场抛压沉重、空方力量强大的表现，它预示着此股的下跌仍将继续。如果在盘整震荡中买入的投资者没能准确地判断个股随后的下跌走势，那么此时出现的跌停板无疑是最为明确的止损出局的卖出信号。这一个破位下行的跌停板可以让我们更为清晰地看到此股的跌势已完全成立，而且其随后的下跌空间仍然巨大。可以说，下跌途中的跌停板既对个股的下跌起到了加速作用，也向我们预示了此股空方力量的强大。

图15-8标示了中国平安2008年1月21日跌停后的走势图，从图中走势可以看到，此股随后的跌势加快且下跌空间仍然巨大，可以说，2008年1月21日出现跌停板不失为一个可靠的止损出局的卖出信号。

图15-8　中国平安2008年1月21日跌停后走势图

图15-9为永生投资（600613）2007年4月19日跌停板示意图。此股在2007年4月19日前出现了长时间的大幅上涨，累计涨幅巨大，随后于高位区出现滞涨走势。2007年4月19日此股开盘后一跌走低，收盘前封于跌停板，空方抛压极为沉重，是个股趋势反转的强烈信号。

图15-10标示了此股2007年4月19日跌停后的走势图。从图中可以看到，此股随后在这一高位区经历了短暂的震荡之后，就开始步入了下跌趋势中，而2007年4月19日出现的这一个跌停板走势，既是趋势反转的明确信号，也是我们于高位区逃顶的明确信号。

经前期长时间的大幅上涨之后，于高位区出现滞涨走势，2007 年 4 月 19 日，此股开盘后一路走低，收盘前封于跌停板，空方抛压极为沉重，是个股趋势反转的强烈信号

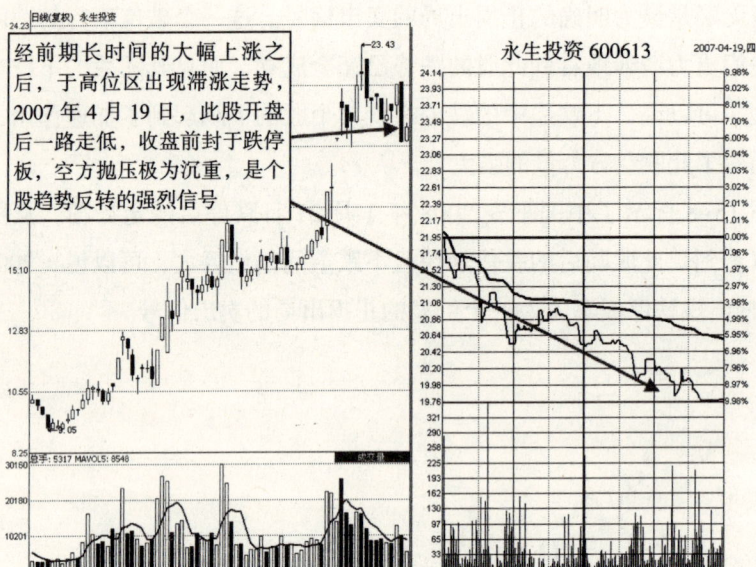

图 15-9　永生投资 2007 年 4 月 19 日跌停板示意图

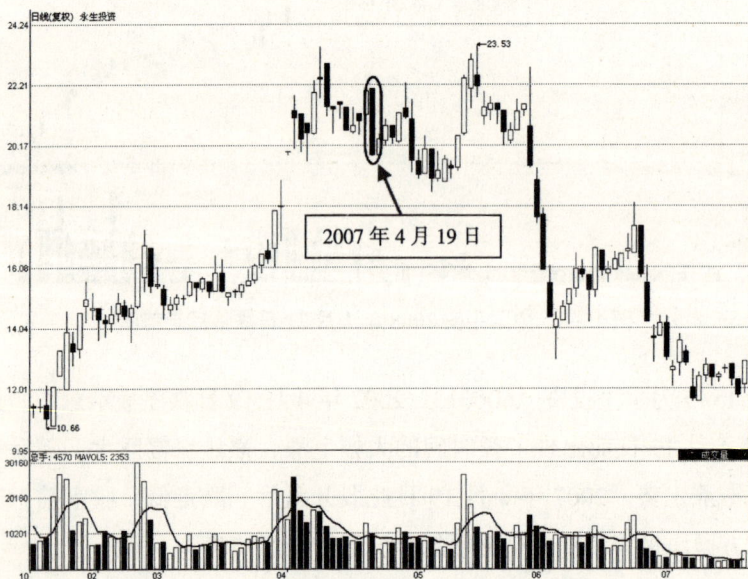

2007 年 4 月 19 日

图 15-10　永生投资 2007 年 4 月 19 日跌停后走势图

第十三招　无意栽花，花亦难开
——盘中出现不想吸货的拉升
是短线卖出信号

　　个股的短线爆发力如何、短线是否仍有强势上涨的势头，这往往取决于主力的做多意图，当主力不愿动用大量的资金进行拉升及护盘，又不想让个股的股价出现快速回落时，此时主力往往会采用一种"不想吸货的拉升"方式在盘中快速推高股价。不想吸货的拉形态体现为：短短几分钟内，个股成交量急剧放大，股价快速上涨五六个百分点。但这种不想吸货的拉升只能是个股昙花一现的表演，这种形态出现的原因往往与主力有意进行阶段性减仓的操作有关，通过盘中出其不意的袭击（散户很少挂出明显偏离当前交易价格的单子，因此在这种不想吸货的拉升中出现的量能急剧放大形态，往往是主力对倒的结果）快速拉高股价，同时又制造了量能，日 K 线图中会呈现出较好的放量上涨形态，这对随后进行相对高位区的阶段性减仓操作是极为有利的。因此，当个股在相对高位区出现这种"不想吸货的拉升"形态时，随后一两个交易日就是我们短线卖出此股的最好时机。

　　图 16-1 为交大昂立（600530）2013 年 1 月 4 日至 2013 年 1 月 28 日期间走势图。此股在 2013 年 1 月 28 日前处于上升途中的盘整走势中，并于 2013 年 1 月 28 日达到了盘整走势中的相对高点，但是在 2009 年 7 月 15 日的盘中分时图中，我们却看到此股出现了"不想吸货的拉升"形态，如图 16-2 所示。这说明主力暂时并无意做多此股，虽然个股由于当日的放量上涨而呈现出一种欲放量突破盘整区的形态，但如果我们查看此股 2013 年 1 月 28 日的分时图就可以发现，这种放量突破并非是真实有效的突破，因此随后两个交易日所出现的相对高点就是我们短线卖出此股的最好时机。

图16-1 交大昂立2013年1月28日前走势图

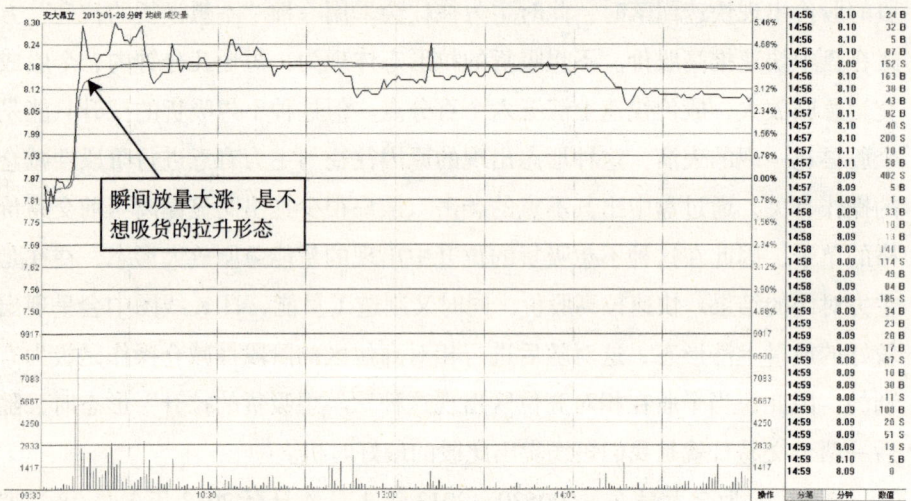

图16-2 交大昂立2013年1月28日分时图

　　图16-3标示了此股2013年1月28日后的走势。此股在2013年1月28日后出现了一波深幅回调走势，而此股于2013年1月28日出现的"不想吸货的拉升"的盘中分时图形态早已提前向我们预示了此股随即展开的回调下跌走势，它是我们短线卖出此股的明确信号。

图 16-3　交大昂立 2013 年 1 月 28 日后走势图

第十四招　形影相似，貌合神离
——盘点经典顶部反转形态下的短线卖出机会

"顶部"与"底部"是一对相对概念，顶部是从底部涨上去的，而底部则是从顶部跌下来的。顶部出现在上升趋势的末期，代表市场走势已经见顶，不会再次出现攀升行情，顶部的出现既是风险的预示，也是我们卖出的时机。

股票市场往往以非理性的暴涨或暴跌走势使其呈现出严重背离实际价值的情况，这种暴涨暴跌走势既可以说是对于股市所具有预期性效应淋漓尽致的体现，也可以说是投资者贪婪或恐慌情绪的展现。当股市的持续上涨使得其财富效应尽显时，投资者会有极高的做多热情，从而推动价格步步高升，严重偏离实际价值从而出现泡沫；反之，当股市的持续下跌使得其成为消失财富的代名词时，投资者的恐慌情绪也会随着股价的急泻而增强，从而推动股价节节走低，严重偏离实际价值从而出现低估。我们首先来看看顶部是如何出现的。

假设股市前期出现了大幅上涨走势，随后在高位区出现了滞涨走势，前期的大幅上涨使得股票市场不仅出现了明显的泡沫，而且也彻底激活了股市中的投机气氛；此时，多方力量在前期的持续上涨走势中已被消耗殆尽，但是代表了空方力量的获利持股者基于前期的持续上涨所引发的财富效应，也不愿盲目清仓出局，毕竟能使利润最大化是每一个持股者的心愿。因此在卖盘没有快速大量涌出的前提下，多空双方就开始了一场艰苦而漫长的拉锯战。一般来说，由于顶部区的买盘力量较弱，往往会在阶段性抛盘的打压下出现宽幅震荡走势，即使是少量的卖盘抛出往往也会使得价格重心出现下移、价格走势呈现明显的滞涨形态。顶部区往往呈现缩量形态，而这一缩量形态可以说是对于前期最后一波上涨时所出现量价背离形态的延续，股市在最后一浪的上涨走势中的量能相比之前的主升浪而言出现了明显的缩小，股票价格指数创出了新高，但是成交量却没有同步创出新高，这说明股市的上升已不是源于充足买盘的推动，而是源于市场中投资者过于乐观的情绪所致。正是大多数投资者的乐观情绪才使得他们不急于获利出局，但这种没有充足买盘支撑的上涨走势无疑是极不牢靠的，它预示了顶部的出现。可以说，顶部的出现并非是偶然的，多空力量的强弱对比有一个转换过程，而这种大幅上涨后的量价背离形态无疑就是多方力量转弱的一个明显信号。

我们可以发现，大幅上涨后的顶部区往往难以出现 V 形反转的走势，这是因为在这个筑顶的过程中，虽然市场买盘正处于明显减弱阶段，但是由于很多持股者仍抱有牛市思维，采取了持股待涨的操作策略，因此在顶部区会有一个明显的滞涨震荡形态。在这个过程中，随着股价的滞涨乏力，越来越多的投资者会开始转变牛市思维，从而选择逢高出局的策略；股市的滞涨走势导致了投资者心态的转变，从而也导致了其操作策略的转变，这为以后发动行情积蓄了空方力量。

顶部区无疑是风险的象征，我们除了可以依据上面所分析的多空双方的交锋过程来理解顶部的形成，还可以从顶部区常见的经典形态来把握顶部区的卖出机会。一般来说，在顶部区常见的经典形态有双重顶、头肩顶、圆弧顶等。本招式中我们就来看看如何利用这些经典的顶部形态展开短线卖出操作。

一、双重顶

双重顶又称为 M 顶，是一种经典的顶部反转形态，如图 17-1 为标准的双重顶示意图。在双重顶形态中，股价经历了二次探顶的走势，它是由两个

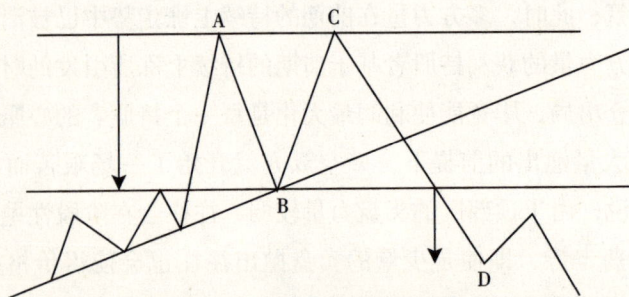

图 17-1　标准双重顶形态示意图

相同或相差不多的高点所组成的，这两个高点的连线为阻力线。在双重顶形态中，有一条颈线，而这条颈线也是我们判断双顶形态重要的标志之一。一般来说，个股在右侧向下跌破颈线时往往会出现放量，这是市场空方力量较强的表现，随后的反抽无力也说明了市场的做多动能已无法扭转跌势的出现。

图 17-2 为老白干酒（600559）2012 年 1 月 4 日至 2012 年 3 月 25 日期间走势图，此股在经历了前期的大幅上涨走势后，于高位区出现了宽幅震荡的走势。当股价在宽幅震荡后出现了二次探顶走势时，此时由于个股的量能明显不足，我们就应预期到此股随后可能出现的双重顶形态，在二次探顶时，我们就可以提前卖出。如图所示，在此股的这一波二次探顶走势之后，再次出现了一波放量下跌至颈线的走势时，我们就可以判断此股的双重顶形态已基本形成。

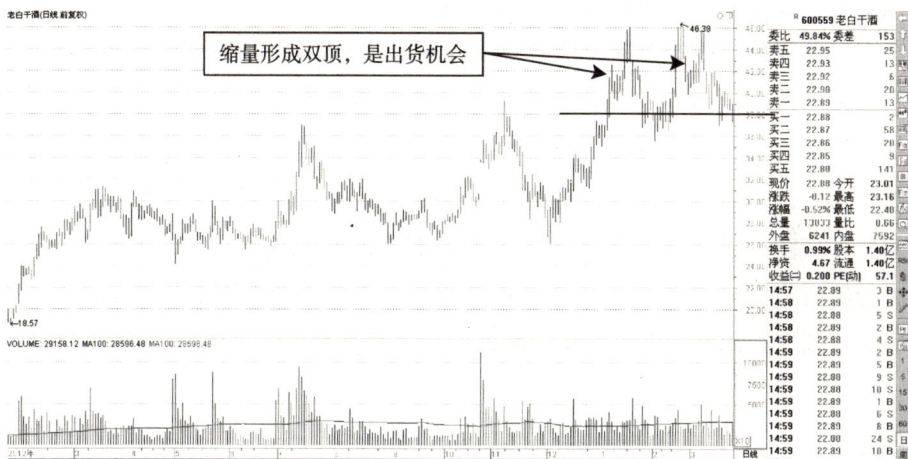

图 17-2　老白干酒双重顶形态示意图

图 17-3 为中国船舶双重顶形成后走势，当股价向下跌破颈线且随后反抽无力时，就意味着双重顶形态已完全形成，这时就是顶部区的最后卖出时机。

二、头肩顶

头肩顶的出现频率一般要高于双重顶形态，它也是一种极为常见的顶部形态，头肩顶的整体形成过程也是多空双方力量发生逐步转化的过程，因此

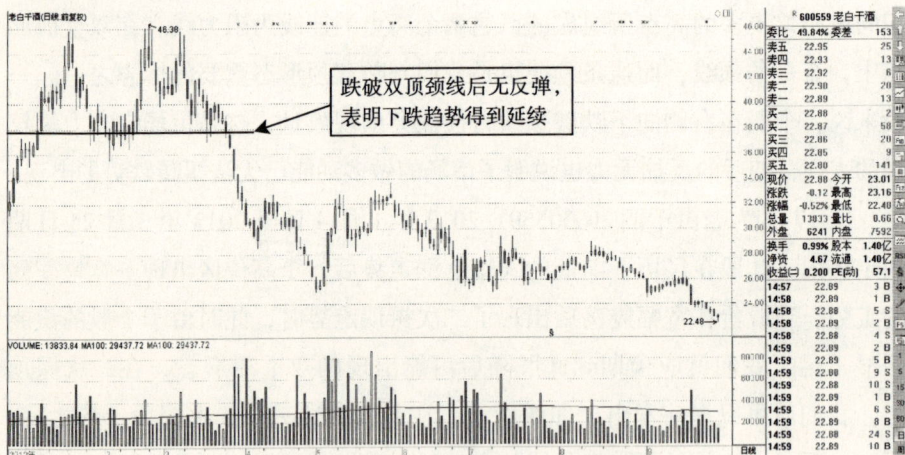

跌破双顶颈线后无反弹，
表明下跌趋势得到延续

图17-3 中国船舶双重顶形成后走势图

我们有必要了解这一重要的顶部反转形态。图17-4为标准的头肩顶形态示意图，首先是个股在大幅上涨之后形成左肩，随后在市场狂热情绪的带动下和买盘的再次推动下，个股又出现了一波拔高走势。由于场外买盘力量的枯竭及卖盘的涌出使得股价出现较大的下跌，这一波下跌力度较大，但与上涨途中的回调走势不同，股价在随后并没再度出现大幅回升，而仅是出现了小幅反弹从而形成右肩。当个股经历了右肩的短暂休整后，再次向下运行并突破颈线时就完成了整个头肩顶形态的构筑。该形态形成后的下跌规律是：颈线以下的下跌幅度，至少为头部高点到颈线垂直距离的一倍。

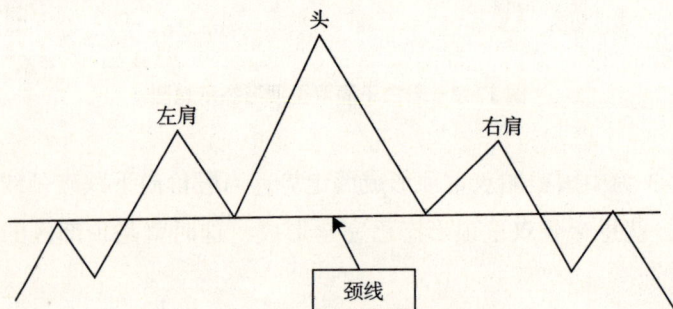

图17-4 标准的头肩顶形态示意图

图17-5为国电南瑞（600406）2006年8月31日至2007年7月2日期间走势图。此股在大幅上涨后于高位区出现了头肩顶形态，在个股累计涨幅

较大的情况下，这一头肩顶形态预示着空方开始占据了市场主动。头肩顶形态的出现是上涨趋势见顶的信号，在实际操作过程中，投资者可以在右肩形成时的一波反弹走势中进行卖出，或在股价向下突破颈线后卖出，这是头肩顶形态中的两个较好的卖点。

图17-5　国电南瑞头肩顶形态示意图

图17-6为此股头肩顶形成后的走势图，如图标注了头肩顶形态的两个短线卖点。

三、圆弧顶

圆弧顶形态是指K线连线呈圆弧形的顶部形态，它清晰地展示了多空双方力量平缓过渡的全过程。个股在上涨途中的持续上涨使得股价越来越高，股价越来越高也使得买方的意愿越来越弱，当股价涨至某一价位区时，随着卖压的增加及买盘力量已无法再次有效推升股价上涨，从而使得股价重心开始逐步下移，从而形成了圆弧顶形态；圆弧顶的形成过程也是一个由前期的以多方处于优势地位逐渐过渡到以空方处于优势地位的过程，随着更多的卖方意识到趋势的见顶而开始抛售时，股价就会向下突破这一圆弧顶形态，从而正式步入跌途。圆弧顶形态是明确的顶部反转信号，该形态形成后的下跌规律是：股价向下突破颈线后，后市下跌的幅度至少是顶部高点到颈线垂直距离的一倍。

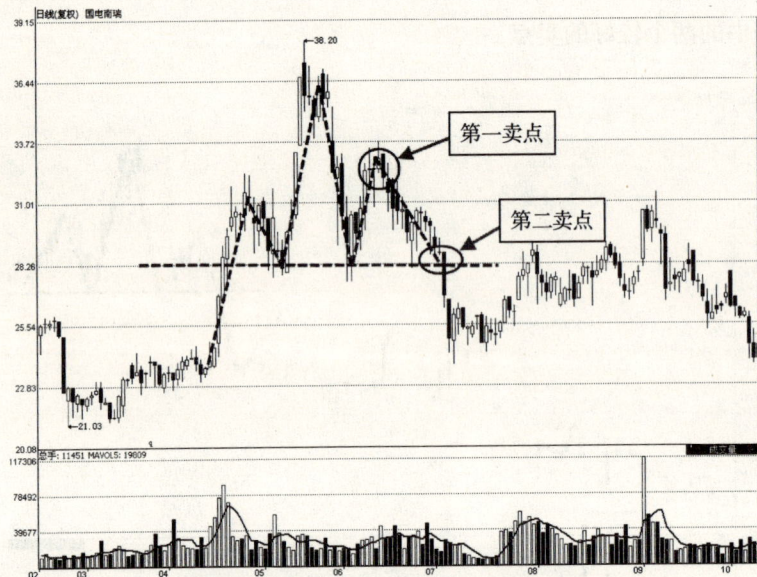

图 17-6　国电南瑞头肩顶形成后走势图

图 17-7 为北辰实业（601588）2008 年 12 月 24 日至 2009 年 8 月 14 日期间走势图。此股在大幅上涨之后于高位区出现了一个圆弧顶形态，当这一形态出现在个股累计涨幅不大且个股处于明确的上升通道之中时，它意味着个股的阶段性顶部形成和随后回调走势的出现；但是当这一形态出现在个股累计涨幅较大的情况下，它多意味着上升趋势的结束和随后下跌趋势的开始，它的出现是明确的顶部信号。对于本例而言，我们可以在圆弧顶形态右侧的颈线附近进行短线卖出，此时圆弧顶形态已基本形成，而圆弧顶形态是多空双方力量发生转换的标志，它预示着个股后期仍有下跌空间，此时进行短线卖出，可以规避随后出现的下跌风险。

图 17-8 为此股圆弧顶形成后的走势图，从图中可以看到，随后此股再度出现了一波幅度不小的下跌走势。

图 17-7　北辰实业圆弧顶形态示意图

图 17-8　北辰实业圆弧顶形成后走势图

第十五招　刀枪剑戟，得心应手
——盘点技术指标下的短线卖出机会

　　技术指标是短线操作中必不可少的工具，不同种类的技术指标反映了市场的不同特征。依据技术指标的设计初衷，我们可以把技术指标分为趋势类、能量类、成交量类、摆动类、大盘指标及其他的专业指标。有些指标适用于研判股市的整体走势，有些指标更适于我们的短线买卖操作，也有些指标兼具了这两种功能。一般来说，在进行短线买卖操作时，虽然技术指标多种多样，但其短线卖出信号却具有共性，这种共性就是"死叉形态"与"顶背离形态"。本招式中，我们将结合常见的指标来讲解如何运用技术指标展开短线卖出操作。

一、利用指数异动平滑平均线 MACD 展开短线卖出

　　指数异动平滑平均线 MACD 既适用于分析价格的总体运行趋势，也适用于展开短线操作。MACD 指标基于移动平均线的分离、聚合特性而产生，指标的创造者查拉尔德·阿佩尔（Gerald Appel）通过研究发现：周期较短的移动平均线与周期较长的移动平均线呈现出一种相互聚合、相互分离的特性，即在一波价格上涨或下跌的趋势中，较短期的移动平均线 MA 往往迅速脱离较长期的移动平均线 MA，随后在价格走势趋缓的时候，二者又会逐渐聚合。MACD 指标即是利用两条移动平均线的这一特性，通过计算得出两条移动平均线之间的差异——正负差 DIF，以此作为研判价格波动的根据。下面我们看看如何利用 MACD 展开短线卖出操作。

　　在 MACD 指标窗口中，当 DIFF 线由上向下交叉并穿越 DEA 线时，这一形态称之为死亡交叉，简称为"死叉"。这一形态所代表的含义往往都是目前市场上空方力量开始进攻，是空方力量强势的表现形态，往往意味着又一

轮跌势的展开，是我们的卖出时机。但是在实际应用中，我们仍需结合价格运行的总体趋势来做出是否应卖出的决定。一般来说，高位震荡走势中的死叉形态可视为短线和中长线的卖点，是我们在高位区进行波段操作时的重要卖出信号；下跌途中的死叉形态往往预示着新一轮跌势的开始，是我们博取反弹行情时的理想卖点；底部区及上升途中的死叉形态则是我们阶段性高抛的信号，是我们在上升途中进行高抛低吸操作时的重要卖出信号之一。

图 18-1 为西藏旅游（600749）2012 年 11 月 29 日至 8 月 29 日期间走势图。此股在经历了 2012 年的大幅上涨后，开始在高位区出现横盘震荡走势，此时出现的 MACD 死叉形态往往是震荡过程中的一波上涨走势结束的信号，是我们短线卖出的信号；但由于此股正处于高位区，因此在进行操作时，我们也应注意此股随后都有破位下行的可能，要控制好仓位，注意参与波段操作的风险所在。

图 18-1　西藏旅游 MACD 死叉卖出示意图

除了可以依据 MACD 指标的死叉形态进行卖出操作外，我们还可以依据它的顶背离形态进行卖出（在本书的上部中已有详细介绍，在此不再赘述）。

二、利用随机摆动指标 KDJ 展开短线卖出

随机摆动指标 KDJ 是一个极为常用的短线指标，它适用于盘整行情，可以有效地帮助投资者完成盘整走势中高抛低吸操作。KDJ 指标窗口的三条指

标线（K 线、D 线、J 线）总是在一个相对平衡的位置两侧来回地波动，这个平衡位置就是零轴，当股价在短期内出现快速上涨或下跌走势后，就会使得 KDJ 指标线快速向上或向下运行，这时的市场在短期内会处于超买或超卖状态，随后价格走势有回调或反弹的趋向，因此 KDJ 指标线进入超买或超卖区间时就是我们短线卖出或买入的时候；由于价格走势总是以波动的方式运行，因此当股价回到平衡位置后，仍有再次向上或向下运行的动力，此时，KDJ 所形成的金叉形态就是买入信号，所形成的死叉形态则是卖出信号。下面我们结合实例来看看如何利用 KDJ 指标展开短线卖出操作。

图 18-2 为海油工程（600583）2007 年 10 月 23 日至 2008 年 7 月 7 日期间走势图。此股在经历了 2007 年的大幅上涨后，于高位区开始出现滞涨的宽幅震荡走势，此时我们就可以利用 KDJ 指标进行短线的卖出操作。如图标注所示，此股价经一波反弹达到箱体震荡区域中的相对高位区时，此时若 KDJ 出现死叉形态，则往往预示着一波下跌走势随即出现，是我们短线卖出此股的信号。由于此股正处于高位区，因此在随后的相对低位再次买回此股时，我们也要控制好仓位，注意参与波段操作的风险所在。

图 18-2　海油工程 KDJ 死叉卖出示意图

三、利用三重指数平滑指标 TRIX 展开短线卖出

三重指数平滑移动平均指标 TRIX（Triple Exponentially Smoothed Average），是一种研究价格中短期走势的指标，TRIX 以移动平均线理论为依据，通过对一条平均线进行三次平滑处理，然后利用所得出曲线的变化率来分析股价的中短期走势。在实战运用中，我们可以利用它来指导短线买卖操作，下面我们结合实例来看看如何利用 TRIX 来进行短线卖出操作。

图 18-3 为综艺股份（600770）2012 年 10 月 26 日至 2012 年 7 月 23 日期间走势图。此股在 2012 年 4 月之后开始步入上升通道中，且上升途中出现了一波快速上涨走势，在这一波快速上涨走势之后的相对高位区，此股出现了 TRIX 指标的死叉形态，这预示着一波上涨走势的结束并预示了随即出现的回调走势，是我们短线卖出此股的信号。

图 18-3　综艺股份快速上涨后的 TRIX 卖出示意图

除了这种情况的死叉形态之外，盘整走势中的死叉形态、下跌途中一波反弹走势后的死叉形态、下跌途中盘整走势后的死叉形态都是我们卖出此股的明确信号，在实盘操作中，我们应结合价格的总体走势情况来展开卖出操作。

四、利用乖离率指标 BIAS 展开短线卖出

乖离率 BIAS 通过计算出股价在运作过程中与移动平均线的偏离程度，来得出价格即将出现上涨或下跌的信息。利用 BIAS 可以很好地帮我们把握价格的波动走势，让我们在价格波动过程中的相对高点进行卖出操作。

在应用 BIAS 进行短线卖出时，我们只要依据股价在波动过程中所出现的"偏离程度"来进行短线卖出操作，当价格经一波快速上涨使得 BIAS 指标线快速向上运行并接近或达到前期高点时，这表明价格已明显"偏离"了移动平均线的原有运行轨迹，是我们短期内卖出的信号。

如图 18-4 为青岛啤酒（600600）2008 年 10 月 14 日至 2009 年 4 月 29 日期间走势图。此股在此期间处于上升走势中，但个股的上升走势是以"波动"的方式逐步上涨的，当价格经一波快速上涨使得 BIAS 指标线快速向上运行并接近或达到前期高点时，这表明价格已明显"偏离"了移动平均线的原有运行轨迹，是我们短期内卖出的信号。

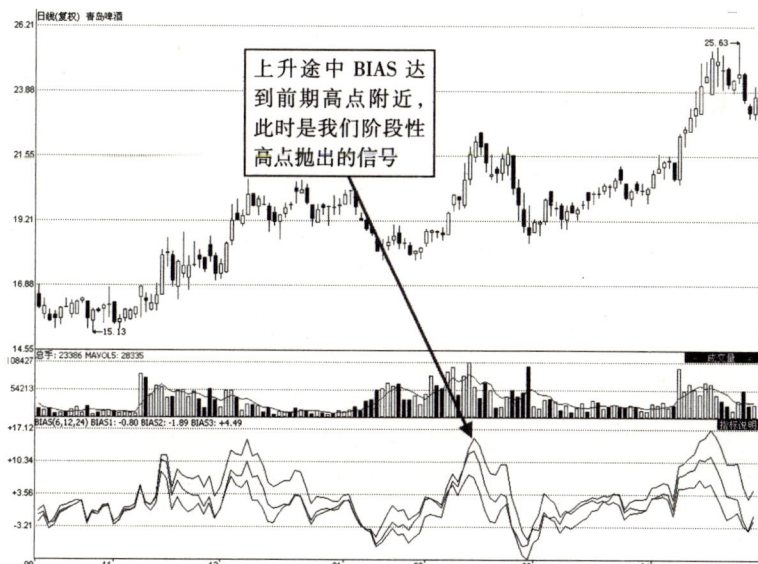

图 18-4　青岛啤酒上升途中 BIAS 卖出示意图

参考文献

[1] ［美］威廉斯（Williams，L.）著，穆瑞年等译. 短线交易秘诀. 北京：机械工业出版社，2007.

[2] ［美］埃姆博格著. 把握股票的买点和卖点. 卜宁译. 北京：中国青年出版社，2007.

[3] ［美］罗伯特·雷亚. 道氏理论. 3www 译. 地震出版社，2008.

[4] 李文勇，吴行达. 股票交易进阶. 北京：经济管理出版社，2009.

[5] ［美］墨菲. 期货市场技术分析. 丁圣元译. 北京：地震出版社，1994

[6] ［美］史蒂夫·尼森. 日本蜡烛图技术. 丁圣元译. 北京：地震出版社，2003.

[7] 刘德红. 股票投资技术分析. 北京：经济管理出版社，2009.

[8] 李凤雷. 从零开始学短线. 北京：经济管理出版社，2011.

[9] 黄俊杰. 短线买卖的 66 种分时图. 北京：经济管理出版社，2013.

[10] 杨茜. 短线为王：发掘短线机会的五个黄金点. 北京：经济管理出版社，2009.

[11] 陈金生. 短线买入卖出的 66 个信号. 武汉：华中科技大学出版社，2013.

[12] ［美］亚历山大·埃尔德（Alexander Elder）著. 以交易为生Ⅱ：卖出的艺术. 马福云译. 北京：机械工业出版社，2013.